学術選書 064

インダス文明の謎

古代文明神話を見直す

長田俊樹

KYOTO UNIVERSITY PRESS

京都大学学術出版会

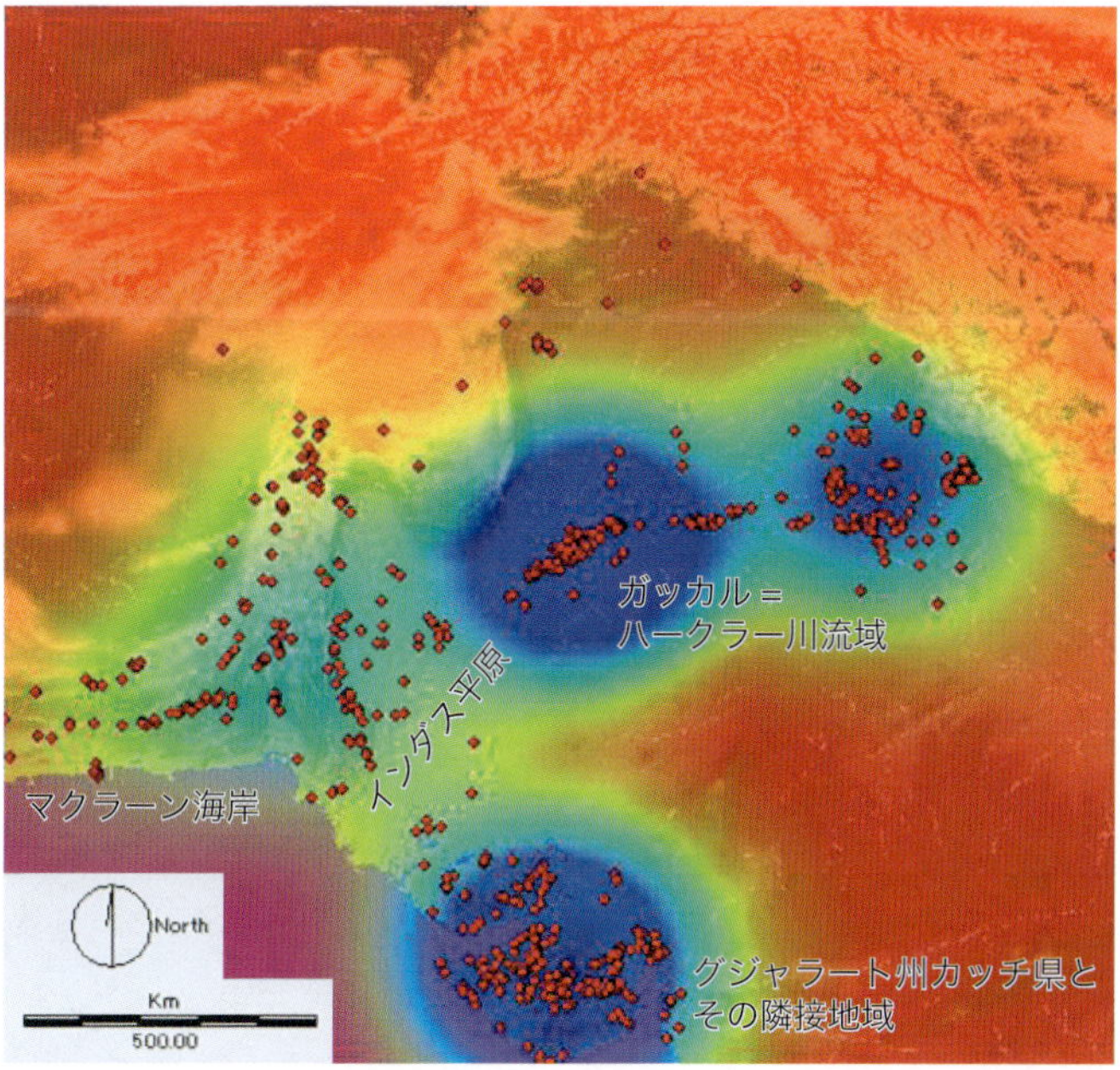

口絵1●インダス文明遺跡の分布（第1章図3）。青い部分が遺跡集中地域を表す。

口絵２●モヘンジョダロ遺跡の「穀物倉」跡から眺める大浴場と「ストゥーパ（仏塔）」
口絵３●ファルマーナー遺跡墓地の発掘風景

口絵4●ドーラーヴィーラー遺跡城塞の遠景
口絵5●カーンメール遺跡の発掘風景

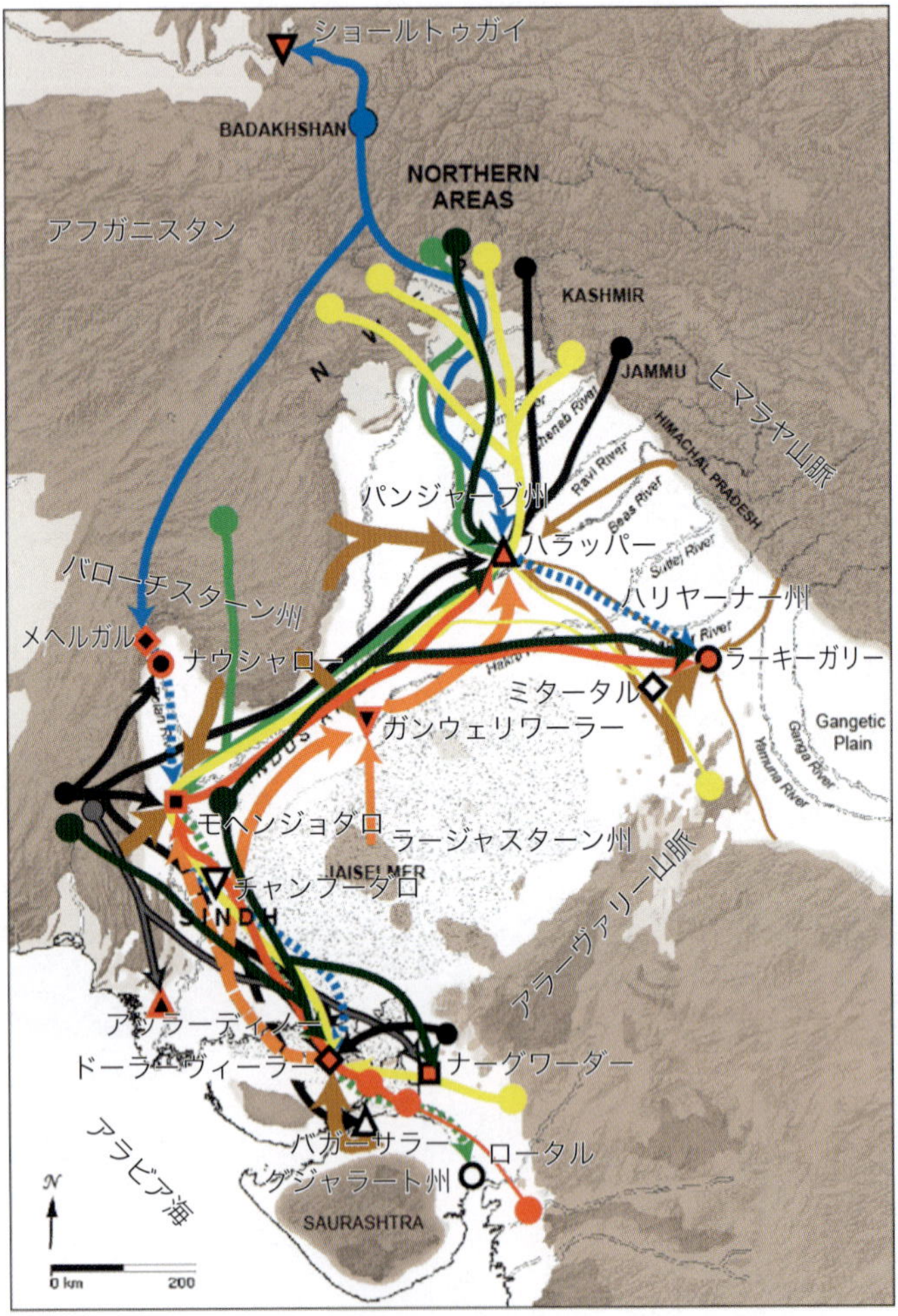

口絵6●インダス文明期における鉱物流通ルート（第7章図88，Law 2011による）

はじめに

インダス文明はエジプト文明、メソポタミア文明、黄河文明（あるいは中国文明）と並ぶ、古代四大文明の一つである。また、それぞれの文明は大河の畔に発達した。ナイル川流域のエジプト文明、ティグリス・ユーフラテス川流域のメソポタミア文明、黄河流域の黄河文明、インダス川流域のインダス文明である。そして、エジプト文明のヒエログリフ、メソポタミア文明の楔形文字、黄河文明の甲骨文字、インダス文明のインダス文字と、いずれも文字をもっている。ただし、インダス文字以外の古代文字はすでに解読されている。

これら古代四大文明に関する知識は高校の教科書にも記載があるし、日本人の大多数の方が常識として理解しているほど一般的に知れわたっている。先日、小学校で、インダス文明について話す機会があったが、ピラミッドなど、思ったよりもはるかに、小学生が古代文明の知識をもっていることにびっくりさせられた。ところが、四大古代文明と同列であつかわれるわりには、断然知られていないのがインダス文明である。読者の皆さんも、インダス文明に関する知識をぜひここで思いだしてほしい。

まず、ハラッパー遺跡とモヘンジョダロ遺跡（最近の教科書ではモエンジョ＝ダーロと記載されている）の名前はすぐに浮かぶだろう。また、高度な排水施設をもち、焼成レンガで作られた建物が整然と並ぶ都市、踊り子とよばれる青銅像や神官王とよばれる石像、そしてインダス文字が刻まれたインダス印章などが教科書に掲載されている。しかし、それ以上のことはほとんど紹介されていない。インダス文明の遺跡がどれぐらい広がっているのか。また遺跡の数がどれぐらいあるのか。インダス文明のもっとも基本的な知識や情報もあまり知られていない。

じつは、インダス文明遺跡は広範囲に分布している。東西一五〇〇キロメートル、南北一八〇〇キロメートルにもおよぶ（詳細は第1章の分布を参照）。数字だけ聞いてもピンと来ないだろう。そこで、日本と比較すると、ある程度その広さが実感できるかもしれない。その広さは東西で最東端北海道納沙布岬から最西端長崎県長崎鼻まで、南北で最北端北海道宗谷岬から沖縄本島までにほぼ匹敵する。広範囲に分布するインダス文明遺跡は、インド亜大陸西北部のインド、パキスタン、アフガニスタンにまたがっているのだから、すべての遺跡を訪れることはほぼ不可能である。

これだけの広範囲のなかに、遺跡はいくつあるのだろうか。じつは、遺跡の数も桁外れに多い。一九八〇年に出た、辛島他編『インダス文明』（ＮＨＫブックス）には三〇〇遺跡とあるが、その後の調査によって、その数は飛躍的に伸びている。ポーセルによると（Possehl 1999）、一〇五二遺跡、その後明らかになった遺跡を含め、最新の概説によると（Kenoyer 2013）、約二六〇〇遺跡にものぼる。この三〇年間に、なんと八倍以上に増えたことになる。また、「インダス文明が栄えた国は」と聞けば、ハラッパー遺跡やモヘンジョダロ遺跡のあるパキスタンと答える方がほとんどではなかろうか。ところが、遺跡の数だけをあげるとインドの方がはるかに多い。しかも、今もどんどん新しい遺跡が発見され、この遺跡数は増えている。遺跡踏査をやれば必ず新しい遺跡がみつかる。実際、われわれがおこなった調査ではじめて、新たな遺跡を報告した例もある。

これだけの遺跡の分布と数を誇るにもかかわらず、なぜインダス文明はあまり知られていないのか。遺跡数が多いのに比べて、発掘された遺跡が少ない。まず、そのことが一因としてあげられる。上杉彰紀（2010）によると、発掘された遺跡数はインドで九六遺跡、パキスタンで四七遺跡、そしてアフガニスタンに四遺跡（ただし、このうち直接インダス文明遺跡とされるのはショールトゥガイ遺跡だけ）と合計一四七遺跡だ。つまり、遺跡全体数の一割にもならない。また、発掘されていながら、報告書が出版されていないケースが多い。本書でも紹介するドーラーヴィーラー遺跡は一九九〇年代に盛んに発掘がおこなわれたが、二〇一三年現在、まだ報告書は出ていない。これもインダス文明の詳細が知られていない原因の一つである。

二〇〇四年、わたしは総合地球環境学研究所（略称：地球研）において、インダス文明に関するプロジェクトを発足させた（以下、インダス・プロジェクトとよぶ）。予備研究などを経て、二〇〇七年から五年間、本研究として、二つのインダス文明遺跡の発掘やインダス文明遺跡地域での環境調査をおこなった。そのプロジェクトの具体的な成果は長田俊樹編『インダス　南アジア基層世界を探る』

として、京都大学学術出版会から出版されている。本書はインダス・プロジェクトの直接的な成果報告ではなく、インダス文明研究の最新成果を紹介しながら、これまでのインダス文明像を打ち破り、新しいイメージを打ち立てることをめざしている。

わたしは考古学者ではない。そのため、専門的な考古学者からはもの足りないとの意見が出るかもしれない。とくに、日本の考古学が得意とする、土器の編年などに関してはまったくの素人である。知ったかぶりもよくないので、本書では土器の写真や図面などは一切掲載していない。しかし、発掘とその発掘物の分析に時間を取られる考古学者とちがい、インダス・プロジェクトでは、プロジェクトリーダーとして、インドでも、パキスタンでも、あちこちのインダス文明遺跡を訪問するチャンスをいただいた。また、地質調査や湖沼ボーリングなどにも積極的に参加することができた。その成果を存分に活かしたのが本書である。

南アジアの事情を知る人には当たり前のことだが、インドの考古学者はパキスタンの遺跡を自由に訪問することができない。もちろん、その逆のパキスタン考古学者がインドの発掘遺跡を自由にみて歩くことも難しい。お互いの国がヴィザの発給審査を厳しくしていて、簡単に入国許可が下りないからだ。お互いの国への入国すらままならないのだから、ましてや相互の発掘調査となると、よほどの政治的変化が起こらないかぎり、今後も実現することはないだろう。そんななか、インドの考古学者から、パキスタンのインダス文明遺跡を含め、遺跡の数だけはずいぶんと見てきたのだから、インダス文明について何か書けばどうかと勧められた。それが本書のきっかけとなったのである。

さいわい、地球研のインダス・プロジェクトによる成果本の出版社である、京都大学学術出版会が学術選書として出版を引き受けて下さることになった。他の古代文明をあつかった学術選書は考古学者の手によって書かれている。引け目がないといえば嘘になるが、そのぶん、なるべく多くの文献を読みこなし、考古学以外の研究成果にも目を配り、最新研究を紹介したつもりである。多くの専門家が執筆している『インダス　南アジア基層世界を探る』とともに、読んでいただければ幸いである。

本書は重要なインダス文明遺跡に焦点をあて、それぞれの遺跡がかなり異なった環境に分布することに着目する。また、これまではインダス文明と他の古代文明との共通点ばかりが強調されてきたが、むしろ相違点をみることが重要であることを強調する。インダス文明は他の古代文明に比して、広大な分布を誇るのだから、ちがって当然である。たとえば、大河文明として同列に議論されているが、インダス文明がはたして大河文明なのかどうかについても検証する。結論だけあらかじめ言っておくと、インダス文明は大河文明とは言えない。

大河文明ではないとすると、これまでの古代文明観とは自ずと異なったイメージが生まれる。世襲のエリートが中央集権的な権力をもって、権力闘争の末、都市国家を樹立した——これが古代文明をめぐる従来の歴史認識だ。しかし、いろんな事実を丹念に拾っていけば、インダス文明をこうした典型的な古代文明都市国家として理解することはできない。本書が出した結論はインダス文明社会が多言語多文化共生社会であるということだ。そこには農民もいれば、牧畜遊牧民もいる。職人もいれば、商人もいる。お互いが搾取従属関係にはなく、補完しあう関係をもっている。それは他ならぬ、現在の南アジア社会と似ている。つまり、インダス文明は同時代の古代文明をモデルとするのではなく、時代を下った南アジア社会をモデルとして、はじめて理解できる。それがわたしの基本的な立場である。そういう意味において、本書はいわばパラダイムチェンジをめざしている。

第1章では、インダス文明とはなにか、最新の研究を交えて紹介したい。まず、遺跡分布、年代といった基本的な情報を紹介する。これまでの研究ではモヘンジョダロとハラッパーの二大都市にだけ焦点があてられてきたが、最近の研究ではこの二つにガンウェリワーラー、ラーキーガリー、ドーラーヴィーラーを加えた五大都市を中心として、インダス文明が捉えられている。その五大都市の訪問記を含む、これまで日本では紹介されてこなかった遺跡についても詳述する。インダス印章など、インダス文明の文化特徴について、簡単に紹介した後、インダス文明研究史を概観する。

第2章では、インダス文明の代名詞でもある、モヘンジョダロ遺跡とハラッパー遺跡に焦点をあてる。この章の前半は遺跡の紹介を兼ねた訪問記で、後半はこの二つの大きな遺跡を中心とするインダス文明観を批判的に紹介する。かつてのインダス文明観を打ち立てた研究者の代表格がウィーラーである。古代社会は奴隷制にもとづく古代国家にちがいないという思いこみから出発し、その解釈に当てはまったものだけが選ばれてインダス文明像が形成されていった。そこで、かつてのインダス文明観を支える具体的な例をあげて、ウィーラーの解釈がいかにバイアスに満ちたものかを指摘し、そこからの脱却をはかる。

第3章と第4章はいわば対になっている。どちらもガッガル＝ハークラー川沿いの遺跡で、現在は砂漠になっている場所も多い。このガッガル＝ハークラー川はかつて大河だった。そして、ヴェーダ文献ではサラスヴァティーとよばれていた。こうした学説が古くからあるが、その最新の研究成果をおりまぜながら、インダス文明期にはこの川が大河ではなかったことを指摘する。また、砂漠地帯に広がる遺跡から、砂漠に埋まってしまった大河を想定するのではなく、砂漠の民、牧畜遊牧民の存在を想定することを提唱する。牧畜民もインダス文明ネットワークを支えた重要な人々だったことを指摘する。

第5章はインド最大の発掘遺跡である、ドーラーヴィーラー遺跡を取り上げる。この遺跡はNHK四大文明でクローズアップされた（近藤編 2000）。水の要塞都市として、CGを使って水がとうとうと流れる様子が紹介された。しかし、このCGがいかに現実と乖離したものなのか。降水量などを示しながら、水がとうとうと流れることは決してなかったことを指摘する。

ドーラーヴィーラー遺跡はグジャラート州カッチ県にある。そのカッチ県はインダス文明遺跡の集中地帯でもある。それらの遺跡を紹介するのが第6章である。カッチ県のインダス文明遺跡から浮かび上がるのは海上交通の重要性である。

これまでのインダス文明像は四大古代文明の一つとして、並行的に語られることが一般的だった。その典型的な例が大河文明である。はたしてインダス文明は大河文明といえるのかどうか、第7章ではそれを検証する。その結果、インダス文明を大河文明と位置づけるのではなく、かなり流動性の高い人々がインダス印章を介して都市間ネットワークを構築し、お互いが抗争するのではなく補完しあっていたとする、新しいインダス文明像を打ち立てる。

本書を読み終わった後、読者の皆さんの中でこれまでのインダス文明像がガラガラと崩れていき、新しいインダス文明像が樹立されることがねらいである。本書によって、新しいインダス文明像が浮かび上がることを祈ってやまない。

インダス文明の謎◉目　次

インダス文明の謎

第1章……インダス文明とはなにか

インダス文明とはなにか。いいかえれば、なにをもってインダス文明とみるのか。インダス文明を論じるにあたっては、まず、その問いに答えなければならない。その問いには、むろん「文明」とはなにかという問題も含まれよう。しかし、ここでは「文明」については論じない。この書は「文明」の概念規定をすることが目的ではない。あくまでも「インダス文明」の実態を明らかにすることが本書の目的である。しかしながら、この簡単にみえる問いはかなりの難問だ。そこに、インダス文明に関する書物が少ない理由がある。

エジプト文明やメソポタミア文明に比べると、インダス文明の実態はまだはっきりと把握されているとはいいがたい。インダス文明の実態はどこまでわかっているのか。本書のタイトル『インダス文明の謎』にせまる第一歩は現況の研究成果を知ることである。そこで、できるだけ最新の研究を紹介しながら、謎解きをしていきたい。本章ではインダス文明の基本情報、そして何をもってインダス文明とみるのか、という問いに対する答えの一端をこれまでの研究に沿って整理しておきたい。

1　分布と年代をめぐる議論

分布

インダス文明の分布については、ペンシルヴァニア大学の考古学者で、インダス文明研究をリードしてきたポーセルの作った一覧表がある（Possehl 1999）。次頁の地図をご覧いただきたい（図１）。ポーセル作成のインダス文明遺跡一覧に掲載された緯度経度情報をプロットしたものである。この遺跡一覧は一九九〇年代半ば時点のものである。したがって、それ以後に発見されたものは含まれていない。また、一覧表に掲載された個々の遺跡がすべてインダス文明期のものか問題とする専門家もいる。さらに、ポーセルの記録による緯度経度はＧＰＳのような衛星測位システムを使ったものではないので、位置情報という観点からいえば、正確とはいいがたい。今後こうした点を修正する必要があるものの、現時点では最適の分布図といえる。

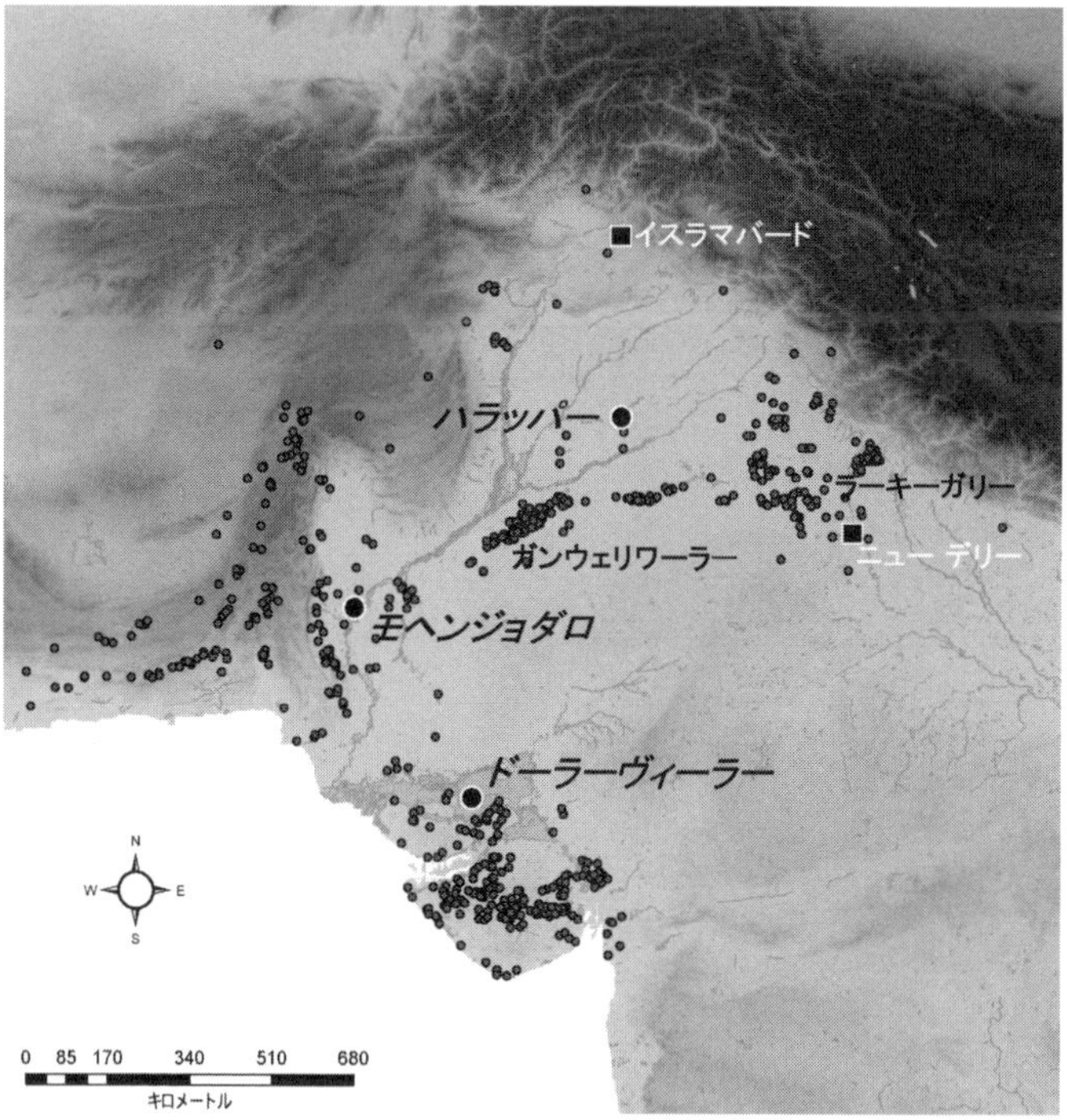

図1●インダス文明遺跡の分布

この地図をみれば、遺跡の分布が広範囲におよぶことがわかる。最北端には、アフガニスタンのショールトゥガイ遺跡があり、最南端にはインド・グジャラート州のソームナート遺跡がある。また、最東端にインドの首都デリーよりもさらに東に位置したマンディー遺跡があり、最西端はマクラーン海岸のソトカーゲン・ドール遺跡となる。つまり、東西一五〇〇キロメートル、南北一八〇〇キロメートルにわたる。(1) この分布はまだまだ広がる可能性がある。というのも、ショールトゥガイよりさらに北に位置するトルクメニスタンのゴヌール・デペ遺跡でもインダス印章が発見されているからである。さらに、インダス印章が発見されている地域はペルシア湾岸地域やメソポタミア文明地域にもあり、インダス文明を支えた人々が今の分布範囲外で植民都市を形成していた可能性も十分にある。また、西のマクラーン海岸はイランにつながっているが、イランでインダス文明遺跡が発見されたという話は寡聞にしてしらない。しかし、パキスタンのマクラーン地方に遺跡があって、隣接するイランのマクラーン地方にはないとは誰も断言できまい。地上の五〇センチメートルのものまで識別する高精度衛星写真をもってしても、土中に埋まった遺跡がないことを証明することは不可能なので、これからも新しい遺跡が発見される可能性はおおいにある。

遺跡の数も飛躍的に増えている。しかし、日本では遺跡が現在も続々と発見されていること自体が知られていない。『新版南アジアを知る事典』は二〇一二年に改訂されたが、インダス文明に関しては相変わらず、古い情報しかない（桑山　2012)。遺跡数は「約三〇〇の大小の遺跡が知られる」と記されたままである。また、考古学者の近藤英夫による『インダスの考古学』の中で近藤（2011：3）は「今日確認されているインダス文明遺跡数は一〇〇〇遺跡を越えており」（近藤 2011）と述べているが、これも古い。二〇一三年十月に出版される『ケンブリッジ世界先史』に掲載予定の論文（Kenoyer 2013b）によると、(2)遺跡数は二六〇〇にのぼるという。ポーセルが二〇〇二年に出版した本によると（Possehl 2002）、インダス文明期の遺跡数は一〇五二だったが、この一〇年あまりで、それが約二・五倍に増えたことになる。

わたしがリーダーとしてかかわったインダス・プロジェクトでは、遺跡の分布を明らかにすることにかなりの努力を傾注した。インダス文明はどこまで広がっていて、遺跡数はいくつなのか。こうした基本情報がインダス文明を知るためには不可欠だからである。その結果、パキスタンのシンド州に分布する遺跡（Mallah 2010a・b）やインドのハリヤーナー州のガッガル川流域に分布する遺跡（Dangi 2011a・b, Manmohan 2011）、また、グジャラート州のサウラーシュトラ半島の遺跡（Ajithprasad et. al. 2011）など、これまでまったく知られていなかった遺跡を含む、新しいデータを出版することができた。その中で確信したのは、地域をよく知る人物と協力して踏査を続ければ、まだまだ新しい遺跡は

（1） 近藤（2011）では東西一六〇〇キロメートル、南北一四〇〇キロメートルとなっている。本書で示した距離はグーグルアース（Google Earth）の距離計によったものである。
（2） まだ出版されていないこの論文をお送り下さったケノイヤー教授に感謝したい。

発見できるということである。つまり、ここで示される遺跡の分布や遺跡の数は今後も塗り替えられていくと考えられることを、ここで強調しておきたい。プロジェクトにあたって、遺跡踏査を積極的におこなってくださったインドやパキスタンの考古学者に、この場を借りて感謝したい。

年代

インダス文明の年代については、まず、最新の教科書をみておこう。「前2300年頃に起こった〜前1800年頃から次第に衰退」（『詳説世界史』（2013）山川出版社）とある。また、『新版南アジアを知る事典』（2012）によると、生成期（前二五〇〇〜二三〇〇年頃）、都市期（前二三〇〇〜一八〇〇年頃）、衰退期（前一八〇〇〜一一〇〇年頃）と記載されている。この都市期が文明としての年代であるから、教科書の記述と同じだ。これが現在、日本で公認されている年代である。しかし、この公式見解はいまでは過去のものとなっている。そんな古い知識が改訂もされず、教科書にも、事典にも堂々と掲載されている。それがまさにインダス文明研究の日本における実態なのである。

では、インダス文明を専門とする、日本の考古学者はどうみているのだろうか。近藤英夫は年代確定の困難さから「前二六〇〇〜前一八〇〇年頃という年代が、インダス文明のおおよその存続年代と推測できる」（近藤編　2000）と述べている。また、年代だけを論じた論文では、インダス文明の年代は上限を紀元前二五五〇年〜二五〇〇年頃、下限が紀元前一九五〇年〜紀元前一八三〇年とみている

（近藤　2002）。その根拠は、メソポタミア文明との相対年代によるものである。さらに、近藤の最新刊によると、「紀元前二五〇〇年から一八〇〇年頃にかけて展開した」（近藤　2011）とある。近藤の年代にも微妙にゆれがある。

実際に、インダス文明遺跡を掘っている考古学者たちの年代は、日本のものほどずれてはいない。彼らの提示する年代について論究する前に、インダス文明を専門とする世界の考古学者を紹介しておきたい。まず、第一人者としてウィスコンシン大学のケノイヤーをあげたい。ケノイヤーは一九八六年からハラッパー遺跡を掘り続けている。また、ハーバード大学のメドゥはケノイヤーとともにハラッパー遺跡を発掘している。さらに、ペンシルヴァニア大学のポーセルはインド側のロージディー遺跡やバーバル・コート遺跡などの発掘にかかわった。最後にニューヨーク州立大学のライトはケノイヤーとともにハラッパー遺跡の発掘責任者の一人である。この四名が最近一〇年間、インダス文明全般に関する著作や論文を執筆した考古学者たちだ。(3) このうち、残念ながら、ポーセルは二〇一一年に亡くなっている。本書では最新の研究を参照するため、なるべくここ一〇年の出版物を中心に取り上

(3)　ここではインド人やパキスタン人の名前はあげていない。後述するように、お互いの国を自由に行き来できない状況を考えると、インド人やパキスタン人には両国にまたがるインダス文明を網羅的にあつかうことが難しい。そこであえて名前はあげていない。

げたい。ハラッパー遺跡の発掘にかかわるケノイヤー、メドゥとライトの三名の中ではインダス文明期の年代にずれはない。しかし、この三名とポーセルとの間にはずれがある。具体的にあげると、狭義のインダス文明をさす、(盛期)ハラッパー文化期のはじまりを紀元前二六〇〇年(ケノイヤー)とするか、紀元前二五〇〇年(ポーセル)とするかが大きな相違点となっている。また、どちらも移行期を設定している。ケノイヤーたちはハラッパー文化から後期ハラッパー文化への移行期を一〇〇年みるのに対し、ポーセルは前期ハラッパー文化から盛期ハラッパー文化への移行期を一〇〇年みる。ケノイヤー・メドゥとライトはインダス文明期の年代に関してはずれはないが、名称は若干異なる。そこで、それぞれの年代を表にしておこう(表1)。

この年代で一番大事なのは、ケノイヤーたちはハラッパー遺跡の発掘成果に基づいて、炭素14年代法を使った絶対年代を重視していることだ。一方、ポーセルは後述するドメインという地域を想定しているため、地域の文化相ごとに年代を示している。考古学の用語である文化相とは、土器など遺物の器種や形式の組み合わせなどによってその時代の特徴を様相として捉えた時期区分名として使われる。ただし、ここでは本書に直接関係がない文化相の年代は省いている。また、ケノイヤーたちはこの「相(Phase)」という名称を使ってはいない。

それぞれのちがいを具体的にみていこう。

ケノイヤーたちとポーセルで、前期ハラッパー文化のはじまる年代がずいぶんと異なる。これはハ

(1)　ケノイヤー・メドゥの年代（Kenoyer & Meadow 2010）

Period 1	前期ハラッパー文化/ラーヴィー文化相	3700–2800 BC
Period 2	前期ハラッパー文化/コート・ディジー文化相	2800–2600 BC
Period 3A	ハラッパー文化 A	2600–2450 BC
Period 3B	ハラッパー文化 B	2450–2200 BC
Period 3C	ハラッパー文化 C	2200–1900 BC
Period 4	ハラッパー文化/後期ハラッパー文化移行期	1900–1800 BC (?)
Period 5	後期ハラッパー文化	1800 (?) –＜1300 BC

(2)　ポーセルの年代（Possehl 2002）

前期ハラッパー文化	
アムリー・ナール文化相	3200–2600 BC
コート・ディジー文化相	3200–2600 BC
ソーティ・シースワール文化相	3200–2600 BC
前期ハラッパー文化から盛期ハラッパー文化への移行期	2600–2500 BC
盛期ハラッパー文化	
シンド・ハラッパー文化相	2500–1900 BC
クッリ・ハラッパー文化相	2500–1900 BC
ソーラト・ハラッパー文化相	2500–1900 BC
パンジャーブ・ハラッパー文化相	2500–1900 BC
東部ハラッパー文化相	2500–1900 BC
ポスト都市ハラッパー文化	
ジューカル文化相	1900–1700 BC
後期ソーラト・ハラッパー文化相	1900–1600 BC
H 墓地文化相	1900–1500 BC

(3)　ライトの年代（Wright 2010）

先都市期	4000–2600BC
都市期	2600–1900BC
ポスト都市・後期ハラッパー期	1900–1300BC

表1●インダス文明期の年代

ラッパー遺跡の発掘が進むにつれて、インダス文明以前のラーヴィー文化期の遺物が古い年代を示すようになったからである。二〇〇〇年に出版された、『南アジア考古学 1997』に掲載された論文では、ラーヴィー文化期のはじまりは紀元前三三〇〇年だった（Kenoyer and Meadow 2000）。しかし、二〇一〇年に発表された論文をみると、ケノイヤー単独の論文（Kenoyer 2010）では紀元前三五〇〇年、そしてケノイヤーとメドゥの共著論文（Kenoyer and Meadow 2010）では紀元前三七〇〇年となっている。さらにケノイヤーは、ラーヴィー文化期の発掘が大々的に進展するとともに他の遺跡のデータがそろえば、もっと正確な年代が出るだろうと指摘する（Kenoyer 2011b）。いずれにせよ、発掘調査の進捗に伴って考察された、たいへん理にかなった年代設定の修正である。しかし、ケノイヤーが述べるとおりデータ不足のため、まだ最終的な判断には至っていないことになる。

うえにあげた年代表をみて気がつくのは、年代のちがいよりも術語のちがいである。本書で取り上げる時代を、ケノイヤーたちはハラッパー文化とよび、盛期ハラッパー文化とはしない。最新の論文によると（Kenoyer 2013b：407）、一般的に、前二六〇〇～前一九〇〇年を盛期ハラッパー文化とよんでいることを認めた上で、成熟したという意味での盛期ハラッパー文化の年代は紀元前二二〇〇～一九〇〇年だと指摘する。一般的に、盛期ハラッパー文化とよぶことをケノイヤー自身が認めているわけで、本書ではその一般名称「盛期ハラッパー文化」を使うことにする。

一方、ポーセルは盛期ハラッパー文化の後に来る年代をポスト都市ハラッパー文化とよんでいる。

じつはかつて、ポーセルは盛期ハラッパー文化を都市期ハラッパー文化とよんでいた（Possehl 1980）。術語「都市期」がポスト都市ハラッパー文化という形にだけ残ったのである。また、ライトはこのポーセルの古い名称を採用している。インダス文明が都市文明であるだけに、魅惑的な概念である都市を年代に取り入れたのだろう。しかし、都市の定義とは何かといった点や、都市とはいいようもない中小規模の遺跡まで都市期の名称でくることは妥当かといった点など、年代の術語に都市の概念を使うのには問題がある。ポーセルが都市期を取り下げたように、都市にこだわる必要はない。また、ポーセルはポスト都市期だけを堅持し、一方ライトはポスト都市期を後期ハラッパーと併記しているが、自家撞着のそしりは免れないように思う。以上により、前期ハラッパー文化、盛期ハラッパー文化、後期ハラッパー文化の三つの呼び方を本書では採用する。また、本書が対象とするインダス文明とは、考古学が使用する盛期ハラッパー文化と対応している。

インダス文明期の年代として、問題が残るのは盛期のはじまりである。なぜポーセルは前期と盛期の間に移行期として一〇〇年のギャップを入れるのか。それは前期と盛期の二つの文化がかなり異なるので、そのままスムーズに連続的に移行したとみるのが難しいからだという（Possehl 2002 : 51）。しかし、この見方はハラッパー遺跡を発掘する研究者と隔たりがある。ケノイヤーは、ハラッパー遺跡の年代をみるかぎり前期と盛期はむしろ連続性があるとする。ポーセルによると、インダス文字の起源はこの移行期にあるという。しかし、ケノイヤーは前期ハラッパー文化に文字の萌芽がみられるとする。事実、紀元前三五〇〇年頃のインダス文字に類似する刻印のある土器がハラッパー遺跡で発見されている。この発見によって、インダス文字の起源が従来考えられているよりも古いことが明らかになったとして、一九九九年にBBCで放映されるなど大々的に報道された。こうした状況をふまえ、本書では前期から後期への移行は連続的であったとするケノイヤーの立場に従うことにする。

なお、上杉彰紀（2010：2）は先インダス文明期、インダス文明期、ポストインダス文明期という用語を採用している。インダス文明を論じるのであればこれで十分な区分といえるかもしれないが、ポトセルが先都市期、都市期としていたのを取り下げたように、独自の名称を採用するのではなく、これまでの研究成果を尊重して、ケノイヤーたちが使う用語に準ずるのがよいとの判断でこの用語は採用しない。万人が納得できる用語は生み出しにくい。また、用語を次から次と新しくしていくと、無用な混乱を招くだけである。

以上まとめると、盛期ハラッパー文化、つまり狭義のインダス文明の年代についていえば、紀元前二六〇〇年〜紀元前一九〇〇年とするのが一番妥当であろう。ただし、今後新しい発掘によって、新たな年代が提案されるかもしれない。

2 インダス文明都市と環境

五大都市

インダス文明は都市文明である。そのことは教科書にも記載されている。そのため、どうも大都市だけがクローズアップされがちである。とくに、ハラッパー遺跡とモヘンジョダロ遺跡は教科書にも登場し、日本人ならばほとんどの人が聞いたことがある。このハラッパー遺跡とモヘンジョダロ遺跡はどちらもインダス川流域に位置する。前者はインダス川支流のラーヴィー川沿いに、後者はインダス川本流に面している。かつてはこの両都市をもって、インダス文明の二大首都論が展開されたこともある。今巻に流布しているインダス文明像は、この二つの都市を中心にイメージされたものである。しかし、それははたして正しいのだろうか。それを問うのも本書の目的の一つである。

都市ということで言えば、ハラッパーとモヘンジョダロ以外にあと三つ大都市遺跡がある。この見方は今日の研究者たちのコンセンサスであり、ポーセルもケノイヤーもライトも、この五大都市をあげている（Possehl 2002, Kenoyer 1998, Wright 2010）。では、その五大都市はどこにあるのか（図2）。

パキスタンにはモヘンジョダロ遺跡とハラッパー遺跡にくわえて、もう一つの大都市遺跡、ガンウ

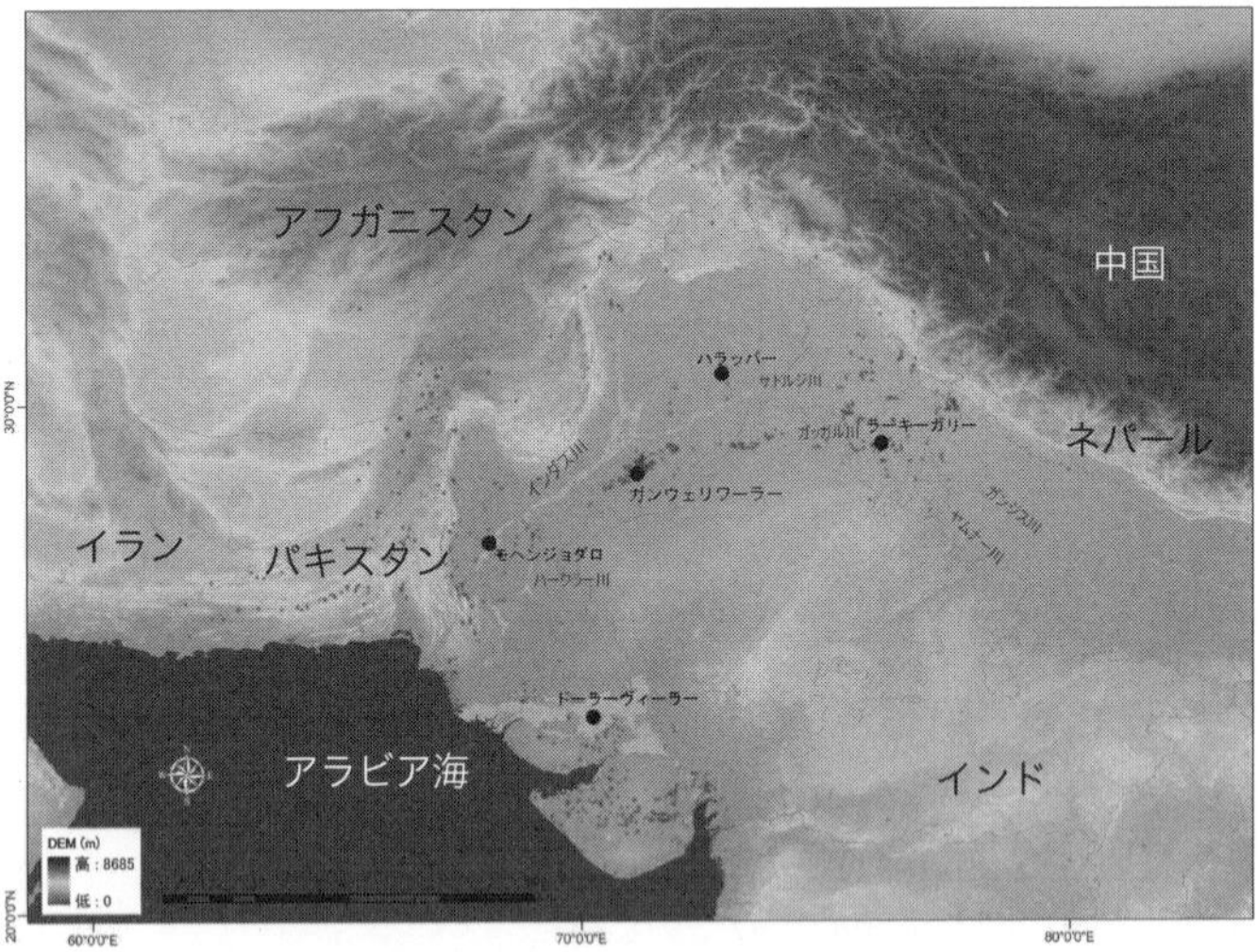
アフガニスタン
中国
ハラッパー
サトルジ川
ガッガル川
ラーキーガリー
ネパール
インダス川
ガンウェリワーラー
ガンジス川
ヤムナー川
イラン
パキスタン
モヘンジョダロ
ハークラー川
トーラーヴィーラー
アラビア海
インド
DEM (m)
高：8685
低：0
30°0'0"N
20°0'0"N
60°0'0"E
70°0'0"E
80°0'0"E

図2●五大都市

ェリワーラー遺跡がある。ガンウェリワーラー遺跡はインド国境に近いチョーリスターン砂漠にある。一方、インドには二つの大都市遺跡、ラーキーガリー遺跡とドーラーヴィーラー遺跡がある。ラーキーガリー遺跡はハリヤーナー州に属しガッガル川に近い。ドーラーヴィーラー遺跡はグジャラート州に属しパキスタン国境に近いカッチ湿原に浮かぶカーディル島にある。

ポーセルは遺跡の面積を一覧表にしている（Possehl 2002 : 63）。それによると、モヘンジョダロ遺跡とハラッパー遺跡が一〇〇ヘクタール、ラーキーガリー遺跡とガンウェリワーラー遺跡が八〇ヘクタール、そしてドーラーヴィーラー遺跡が六〇ヘクタールとなっている。これに対し、ケノイヤーの最新の概説によると（Kenoyer 2013b）、モヘンジョダロ遺跡、ハラッパー遺跡、そしてラーキーガリー遺跡が一五〇から二〇〇ヘクタールで飛び抜けて大きく、ついでドーラーヴィーラー遺跡が一〇〇ヘクタールである。ガンウェリワーラー遺跡は三六ヘクタールで大都市から脱落している。ただし、ガンウェリワーラー遺跡の本格的な調査はまだおこなわれていない。わたし自身、実際にガンウェリワーラー遺跡を踏査しており、最初考えられていた八〇ヘクタールの半分以下とする調査結果はすぐには納得できない。また、実際に掘ってみたら遺跡が広がっていたとして、遺跡面積が増えることは容易に想像できるが、最初の報告よりも遺跡面積が減るというのは腑に落ちない。まして断言するには早計すぎる。本格的な調査を待つ必要がある。

本書では、この五大都市を取り上げる。さいわいにも、わたしはこの遺跡をすべて訪れることができ、その体験が本書の元となっている。第2章ではモヘンジョダロ遺跡とハラッパー遺跡の両遺跡について述べ、第3章ではチョーリスターン砂漠に広がるガンウェリワーラー遺跡を取り上げる。第4章ではインド側のガッガル川流域に位置するラーキーガリー遺跡について紹介し、第5章ではインドにおいて発掘されたなかでは一番大きなドーラーヴィーラー遺跡について述べる。

この五大都市の間隔はそれぞれかなり離れている。モヘンジョダロ遺跡とハラッパー遺跡の距離は六五〇キロほどある。東京から神戸ほどの距離だ。ガンウェリワーラー遺跡はこの二大都市のちょうど中間地点あたりに位置し、モヘンジョダロ遺跡から三〇八キロの距離がある。また、モヘンジョダロ遺跡からドーラーヴィーラー遺跡までが四四八キロ、ハラッパー遺跡からラーキーガリー遺跡までが三五〇キロである。ケノイヤーはこれら五大都市の距離を一覧表にしているが（Kenoyer 1998 : 50）、ほぼ同じような距離で離れていることがわかる。このことからも、この五大都市ネットワークが、インダス文明にとって、重要な意味をもっていると考えられてきた。

しかし、ここに来てもう一つ、重要な大都市の発見があった。それがラーカンジョダロ遺跡である。インダス川の西岸に位置する都市サッカルから三キロのところにあるこの遺跡は、パキスタン・シンド州のハイルプールにあるシャー・アブドゥル・ラティーフ（ＳＡＬ）大学の考古学科によって発掘がおこなわれてきた。二〇〇八年に、わたしもこの遺跡をＳＡＬ大学のマッラー博士に案内されて訪問した。ラーカンジョダロ遺跡は工場が立ち並ぶ場所にあって、これではなかなか発掘が進まないのではないかとマッラー博士は懸念していた。発掘は工場と工場の間の空き地で細々とおこなわれ、その空き地もいずれ工場が建てば発掘ができなくなるという話であった。しかし、事態は二〇〇九年に急転する。シンド州の文化省大臣を巻き込んで、遺跡保存運動が起こり、かなり大々的な発掘がおこなわれることとなったのだ。その結果、遺跡の規模は二五〇から三〇〇ヘクタールにのぼることがわかった（Kenoyer 2011a : 9）。工場が建ち並んでいるので、その全体像がすべてわかるわけではないが、この大きさが事実だとすると、これまでわかっているインダス文明遺跡のなかでは最大のものとなる。しかも、ラーカンジョダロ遺跡はモヘンジョダロ遺跡から八〇キロほどしか離れておらず、大都市の等距離説がみごとに崩れ去ってしまう。ラーカンジョダロ遺跡の発掘調査は現在再び止まっている。この二〇〇九年の発掘調査報告が出ていない現在、この遺跡の実態が公にされているわけではない。本書ではこの大都市は除いて論を進めるしかない。

インダス文明研究は発掘調査によって、年々新しい成果があらわれ、古い情報が常に塗り替えられている。ところが、日本では三〇年以上前の古い情報が未だに流布している。都市についても、いつまでも二大都市モヘンジョダロとハラッパーだけがクローズアップされている。最新のインダス文明研究者たちが五大都市を認めているのだから、その説が紹介されてもいいはずなのだが、二〇一一年に刊行された『インダスの考古学』においても、五大都市は登場していない。本書によって、新しい情報を知り、またインダス文明に対するイメージを新たにし、インダス文明研究に取り組む若い研究者が現れることを切望してやまない。

遺跡分布の集中地域

五大都市、等距離説を紹介したが、この五大都市の重要性は遺跡分布の集中地域をみてもよくわかる。そこで、もう一度、分布図にもどってみよう。

インダス文明遺跡の分布を詳細にみていくと、インダス川流域にだけ遺跡があるわけではない。大河インダス川の流域に発達した文明と広く認識されている。しかし、分布からはそうとも言えない。インダス文明遺跡が集中する地域をあげると、以下の四地域が認められる（図3）。

（一）インダス平原　大都市としてはインダス川のほとりに位置するモヘンジョダロ遺跡や同じインダス水系のラーヴィー川のほとりにあるハラッパー遺跡がある。ご存じのように、この二つの遺跡とともに、インダス文明が世界に知られるようになった。そういう意味では、インダス文明がインダス川流域に発達したとみなされてきたことは当然といえるかもしれない。しかし、いまではインダス川の流域以外にも遺跡が広がっていることがわかっている。この二大都市中心によるインダス文明観は見直すべきである。

（二）ガッガル＝ハークラー川流域　この流域には、パキスタン側のチョーリスターン砂漠にガン

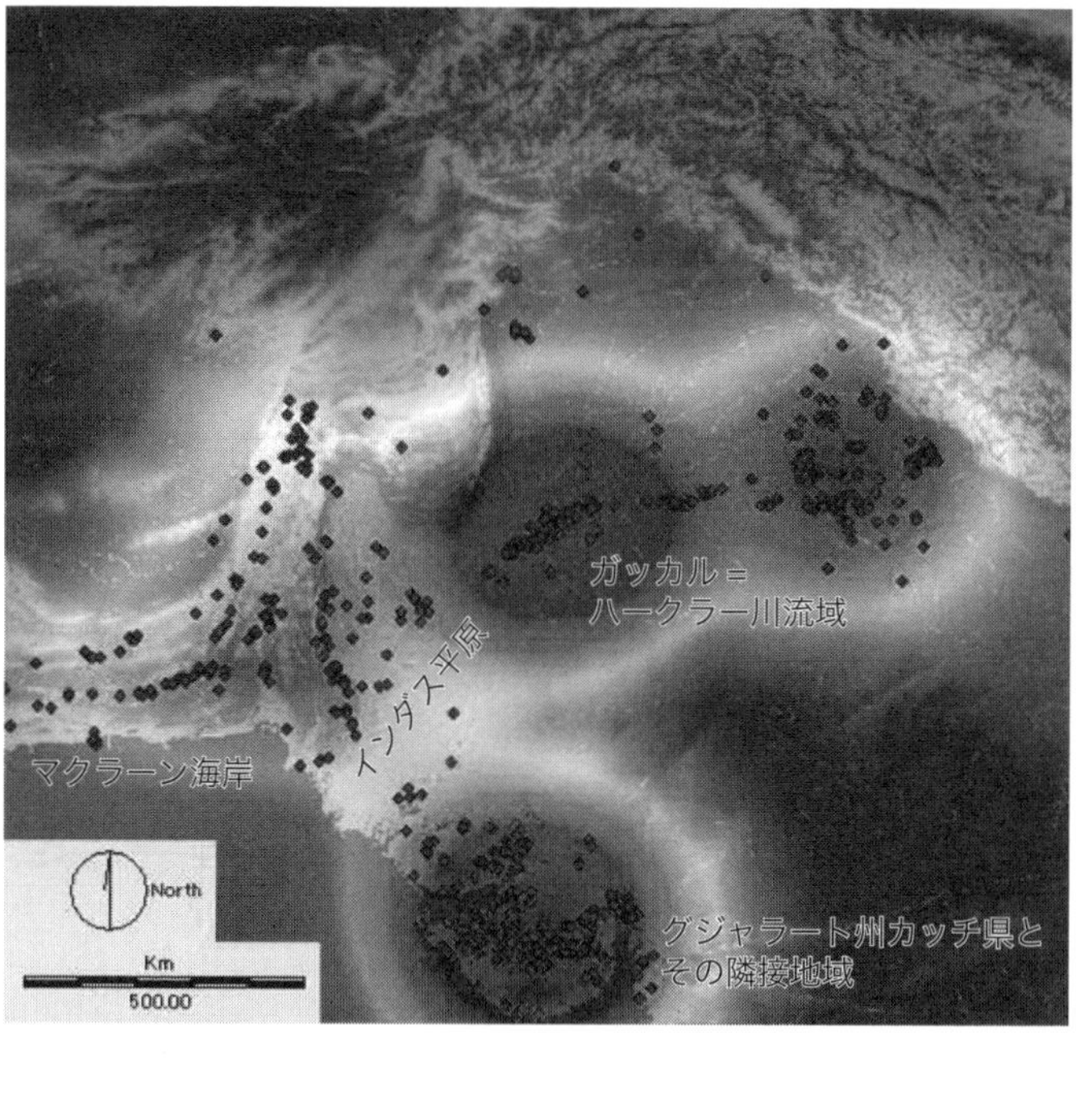

図3●インダス文明遺跡集中地域。口絵1参照。

ウェリワーラー遺跡、インド側にラーキーガリー遺跡がある。どちらも大都市遺跡であるが、あまり知られてはいない。ガッガル＝ハークラー川は、現在チョーリスターン砂漠が広がり、水は干上がっている。このガッガル＝ハークラー川はヴェーダ文献に謳われる「サラスヴァティー川」と比定され、インダス文明期には大河だったという説がある。したがって、この説にしたがえば、インダス文明は二つの大河流域に栄えたということになる。この川が大河であったかどうかについては、第4章で詳述する。結論だけをあらかじめ言っておくと、インダス文明期には大河ではなかったことが、最近の研究成果から示唆されている。

（三）グジャラート州カッチ県とその隣接地域　この地域の大都市はドーラーヴィーラー遺跡である。ドーラーヴィーラー遺跡のあるカッチ県は六〇以上のインダス文明遺跡が集中する場所である。またカッチ県に隣接するサウラーシュトラ半島にも多くの遺跡が分布する。この地域には大河はない。遺跡はアラビア海に面した海岸沿い、またはカッチ湿原沿いに分布している。後述するように、インダス文明時代には海面がいまより二メートル高かったという研究成果があるので、カッチ湿原はかつては海だったとみてまちがいない。

（四）マクラーン海岸　ここには大都市は報告されていない。こちらのインダス文明遺跡は海岸沿いから少し離れたところに分布する。ただし、このマクラーン海岸も、グジャラート州カッチ県と同様、かつてはいまの海水面よりも高かったという研究成果が出ている。また、陸地側が隆起したので、インダス文明期の海水面はいまより九メートル以上高かったという（Besenval 2011: 99）。つまり、いまは海岸から離れた場所にあるが、インダス文明期には海に面していたと考えてよい（図83を参照）。これまでは大河ばかりが言われてきたが、海とインダス文明についても、考えなくてはならない。

この分布はインダス文明が大河文明といえるのかどうかを検証するときに、もう一度取り上げる。分布だけからもインダス川流域に広がっていないことはぜひ記憶しておいてほしい。本書を読み進めるうえで、非常に重要な意味をもつはずだ。

ところで、遺跡分布と標高を重ねると、おおむね標高の低い平野部に遺跡は多い。唯一例外なのが、パキスタンのバローチスターン州からアフガニスタンの国境付近だ。この地にはメヘルガル遺跡がある。メヘルガル遺跡はインダス文明期以前の遺跡で、紀元前七〇〇〇年からインダス文明がはじまる紀元前二五〇〇年まで続く南アジアで最古の農耕遺跡である。このあたりにはメヘルガル遺跡と同じくインダス文明期以前からの遺跡が多く、インダス文明の成立を考えるうえで重要な地域だといえる。しかし、政治状況の悪化に伴い、現在は訪問することがきわめて難しくなっている。わたし自身もこの地域の遺跡を訪ねることができなかった。したがって、本書のインダス文明考察からは除外されていることをあらかじめお断りしておく。

3 インダス文明の文化的特徴

インダス文明の共通要素

インダス文明地域は広大である。その広大な地域に共通の要素をあげてみる。土器、青銅製品、焼成レンガ、都市計画、素焼きの三角ケーキ、スタンプ印章、標準化された度量衡、そしてインダス文字である（Possehl 2002：51）。ここでは、焼成レンガと度量衡を取り上げる。

モヘンジョダロ遺跡の都市をみると、焼成レンガが目につく。したがって、焼成レンガで作られた都市としてのイメージがあるが、じつは日干しレンガも使われている。これらレンガの規格は統一されている。厚さ、横、縦の比率が一：二：四となっている。ハラッパー遺跡のレンガの規格を詳細に調べたケノイヤーによると（Kenoyer 2010）、日干しレンガの場合、八×一六×三二（センチメートル）に作り、乾燥させて、七・五×一五・五×三〇（センチメートル）となったものが多い。また、焼成レンガは七×一四×二八（センチメートル）が一般的である。ただし、ケノイヤーのいうハラッパー文化３C期になると、五×一二×二四（センチメートル）の小型のレンガが作られるようになった。

都市の道路幅も規格が統一されているとされるが、これはレンガの規格が統一されている以上、その比率がそのままレンガで作られる道路に反映されているのだという。

ケノイヤーは同論文の中で、重さについても報告している。チャート製の正方形の錘がインダス文明の一般的な錘であるが、この重さの規格も標準化が進んでいるという。その錘をみると、〇・八六グラムを一とし、一：二：四：八：一六：三二：六四と二進法となっている。もっとも一般的な錘は一六倍の一三・七グラムである。また、重さが重くなると、今度は一〇進法が使われ、一六〇：三二〇：六四〇：一六〇〇となる。これはマーシャルが書いたインダス文明に関する三巻本の中でヘンミーの尺度として紹介されている（Marshall 1931: 591）。そしてモヘンジョダロ遺跡の発掘をおこなったマッケイ（Mackey 1938）やハラッパー遺跡を発掘したヴァッツ（Vats 1940）がすでに報告しているとおりである。つまり、度量衡の標準化はインダス文明が世に知られるようになった初期の段階から、すでに理解されていたことになる。ただし、ケノイヤーはハラッパー遺跡だけの独自の錘の存在を指摘し、ミラーはロータル遺跡で発掘された錘が独自の重さをもっていることを指摘している（Miller 2013）。わずかだが、標準とは異なる錘もみつかっていることは指摘しておいたほうがよいだろう。

では、この標準化はどうしておこったのか。初期の研究者はいずれも強力な中央集権的権力によって統一した度量衡が導入されたと考えた。ところが、ケノイヤーはその点を否定する。インダス文明に関していえば、世襲の王権や一部の特権階級が支配する中央集権的権力の存在を支持する証拠はどこにもない。また、都市を築き上げている壁を注意深く調べても、内部抗争や戦争による傷跡は見あ

図4●素焼きの三角ケーキ（triangle terracotta cake）（カーンメール遺跡出土）

たらない。したがって、商人やレンガを作る職人たちによって、手を使った計測法や穀物をはかる錘の基準が広められていったのではないかとみている。戦争がなく、中央集権的権力もなかったとする視点は、ポーセルとも本書とも共有する点である。本書だけがウィーラーに代表される権力闘争史観に基づくインダス文明観（詳細は2章を参照）を否定しているのではなく、むしろ最近の研究者の視点を本書が採用しているのだということを改めて強調しておきたい。

レンガと度量衡以外の共通要素にも少しふれておこう。インダス文明遺跡に特徴的な遺物の一つに、大きさ五センチメートル程度の三角形の土器がある（図4）。この素焼きの三角ケーキはどこの遺跡でも出土するが、その用途についてはまだよくわかっていない。ウィーラー（1971：25）は「奇妙な三角形土器（いわゆる供物用ケーキ）は、おそらくトイレットで使われたものであろう。よく下水溝のなかでみつかる」と述べているが、その後の研究でも、その用途は明らかにされていない。マニュエルによると（Manuel 2010）、カーリーバンガン遺跡においては、火の祭壇でみつかっていることから、火の儀礼や呪術と関連するとみなされるという。しかし、それ以外の場所からも多数みつかっており、もう少し別の解釈が必要だという。そして、ナウシャロー遺跡では燃料として使われた形跡があることや他の遺跡でも炉に関連することが多いという理由から、もともと燃料だったのではないかと結論づけている。しかし、この燃料説も、ではなぜトイレや道路にも使われるのかについては説明できない。ウィーラーの解釈とのちがいが歴然としているだけに、もう少し誰もが納得するような解釈が求められるところである。

もう一つ、多孔土器とよばれる、穴が無数にあいた土器がある（図5）。完全な形で出土することは珍しいようだが、多孔土器の破片はどこの遺跡でもみかける。この土器についてもその用途はわかっていない。ケノイヤーは穀物を発酵させる道具とみているが（Kenoyer 1998：154）、マッキントッシュはこし器か、焼き肉用鍋とみている（McIntosh 2007）。最近、ポーランドで出土した紀元前五四〇〇～四八〇〇年頃の多孔土器が乳加工に使われたとする論文が『ネイチャー』に掲載（Salque et. al. 2012）されたことに注目して、サンスクリット文献における、乳加工製品の記述を手がかりに研究を

図5●多孔土器（カーンメール遺跡出土）

進めている西村直子は、乳加工に使用された可能性を指摘している（西村　2013）。

インダス文明地域で共通にみられる出土品が何のために使用されたかがわからないことも、小さいながら、インダス文明の謎の一つである。わからないからこそ、何なのかさまざまな可能性を提示して考察する。そこに知的好奇心と新しい発見の喜びがある。わからないことは研究が停滞していることを決して意味しない。発掘の事例が増え、また考察も深まれば、おのずと結論は出る。

インダス印章とインダス文字

インダス印章とインダス文字も共通要素である。インダス印章の多くは凍石でできており、二～五センチメートルの四角形のものが

図6●典型的な一角獣の動物柄を配したインダス印章（モヘンジョダロ遺跡出土）(M-66. photo Erja Lahdenperä for CISI 1 (1987) p. 379. courtesy Archaeological Survey of India)

多い。一角獣や象などの動物の柄とインダス文字が刻まれているのが一般的である。この印章はメソポタミアからペルシア湾岸地帯にかけてからも発見されていて、インダス文明を支えた人々の活動範囲の広さを示している。インダス印章が楔形文字文化圏で発見されていることから、インダス文字と楔形文字が併記された粘土板文書がみつかる可能性はある。その発見があればインダス文字は解読されるのだが、メソポタミア周辺の政治的な混乱もありなかなか実現しそうにないようだ。

インダス印章の図柄で圧倒的に多いのが一角獣である（図6）。図柄の頻度を調べたマハーデーヴァンによると

(Mahadevan 1977)、一角獣が一一五九例なのに対し、角の短い牛が九五、象が五五、ゼブ牛（角があるコブ牛）五四、サイ三九と続く。一角獣は想像上の動物なのか、実在の動物なのか、議論が分かれるところだが、マーシャルは二本の角を芸術的に一本として描いたとしており（Mashall 1931）、ポーセルもその解釈を支持する（Possehl 2002）。ケノイヤーは、クラン（氏族）を示す想像上の動物とみる。とくに、二本を一本と描いたのではなく、一角獣であることに意味があることを強調する（Kenoyer 1998, 2013a）。もちろん、この議論は決着がつくものではない。インダス文明の謎には答えが出ないものも多い。

文字が解読されてなくても、印章からいえることはある。たとえば、動物の図柄が右を向いているか、左を向いているかのちがいによって、時代的変遷を知ることができるという。上杉彰紀（2013）は右向きのものをI類、左向きのものをII類、動物柄がないものをIII類と分けて、時代的にはI類の方が古く、III類の方が新しい可能性が高いという。I類の印章の分布をみると、ガッガル川流域のカーリーバンガン、バナーワリー、ファルマーナーなどから多く出土している。このことから彼はガッガル地域が印章の起源地である可能性を指摘している。なかなか面白い研究である。

文字は印章に書かれているだけではない。銅板や土器にも刻まれている。ここで、この文字の解読の歴史を簡単に紹介しておこう。

ジョン・マーシャルによって、インダス文明が発見されたという第一報がロンドン画報に掲載されたのは一九二四年のことだ（Marshall 1924）。その第一報を日本に紹介したのは後の京都帝国大学総長となる考古学者、濱田青陵である。そこでは、この文字が次のように紹介されている。

マーシャル氏は兎に角件の印章の文字は全く読むことの出来ない新しい種類の文字として報告したのであるが、之を見た英国のアツシリヤ学の碩儒セイス教授は間もなく之に対して、マーシャル氏の報告した発見は、恐らく氏自身が想像したよりも驚く可き性質のものである。即ち其の印章はド・モルガン氏が波斯のスーサで発見した「原エラマイト」文字を以て記した簿記の泥章なるものと其の性質全く同じものであると唱道せられた。セイス教授の言によれば、此のスーサ発見品のものと、印度新発見のものとは其の形も大きさも同じであり、一角獣も同じく、なほ象形文字も数字も同一であるから、是は全く同一の民族の手に成つたものとする外は無い。（濱田　1925）

ここで紹介されている、イランのスーサ出土の原エラム文字は現在も解読がされていない。その意味において、原エラム文字が解読されると、インダス文字も解読できる可能性はある。また、言語学的に、ドラヴィダ語とエラム語は同系だとする学説もある（McAlpine 1981）。

インダス文字の解読において、現在もっとも有力なのはフィンランドのアスコ・パルポラとインドのマハーデーヴァンが唱えるドラヴィダ語による解読である。パルポラは現在インダス文字研究の第一人者で、インダス印章やインダス文字が描かれた資料を集めて、インダス文字資料集を編集し、現在第三巻まで出版している。彼が解読のため目星をつけているのがドラヴィダ語である。ドラヴィダ語とは、現在南インドを中心に話されているタミル語やテルグ語などが属する語族の名称であり、ドラヴィダ語を話す人々はかつてインダス文明地域から南インドに移住したと考えられてきた。この解読は当て字によるもので、これですべての文字が解読できたわけではないし、だれもが納得できる解読にはいたっていない。(4) そのことはパルポラ自身も認めている。一方、ヒンドゥー教によってのみインドは建国されたとみている、ヒンドゥー原理主義者によると、インダス文明はヒンドゥー教徒によるる文明であり、インダス文字はヒンドゥー教のもっとも古い聖歌『リグ・ヴェーダ』の言語であるヴェーダ語で解読できるとしている。しかし、この説を支持する研究者はあまりいない。というのも、インダス文明の時代には、ヴェーダ語はまだ成立していなかったからだ。また、比較言語学研究によると、ヴェーダ語をさらにさかのぼるとインド・イラン祖語となるのだが、そのインド・イラン祖語の話し手たちはインドにはまだ到着していなかった。

ともかく、インダス文字の解読は遅々として進んでいない。その解読以前に、インダス文字の数はいくつあるのかについてすら、コンセンサスがあるわけではない。マハーデーヴァンは四一七(Mahadevan 1977)、パルポラは三八五(Parpola 1994)、一番多いウェルズは七〇〇(Wells 1999)とする。文字の数え方になぜこのようなちがいが生じるのだろうか。たとえば、カタカナの「パ」を数えるときに、一つとみなすか、はたまた「ノ」「、」「○」の三つとみなすか、日本語の文字体系を知らないと数えられない。インダス文字体系がわからなければ、文字の数も数えられないのである。

インダス文字はインダス文明の発見当初から現在まで謎のままである。インダス文明最大の謎とよんでもいいかもしれない。この謎が解けると、インダス文明の理解が飛躍的に進む。しかし、二言語併用テキストがないことや文字列が短いことなどから、なかなか解読は難しい。

インダス文明の多様性

先述した度量衡でみたように、これまではインダス文明の共通性が強調されてきた。この共通性はこれまでの歴史認識によって、過度に強調されてきた。つまり、古代文明は中央集権的都市国家が支えていたという考えに基づいている。しかし、最近では共通要素を強調するのではなく、それぞれの地域による相違点を指摘する研究者の方が多い。ポーセルはこの地域性を強調するため、新たに「ドメイン（domain）」という用語を提唱している。ドメインの定義は必ずしもしっかり打ち出されたものではなく、まずはこれまでインダス文明の共通性ばかりが強調されてきたことへの対抗策として、このドメインという用語を提唱しているようにみえる。その根拠としてあげるスミスの論文は修士論

（4）インダス文字の解読がどのようにおこなわれてきたかの詳細については児玉望（2013）を参照のこと。

文にすぎず、刊行もされていない「盛期ハラッパー文化の政治的単位」というものだ。刊行されたものがない以上、われわれには政治的単位が何をさすものなのか、よくわからない。

「ドメイン」とは版図（領土）を意味する。ポーセルはインダス文明地域を次の七つのドメインに分けている。

（一）ハラッパー・ドメイン
（二）北西ドメイン
（三）チョーリスターン・ドメイン
（四）東部ドメイン
（五）シンド・ドメイン
（六）クッリ・ドメイン
（七）ソーラト・ドメイン

当初、ドメインは六つだったのが、七つになったり、このドメインという用語が地域（Region）であったり、いまみてきた七つの地域名が異なっていたり、ポーセルの用語や名称にかなり揺れがみられる。しかし、単行本の刊行（Possehl 2002）によって、このドメインという用語とドメイン名は定着したとみていい。

だが、このドメインについては、すべての研究者に受け入れられているわけではない。ケノイヤーはいみじくも「誰もうまく定義づけていないし、コンセンサスがあるわけでもない」(Kenoyer 2003)と指摘している。ポーセルの提唱したドメイン区分に説得力がないのはひとえに定義がうまくできていないことによる。ドメインを精緻化するためには、もっと多くの遺跡が発掘され、新たな発掘品による定義づけをしないことにはコンセンサスはえられないだろう。

本書で繰り返し指摘するように、地域的なちがいがあることは誰もが認めている。本書はこのドメインを採用しないが、地域差を考えるきっかけとして紹介しておく。地域による相違点という例を一つあげておこう。すなわち、地域による壁や家を構成する建築素材の相違である。われわれはグジャラート州カッチ県にあるカーンメール遺跡とハリヤーナー州ファルマーナー遺跡の発掘をおこなったが、前者は石積みの壁や家なのに対し、後者はレンガ造りの家だ。異なる文化要素を取り上げ、その文化要素をそれぞれのドメインの指標とする。そうした工夫がないかぎり、ドメインは単なる印象論で終わってしまう。

4 インダス文明研究の歴史と課題

インダス文明がはじめて世界にその存在を知られるようになったのは一九二四年のことである。他の四大文明と比べてみると、ずいぶんと遅く世に出た古代文明である。これもインダス文明があまり知られていない理由の一つだろう。たとえば、エジプト文明はヘロドトス（前五世紀頃）の時代からヨーロッパに知られている。また、エジプト学の成立はナポレオン（一七六九～一八二一）のエジプト遠征がきっかけだった。エジプト遠征中の一七九九年にロゼッタ・ストーンがフランス兵によって発見されたのである。このロゼッタ・ストーンはギリシア文字とエジプト文明の文字であるヒエログリフで書かれている。その二言語併記に着目して、シャンポリオン（一七九〇～一八三二）がヒエログリフを解読したのは一八二二年のことだった。インダス文明の存在がニュースとして全世界を駆けめぐる一〇〇年以上前には、すでにエジプト文明の文字が解読されていたのだから、インダス文明がエジプト文明ほど知られていなくても当然といえば当然だ。

では、インダス文明の存在はどのようにして知られるようになったのだろうか。

それは当時のインド考古局局長ジョン・マーシャル（一八七六～一九五八）が『ロンドン画報』に、「長く忘れられた文明に最初の光――インドの知られざる先史過去の新発見」と題して、ハラッパー遺跡とモヘンジョダロ遺跡の発掘成果を紹介したからである（図7）。このニュースはたちまち世界中に広まった。日本でも、翌一九二五（大正一四）年、考古学者濱田青陵（一八八一～一九三八）がロンドン画報の記事とともに、インダス文明を紹介している。そのことはインダス文字のところですでに述べた。

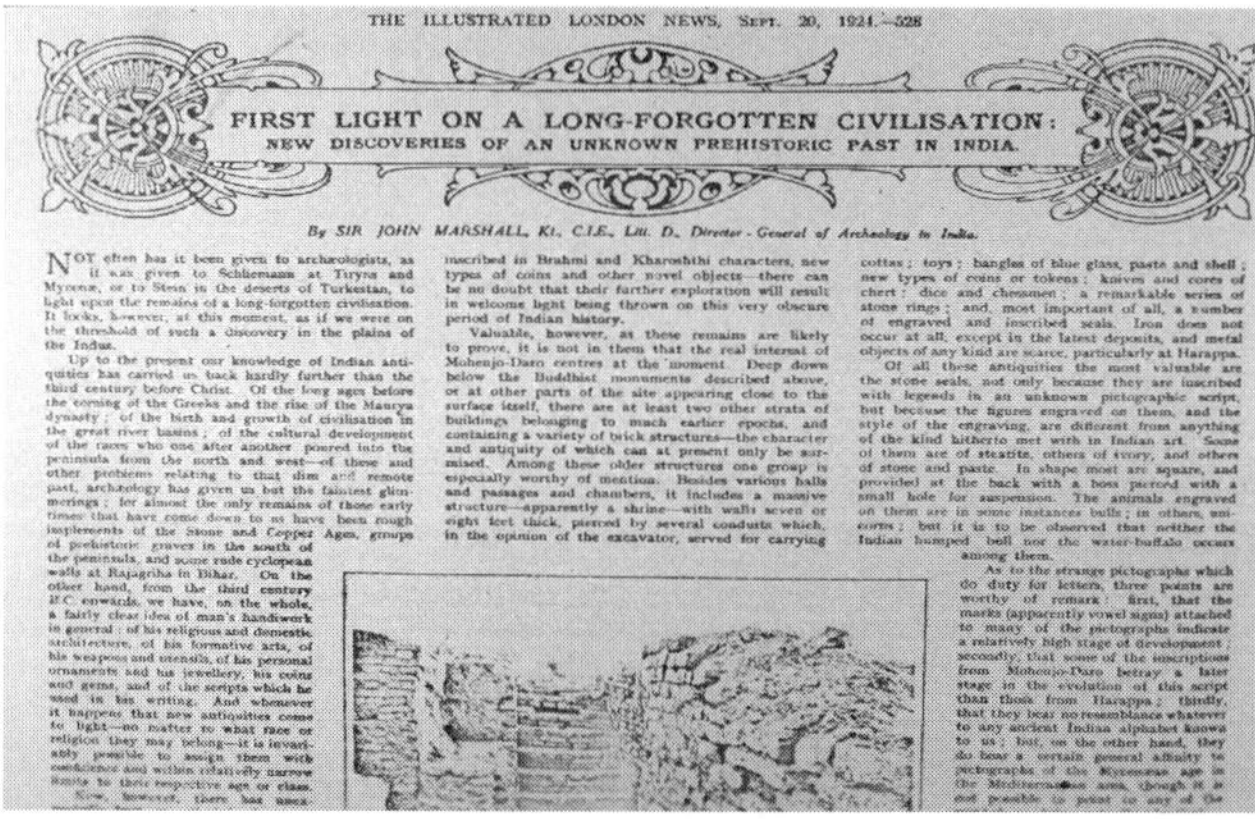

THE ILLUSTRATED LONDON NEWS, SEPT. 20, 1924.—528

FIRST LIGHT ON A LONG-FORGOTTEN CIVILISATION:

NEW DISCOVERIES OF AN UNKNOWN PREHISTORIC PAST IN INDIA.

By SIR JOHN MARSHALL, Kt., C.I.E., Litt. D., Director-General of Archæology in India.

NOT often has it been given to archæologists, as it was given to Schliemann at Tiryns and Mycenæ, or to Stein in the deserts of Turkestan, to light upon the remains of a long-forgotten civilisation. It looks, however, at this moment, as if we were on the threshold of such a discovery in the plains of the Indus.

Up to the present our knowledge of Indian antiquities has carried us back hardly further than the third century before Christ. Of the long ages before the coming of the Greeks and the rise of the Maurya dynasty; of the birth and growth of civilisation in the great river basins; of the cultural development of the races who one after another poured into the peninsula from the north and west—of these and other problems relating to that dim and remote past, archæology has given us but the faintest glimmerings; for almost the only remains of those early times that have come down to us have been rough implements of the Stone and Copper Ages, groups of prehistoric graves in the south of the peninsula, and some rude cyclopean walls at Rajagriha in Bihar. On the other hand, from the third century B.C. onwards, we have, on the whole, a fairly clear idea of man's handiwork in general: of his religious and domestic architecture, of his formative arts, of his weapons and utensils, of his personal ornaments and his jewellery, his coins and gems, and of the scripts which he used in his writing. And whenever it happens that new antiquities come to light—no matter to what race or religion they may belong—it is invariably possible to assign them with confidence and within relatively narrow limits to their respective age or class.

Now, however, there has unex-

inscribed in Brahmi and Kharoshthi characters, new types of coins and other novel objects—there can be no doubt that their further exploration will result in welcome light being thrown on this very obscure period of Indian history.

Valuable, however, as these remains are likely to prove, it is not in them that the real interest of Mohenjo-Daro centres at the moment. Deep down below the Buddhist monuments described above, or at other parts of the site appearing close to the surface itself, there are at least two other strata of buildings belonging to much earlier epochs, and containing a variety of brick structures—the character and antiquity of which can at present only be surmised. Among these older structures one group is especially worthy of mention. Besides various halls and passages and chambers, it includes a massive structure—apparently a shrine—with walls seven or eight feet thick, pierced by several conduits which, in the opinion of the excavator, served for carrying

cottas; toys; bangles of blue glass, paste and shell; new types of coins or tokens; knives and cores of chert; dice and chessmen; a remarkable series of stone rings; and, most important of all, a number of engraved and inscribed seals. Iron does not occur at all, except in the latest deposits, and metal objects of any kind are scarce, particularly at Harappa.

Of all these antiquities the most valuable are the stone seals, not only because they are inscribed with legends in an unknown pictographic script, but because the figures engraved on them, and the style of the engraving, are different from anything of the kind hitherto met with in Indian art. Some of them are of steatite, others of ivory, and others of stone and paste. In shape most are square, and provided at the back with a boss pierced with a small hole for suspension. The animals engraved on them are in some instances bulls; in others, unicorns; but it is to be observed that neither the Indian humped bull nor the water-buffalo occurs among them.

As to the strange pictographs which do duty for letters, three points are worthy of remark: first, that the marks (apparently vowel signs) attached to many of the pictographs indicate a relatively high stage of development; secondly, that some of the inscriptions from Mohenjo-Daro betray a later stage in the evolution of this script than those from Harappa; thirdly, that they bear no resemblance whatever to any ancient Indian alphabet known to us; but, on the other hand, they do bear a certain general affinity to pictographs of the Mycenæan age in the Mediterranean area, though it is not possible to point to any of the

図7●インダス文明の存在を紹介した『ロンドン画報』の記事（上）とマーシャル卿（下）

濱田はときのアッシリア学の権威、オックスフォード大学教授アーキボルト・セイス（一八四六〜一九三三）のもとに留学したことがあり、先生と教え子という関係上、濱田はこのニュースをセイスから直接手紙で知らされたようだが、もちろん、『ロンドン画報』の記事も読んでいた。インターネットや携帯電話もない時代に、インダス文明のことがすぐに学会誌に掲載されたことは驚くべきことである。インダス文明に関していえば、三〇年前の情報がいまだに幅をきかせている現状を、濱田は草葉の陰でどうみているだろうか。

マーシャルが『モヘンジョダロ遺跡とインダス文明』（Marshall 1931）と題して三巻本を出版すると、インダス文明の存在は広く知られるようになった。しかし、ここから新しい遺跡がどんどんと発掘されていったわけではない。それどころか、じつは現在も、インダス文明の代名詞となったハラッパー遺跡やモヘンジョダロ遺跡すら、まだ発掘が終わってはいない。ハラッパー遺跡の発掘を指揮している、ウィスコンシン大学教授のケノイヤーは、まだあと一〇〇年発掘を続けたとしてもハラッパー遺跡の発掘が終わることはないだろうと指摘する。それほど広大なのである。また、モヘンジョダロ遺跡はインダス川のダムができたため、地下水が上昇し、発掘された部分が塩害で侵されている。そのために、その保存作業がメインとなって、とても新たな発掘がおこなわれる状況にない。

さらに、政治的な要因もインダス文明遺跡の発掘の難しさに輪をかけている。インダス文明が知られるようになった頃、インド亜大陸には、発掘するどころではない事情があった。その事情とは英植民地からの独立である。流血をともなうはげしい独立運動の末、一九四七年にはインドとパキスタンが分離独立をはたす。その結果、ハラッパー遺跡とモヘンジョダロ遺跡はパキスタン領となる。また、インダス文明遺跡もその研究も分断されてしまう。いまでも、インドとパキスタンの関係は良好ではなく、お互いの国のヴィザが簡単には取得できず、自由に行き来ができない。つまり、インド人以外ならば誰でも行けるハラッパー遺跡やモヘンジョダロ遺跡には、インド人考古学者は発掘することはもちろんのこと、自由に見学することすらできない。

パキスタン側ではおもに外国隊がインダス文明遺跡の発掘に従事する。ハラッパー遺跡の発掘はアメリカ隊が一九八六年より継続的におこなっている。その他、インダス川沿いの平原部にある、シンド州チャンフーダロ遺跡や、イラン国境に近いマクラーン海岸にある、バローチスターン州ソトカーゲン・ドール遺跡など、アメリカ隊がおこなった発掘は多い。また、パキスタン最大の遺跡、モヘンジョダロ遺跡はジョージ・デール率いるアメリカ隊が試掘をしたり、アーヘン大学主体のドイツ隊がイタリア隊と共同で遺構の再調査をおこなったり、各国調査隊が入り乱れて、調査を競っている。また、フランス隊も精力的に発掘をおこなっており、紀元前七〇〇〇年にもさかのぼるメヘルガル遺跡をはじめ、モヘンジョダロ遺跡の周辺にあるアムリー遺跡やナウシャロー遺跡など、重要な発掘で成果を上げている。さらに、イギリス隊はケンブリッジ大学が主体で、ペシャワール大学と共同でバンヌー盆地考古学プロジェクトとして、北西辺境州のいくつかの遺跡を発掘してきた。まるで発掘オリンピックである。

もちろん、パキスタン人考古学者が欧米人の発掘を横目でながめ、手をこまねいていたわけではない。シンド州コート・ディジー遺跡を発掘したハーンや、北西辺境州のラフマーン・デーリ遺跡を発掘したドゥッラーニーのように、パキスタン人による発掘もある。ちなみに、シンド州コート・ディジー遺跡はインダス文明期以前からインダス文明期に至る年代のものであり、モヘンジョダロ遺跡とはインダス川を挟んだ対岸にある。こうしたハーンやドゥッラーニーといったパキスタン学者の活動は、圧倒的な外国隊の活躍に比べると限定的だ。また、発掘の現場で活躍したパキスタン学者の多くは、亡くなる直前の一九七〇年代まではインダス文明研究の第一人者であったウィーラー（一八九〇～一九七六）が開いた考古学トレーニング学校で、独立以前に学んだ人たちである。そのウィーラーの教え子なら今や八〇歳を越えている。パキスタンではこうした人的遺産は枯渇してしまっており、しかも現地の研究者を育てるということがおろそかになっているのが現状だ。タリバーン問題などで、外国隊の発掘が難しくなったなか、パキスタン人主体による発掘がおこなわれないのは、安全上の問題に加えて人材不足という面が否めない。

一方、インド側については独立後もインド考古局が独占的にインダス文明遺跡の発掘をおこなってきた。いわば英領時代から続く伝統である。その独占ぶりは徹底している。たんに外国隊に開放しないだけではなく、インドの大学ですらインダス文明遺跡を発掘する許可が下りない。そんな状況が独立から一九八〇年代まで続いた。インド考古局によって、インダス文明遺跡の発掘が独占されていると、その弊害が生じるのは自然の成り行きだ。インド考古局の研究者は発掘に追われ、成果報告書よりも発掘を優先した結果、定年退職後発掘ができなくなってからようやく報告書執筆に取りかかる。つまり、成果報告がなかなか出版されないことになってしまう。たとえば、ガッガル川周辺のパキスタン国境からそう遠くはない、カーリーバンガンという遺跡がある。一九六〇年代に発掘されたが、その報告書が出たのはなんと二〇〇三年のことである（Lal et. al. 2003）。一九九〇年代に華々しく報道され、本書にも登場するドーラーヴィーラー遺跡の報告書は、残念ながらまだ出ていない。

新たに発掘される遺跡も少ないうえに、発掘された遺跡の報告書も出ない。また、きわめてやっかいなことに、報告書が出版されないかぎり、すでに発掘された遺跡の出土品を自由に見ることも許されない。たとえば、インドで発掘された出土品はデリーにある城塞、ラール・キーラー（赤い砦を意味する）に運ばれる。そこの倉庫には、これまでの出土品が眠っているが、整理が行き届いておらず、その全容は誰も把握していないと聞く。残念ながら、そのお宝を拝見させてもらったことがないので、その真偽はわからない。いずれにせよ、出土品の一覧は出版されてもいなければ、ましてインターネット上で公開されてもいない。

この状況はインドに限ったことではない。パキスタン第二の都市ラーホールに、ラーホール・キーラーとよばれる、ムガール時代の城塞がある。そこの倉庫には、英領時代にウィーラーが発掘したハラッパー遺跡からの出土品が大量に保管されているといわれている。発掘を担当したウィーラー自身が、若き日のインダス文字研究者アスコ・パルポラにそう語ったというから、まちがいないだろう。現在ハラッパー遺跡の発掘責任者であるケノイヤーにラーホール・キーラーについて聞くと、蛇の巣窟になっていてとうてい近寄れないと答えてくれた。インドのラール・キーラーも、パキスタンのラーホール・キーラーも難攻不落の砦なのである。

こうしたインドやパキスタンでの見聞を深めれば深めるほど、これではインダス文明がなかなか人々に知られないはずだとの思いを強くする。それはわたし個人だけの見解ではない。たぶん、インダス文明研究に携わった人ならばだれでも一度は感じることであろう。インダス文明遺跡に関していえば、われわれがおこなった発掘がはじめての日本隊参加の発掘である。インドでは一九八〇年代以前は一切外国隊に開放されていなかったのだから、当然といえば当然なのかもしれない。しかし、パキスタンの発掘についていえば、インドに比べるとはるかに簡単に許可されたはずだ。事実、京都大学などがガンダーラ関連の遺跡などの発掘をおこなってきた。しかし、残念ながら、日本隊がインダス文明遺跡を発掘することはなかった。それは仏教の関連でガンダーラの方が日本人には魅力的だったから、といったところかもしれない。

以上、ここまではインダス文明遺跡発掘史を簡単にふりかえり、またインダス文明遺跡発掘の現実的な難しさを指摘した。

5 おわりに

ここまでの記述ではインダス文明研究の問題点を指摘してきた。しかし、インダス文明、それ自体は遺跡をとっても、出土物であるインダス印章やビーズなどの貴石をとっても、わたしにはとても魅力的である。その魅力を伝えるのが本書の目的である。そこで、本題に入る前に、わたしがなぜインダス文明に興味をもつようになったのか、個人的理由を述べることにする。

思いかえしてみると、インダス文明に関心をもつようになったきっかけが二つある。一つは探検(わたしは大学の探検部出身だ)とかかわり、もう一つは専門である言語学とかかわる。

一九八〇年代、インドに留学していたわたしはデリーの国立博物館にオーレル・スタイン・コレクションがあることを、当時の朝日新聞インド特派員から聞かされた。オーレル・スタイン(一八六二〜一九四三)がスヴェン・ヘディン(一八六五〜一九五二)と並ぶ大探検家であることは知っていた。しかし、スタインといえば西域というイメージがあって、恥ずかしながら、インドとのかかわりはその当時まったく知らなかった。デリーのスタイン・コレクションはインダス文明とは直接関係がない。しかし、いろいろと調べていくうちに、スタインが晩年インダス文明に関心をもっていたことを知った。とくに、インダス文明とそれを支えた幻の川サラスヴァティー川(この川がなぜ幻なのか、その詳細は第3章で述べる）をみつけようと探検したことにつよく感動を覚えた。ここに、子供の頃いだいた探検への憧憬が再びよみがえってきたのである。これがインダス文明に興味をもつようになった第一の理由である。

わたしは言語学を学び、インドの少数民族言語であるムンダ語を研究している。ムンダ語研究者は日本には皆無だし、世界的にもほとんどいない。ほとんど研究されていない言語を研究することの苦労はたしかに大きい。しかし、苦労だけではない。だれも指摘していない言語現象を発見する――そうした何にも代えがたい楽しみもある。すでに述べたように、インダス文字はまだ解読されていない。その解読がムンダ語でできないだろうか。その思いをきっかけに、インダス文明にますます興味をいだくようになった。

なぜムンダ語でインダス文字が解読できるかもしれないと思ったのか。それはどんな教科書にもインドの最古の言語はムンダ語であると記されているからである。それならば、インダス文字はムンダ語で解読できるのではないか。そうシンプルに考えたのだ。そうした思いからすでに何十年もたつ。しかし、残念ながら、これまでのところ、ムンダ語でインダス文字は解読できていない。解読ができるかどうかもまったくわからない。ましてや、ムンダ語でインダス文字が解読できると宣言したいわけでもない。その辺は誤解されても困るので一言言っておく。とにもかくにも、インダス文明とムンダ語の関係を知りたい。それがインダス文明への興味をもった第二の理由である。

わたしがインダス文明への興味をふくらませていった理由を二つあげた。この二つには共通する点がある。未知なるものを明らかにしたい。いずれも、そういう気持ちがもとになっている。まだよくわかっていないこと、あまり人がやってこなかったこと、あるいはやっていないこと、そんなことにチャレンジすることが大好きである。インダス文明はまだまだわからないことだらけである。後世の人々に、いまインダス文明について何がわかっているのかを伝えていくことが非常に大事である。インダス文明への興味を覚えてくださる人が一人でも増えれば、本書の目的は十分達成される。

第2章 モヘンジョダロ遺跡とハラッパー遺跡
――インダス文明に関する神話

インダス文明遺跡といえば、モヘンジョダロ遺跡とハラッパー遺跡を連想する。この二つの遺跡はもっとも早い時期に発掘され、これをもとに人々のインダス文明に関するイメージが成り立ってきた。そのイメージはいわばインダス神話ともいうべきものだ。しかし皮肉なことに、こうしたインダス神話こそが、文明の科学的解明をはばむ役割をはたし続けてきた。インダス神話を打破し、インダス文明の実像を構築する。それが本書の副題を「古代文明神話を見直す」とするゆえんである。

しかしながら、実際にモヘンジョダロ遺跡やハラッパー遺跡を訪問した人は少なかろう。とりわけ、パキスタンの政治情勢が不安定になり、外務省から渡航延期勧告がでる昨今では旅行者も当然かぎられてくる。そこで、わたしの訪問記録をとおして、まずモヘンジョダロ遺跡とハラッパー遺跡を紹介したい。次いで、両遺跡の発掘成果からインダス神話が作り上げられた経緯をたどり、その妥当性を最近の研究成果に照らして検証することにしよう。

1　モヘンジョダロ遺跡とハラッパー遺跡の訪問記

わたしとパキスタン

ところで、わたしはインドに六年間の留学体験があり、その後も毎年のようにインドを訪問している。しかし、地球研のインダス・プロジェクトをはじめるまで、パキスタンには一度も行っていなかった。では、なぜパキスタンを訪問したことがなかったのか。パキスタンをめぐる、すこし個人的な感懐から述べておこう。

インドとパキスタンを語るときに、かならず浮上するのが宗教の問題である。つまり、ヒンドゥー教徒のインドとイスラム教徒（ムスリム）のパキスタンが抗争する宗教対立だ。ところが、じつはムスリム人口はパキスタンよりもインドの方がやや多いのである。これは南アジアを研究する人には常識だ。インドの人口十二億一千万人のうち一三・四％がムスリムなのである。それに比べると、パキスタンのヒンドゥー教徒はとても少ない。

したがって、インドにおいてもムスリムはかなり多い。わたしも在印中ムスリムの方々と交際したが、かれらとは一定の距離をもって接していた。専攻した学問が少数民族の言語たるムンダ語研究だったので、わたしの周りには少数民族が圧倒的に多いからだ。アーディワーシーと称されるこれらの少数民族は伝統的な固有信仰をもっている。ときに諸般の事情でキリスト教徒に改宗することはあっても、イスラム教徒に改宗することはまずない。おそらく女性の地位が理由だろう。社会的に女性が高い地位にある少数民族にとって、女性の顔をパルダーとよばれる布で覆うムスリムの風習には違和感があるようだ。

また、少数民族の間にはこうした宗教問題以外にもパキスタンへの反感が根強くある。というのも、インド・パキスタン戦争（印パ戦争）の戦死者に少数民族が少なからずいるからである。たとえば、英雄アルバート・エッカは少数民族オラオンの出身だ。エッカはバングラデシュ独立に伴う印パ戦争で戦死している。さらに、印パ戦争再燃の危機的状況にあった一九九九年五月、カシミール州カールギルでの戦いで戦死したのもジャールカンド州の少数民族出身者だった。

しかしながら、わたしがパキスタンに行かなかった最大の理由は、単に機会がなかったせいだ。何でも見てやろうという精神から、機会さえあればパキスタンに喜んでおもむいたと思う。パキスタンに行かなかった理由はただ一つ。インド東部のジャールカンド州をフィールドとするわたしには、パキスタンはあまりにも遠かったのである。

パキスタン考古局とパキスタン国立博物館

二〇〇六年五月一八日、インダス・プロジェクトによる遺跡調査のため、パキスタンの地にはじめて足を踏みいれた。そしてその翌日から、パキスタン考古局のカラーチー事務所とパキスタン国立博物館におもむいた。これがパキスタンでのインダス文明との出会いであった。案内者はウィスコンシン大学のマーク・ケノイヤー教授だ。ケンブリッジ大学のオールチン（一九二三〜二〇一〇）、ペンシルヴァニア大学のポーセル（一九四一〜二〇一二）が亡くなった今、ケノイヤーはインダス文明研究の第一人者である。そのケノイヤーに案内してもらったのだから、このうえない幸運だった。かれは父親がキリスト教宣教師としてインドに赴任していたので、インドの北東部で育った。そうした事情から、ヒンディー語をほぼ母語並みに話す。現地語が流暢にできるということはハラッパー遺跡を発掘するうえで、大きなメリットである。

ところで、インドのヒンディー語がパキスタンのハラッパー遺跡の発掘に役立つとはどういうことなのか。じつはヒンディー語とウルドゥー語は口語レベルではほとんど変わらない。つまり、ヒンディー語が話せれば、パキスタンのウルドゥー語も話せるのである。何がちがうかといえば、書き記す文字がちがう。インドの公用語であるヒンディー語はデーヴァーナーガリーとよばれる文字を使用する。デーヴァーナーガリーはサンスクリット語を書き表す文字で、仏教国の日本ではこの文字をくずした梵字を卒塔婆に記すので、お墓などで見たことがあるだろう。デーヴァーナーガリーは左から右へと書いていく。一方、パキスタンの公用語であるウルドゥー語は、世界中の多くのイスラム教徒が使用するペルシア・アラビア文字を使用する。こちらはヒンディー語とはまったく反対の右から左へと書いていく。まったく異なる二つの文字をもつ言語が、話しことばとしてはほぼ同じなのである。

この現象は文字を重視する日本人にはなかなか理解しがたいが、次のように考えればわかりやすい。ある口語が使われていたとする。その口語を書きあらわそうとするときに、デーヴァナーガリー文字で書いたものがヒンディー語で、ペルシア・アラビア文字で書くようになったのがウルドゥー語というわけだ。もちろん、ヒンディー語はサンスクリット語化する方向にあり、ウルドゥー語はペルシア・アラビア語化する方向にあって、語彙の選択がかなりちがうが、基本的な文法は変わらない。ムスリムの多い、インドのカシュミール州でヒンディー語を話したつもりが、ウルドゥー語ができるのかといわれた時の衝撃はいまも忘れられない。

ケノイヤーに案内されて訪れたパキスタン考古局カラーチー事務所には、バローチスターン州で発掘された土偶が雑然と並べられていた。女神土偶である。これら土偶はインダス文明期以前のものだ。髪飾りと飛び出したような目に特徴がある。写真でしか見たことのない出土品に興奮しながらみていると、土偶が壊れかけていることに気がついた。これがインド、パキスタンを問わず、遺物出土品の現実である。海岸に近く湿度の高い、しかも夏の五月から八月までの四カ月は熱帯夜が続くカラーチ

図8●神官王像（ケノイヤー教授提供）

ーで、湿度も温度も管理されていないガラスケースでの保存では壊れるのも無理ないことなのだ。

しかし、なかには大事にされている出土品もある。神官王とよばれる凍石製の像だ（図8）。この神官王はパキスタン国立博物館で保存されている。『ＮＨＫ四大文明インダス文明』（近藤英夫編　2000）の表紙を飾っているし、二〇〇二年に出版されたポーセルが書いた概説書（Possehl 2002）の表紙も飾っている。インダス文明を紹介する記事には必ずといっていいほどこの写真が掲載され、神官王が表紙を飾る本は枚挙にいとまがない。その世界的にも有名な神官王はパキスタン国立博物館に展示されているが、展示物の方はレプリカだ。本物は国立博物館の特別な保管室で、二重三重のドアのなかに入れられていて、目にすることができない。神官王と並びよく教科書に登場するのが、踊り子とよばれる青銅像だ。こちらもレプリカが展示されている。この踊り子像はインドのデリーにある国立博物館に収蔵されている。なお、この神官王は二〇〇〇年に日本でおこなわれたインダス文明展に出品されたが、このときは本物が展示された。

パキスタン国立博物館は「原始時代」「ガンダーラ時代」などと時代別に展示室を設定している。インダス文明に関する展示は原始時代セクションにある。そこで、まず目にはいるのは女神土偶だ。カラーチー考古局事務所に雑然と並べてあった、あの土偶である。あそこにあった土偶は半分壊れかけていたが、博物館のものは保存状態もよく、なかなか見応えがある。それに、インダス文字が刻まれたインダス印章にも目を奪われる。インダス文字研究の第一人者アスコ・パルポラが中心になって、インダス文字のカタログとも言うべき本が出版されているが、その第二巻がパキスタンからの出土品をあつかっている（Shah and Parpola 1991）。その本に掲載されている印章の多くがこの博物館に展示されている。未解読のインダス文字を刻んだインダス印章が目の前に並んでいると、なぜだかわからないがワクワクと心踊る気分になる。インダス文字が解読してごらんと訴えているようにみえるからかもしれない。インダス印章や土偶に目が向きがちだが、もちろんハラッパー式土器とよばれる色鮮やかな彩色土器などの出土品も展示されている。しかし、個人的な印象からいえば、インダス文明を主にあつかった原始時代の展示物は思ったよりも少なかった。ガンダーラの仏像の方が印象に残ったほどだ。

モヘンジョダロ遺跡への道

二〇〇八年に再びパキスタンを訪れる機会があり、はじめてモヘンジョダロへ足を踏み入れた。ここからはその時の様子を紹介しよう。

モヘンジョダロ遺跡はパキスタンのシンド州の北部、インダス川の畔にある。わたしはハイルプールにあるシャー・アブドゥラ・ラティーフ（SAL）大学のマッラー教授に案内されて、モヘンジョダロに向かった。一〇月だったが、最高気温は軽く三五度を超え猛暑日が続いていた。SAL大学の学長は旧知の女性考古学者ニロファー・シェイフ博士で、パキスタンの状況を考慮して警察のジープを手配してくれた。ハイルプールからモヘンジョダロまではおよそ一五〇キロメートルある。ハイルプール周辺には橋がないため、一度北に向けてサッカルまで行きモヘンジョダロに向かう。その当時、ハイルプールからインダス川にかかる橋を建設中で、二〇〇九年一二月に橋の開通記念式典がおこなわれた。これにより、モヘンジョダロまでの道のりが七〇キロメートルばかり短縮されたことになる。

インダス川はまさに大河である。川幅はゆうに一キロメートル以上はある。はじめてみた時からその大きさに圧倒された。とくに、サッカル周辺ではすべての支流が合流した後なので、その川の大きさがきわだっている。対岸がはるか向こうに見える。川というより海だ。インダス川の源流は遠くチベット高原の氷河で、インドのラダック地方を通り、パキスタンに入る。全長二九〇〇キロにおよび、パンジャーブの語源でもある五河（ビヤース、ラーヴィー、サトルジ、シェナーブ、ジェーラム）がすべて流れ込んでアラビア海にいたる。じつは、モヘンジョダロ周辺はほとんど雨が降らない。しかし、上流がヒマラヤの氷河で、また大きな川が流れ込むため水が涸れることはない。雨季には上流で雨が多く降るため、水かさが増え、二〇一〇年八月に洪水を起こしたことは記憶に新しい。

インダス川を渡ってしばらく行くと、ラールカーナーという大きな町に出る。一九九八年の国勢調査によると、人口は約二七万人である。インダス川を越えたサッカルからの距離は二五キロあまりで、車で三〇分ほどだ。ここは父娘で首相を務めたブットー一族の出身地である。訪問した二〇〇八年一〇月は、娘のベーナジール・ブットー元首相が暗殺されて一〇カ月しか経っていなかったので、あちこちに大きなブットー一族の肖像画が掲げられていた。このラールカーナーから三六キロ走り、ようやくモヘンジョダロに到着した。道が悪くなったせいか、ラールカーナーからずいぶんと遠かったように感じた。

モヘンジョダロ遺跡博物館

モヘンジョダロ遺跡のすぐそばにはモヘンジョダロ空港がある。その空港から少し坂を上ったところにモヘンジョダロ遺跡に入るためのゲートがある。ゲートを入ると、目の前に城塞部のドーム状の

図9●モヘンジョダロ遺跡博物館のゲート。あちらこちらにインダス文字のモチーフがちりばめられている。

建築物がみえる。遺跡のすぐ横には、モヘンジョダロ博物館が並設されている。博物館のゲートはインダス文字であふれている。MUSEUMの文字もインダス文字風にデザインされているし、鉄門にもインダス文字があちらこちらにデザインされている。その門のうえには、インダス文字が刻まれた一角獣のインダス印章が掲げられている。なかなか凝った作りだ。(図9)

この博物館に展示されているのは、モヘンジョダロから出土したものだけではない。インダス川を挟んで対岸にあるコート・ディジー遺跡や、さらに南にインダス川を下ったところにある、フランス隊が発掘したアムリー遺跡か

図10●イヌのミニチュア模型（粘土製）

らの出土品も並べてある。しかし、それら展示物は土器など数点で、メインはあくまでもモヘンジョダロ遺跡から出土したものだ。カラーチーの国立博物館に厳重に保管されてあった神官王やデリーの国立博物館にある踊り子像のレプリカが置いてある。

この博物館でひときわ目を引くのは、粘土製のミニチュアだ（図10）。精巧とは言えないが、どこかユーモラスな表情をした動物たち。なかでもお面をつけたような顔の部分をデフォルメした、グロテスクだけどどこかかわいいイヌ。ほかにサイやゾウ、スイギュウなどが並んでいる。現在の南アジア各地でみかける牛車の小型模型。二匹のウシに牽かれ、荷台には土器のミニチュアが積まれて、手綱をもった人もいる。牛車のミニチュアは木で車輪などをつなげて復元されたものだが、その当時の生活を十分想像できる。埴輪に似た土偶やムンクの叫びを想像させるような表情の土偶などがあって、ミニチュアはみているとあきない。

モヘンジョダロ城塞部

博物館を出ると、その隣はいよいよ遺跡である。入り口に大きな像が建っている。最近建てられたのだというが、あまり趣味のいいものではない。それが有名な踊り子像と神官王の五、六メートル以上ある立像である（図11、図12）。モヘンジョダロ遺跡の有名出土品を大々的に顕彰したいという意欲はわかるが、お世辞にも似ているとはいえない。グロテスクとしか言いようがない。日本では景観を損ねるとして、こんな像は絶対に建たないと思うが、お国柄が変わると、そうでもないらしい。多くの観光客がその像の前で記念撮影していた。

神官王の像の正面に、ドーム状建物を頂上に配した小高い丘がある。この小高い丘の部分を城塞部と伝統的によんでいる。この城塞という名称は戦いの際の砦を意味するが、まったく城塞的機能を果たしているとは思えない。実際、ポーセルやライトなど、現代の考古学者たちは遺丘（マウンド）とよんでいて、決して城塞（シタデル）とはよんでいない（Possehl 2002, Wright 2010）。

また、頂上部分の建物はインダス文明以後の仏教遺跡で、仏塔（ストゥーパ）だと考えられている（図13）。この説はモヘンジョダロを最初に発掘したバーネルジーが提唱したが、この仏塔説に対して

図11●モヘンジョダロ城塞部入口に立てられた神官王像
図12●モヘンジョダロ城塞部入口に立てられた踊り子像

図13●「ストゥーパ」と考えられている、城塞部の一番高いところにある建物。

も異論がある（Verardi 1987, Lawler 2008, Verardi and Barba 2013）。つまり、仏教遺跡につきものの仏像や仏画のようなものがみつからないし、この建造物そのものが他の仏教遺跡のストゥーパと構造が異なるからだ。そうなると、インダス文明期からこのドーム型建造物があったとみなすことも可能である。実際、そう考える研究者もいる。バーネルジーが発掘した時代には科学的根拠をもった年代測定法がなかった。それがいっそう話を複雑にしている。こうした論争に決着をつけるためには、炭化物による炭素年代測定をおこなうのが手っ取り早い。しかし、現在発掘がおこなわれていないので、なかなか結論はでそうにない。

城塞部頂上付近からの眺望はすばらしい。東南方向にはインダス川がみえる。また、モヘンジョダロ遺跡の主体をなす、レンガ造りの都市を見わたすことができる。さらに、遺跡の周りには現在の町並みもみえる。

この「城塞部」には「仏塔」があるだけではない。教科書に必ず出てくる大浴場や穀物倉もある。大浴場は全面焼成レンガで作られている（図14）。とてもいまから四〇〇〇年以上前に作られたものだとは思えない。縦一二メートル、横七メートル、深さ二・五メートルのほぼ南北に細長い浴槽は、いまでも水を入れるとプールとして使えそうだ。北側と南側には浴槽に下りる階段が取り付けられている。また、天井の部分が木でできていて残らなかったようだが、その基礎をなすレンガ積みの壁の一部が残っていて、浴槽の周りにも建物があったことがわかる。この大浴場に通じる下水道設備があり、レンガ造りで人の身長よりも高く作られている。実際に人が歩いている様子を見ると、その高さがよくわかる。（図15）

つぎに穀物倉をみる（図16）。後述するように、この「穀物倉」にはいろいろと問題がある。基壇部分をみると、何か大きな建物があったことはわかる。しかし、穀物倉というならば、大浴場が隣り合わせにあるのが気になった。常識的に考えると、穀物は水分を嫌う。それが大浴場の隣にあるというのがどうしても気にかかる。初期のマーシャルはこれをハマーム（公衆浴場）としたが（Marshall 1931）、そちらの方がずっと納得がいく。穀物倉をめぐる議論は後ほど詳述する。

図14●大浴場
図15●大浴場に通じる下水道。人の背丈以上あることを同行したパキスタン人が歩いてみせてくれた。

図16●穀物倉。ハイルプールにあるSAL大学のマッラーさん（右）とモヘンジョダロ遺跡の案内人（左）。

モヘンジョダロ遺跡はその広さといい、レンガでできた都市遺構といい、すべてに圧倒される。広い通りに敷き詰められたレンガとそこに構築された下水道、しっかりとした計画都市、そして大浴場。インダス文明のすべてがそこにある。ハラッパー遺跡が鉄道建設の犠牲となって、かなり壊されてしまったのに対し、モヘンジョダロ遺跡がここまで昔の姿のままで残っているのは奇跡といってもいい。

この城塞部の東側には、住居部分のDK地区がある。住居部分は地区わけされている。このDK地区、その南にVS地区、さらに南にHR地区。これらは発掘者の頭文字を取ってつけられ

図17●モヘンジョダロ住居区（DK 地区）の路地

ている。このうち、わたしがみたのは、ＤＫ地区だけだ。このＤＫ地区をみて歩くと、その都市の規模と都市計画のすごさを実感する。壁の高さは想像を超える高さで、人の背丈のはるか二倍以上ある（図17）。とても四〇〇〇年以上前に築かれた都市とは思えない。路地を歩いていると、人が飛び出してきそうだ。丸い円筒形の建物はもともとは井戸だったものが、現在はタワーのようになったというが、なかなか立派なものだ。ただ、建物が建っている地面をみると、白く塩がにじみ出していて塩害が徐々に遺跡を侵食していることがわかる。

小さな路地を歩いていると、突然大通りに出る（図18）。その大通りが続く先の方角はハラッパー遺跡なのだという。その方角がた

図18●モヘンジョダロ住居区（DK 地区）の大通り

またまハラッパー遺跡だというのは偶然なのか、あるいはハラッパー遺跡を意識していたのか。

とにかく、モヘンジョダロ遺跡は一度行ってみる価値がある。わたしは二回しか行っていないし、十分みて歩いたともいえない。だが、古さと壮大さに圧倒されるし、人類の遺産としても出色のものだ。

ハラッパー遺跡

ハラッパー遺跡はパキスタンのパンジャーブ州にあり、州都ラーホールからハラッパーまでは約二〇〇キロメートルある。わたしはこれまでに二回ハラッパー遺跡を訪問したが、ここでは主に二〇〇七年、二回目に訪れたときの経験をもとに紹介したい。

一九八六年から、アメリカ隊がハラッパー遺跡を発掘している。そのことはすでに第1章でも述べた。こうした長期間にわたる発掘のための施設は、英語のキャンプよりも宿舎といった方がぴったりくる。大きな部屋はハラッパー遺跡の発掘副隊長であるケノイヤー博士が使用し、わたしはその側の部屋でパキスタン人と一緒に泊まった。もちろん、地面に寝袋を敷いて雑魚寝するわけではない。ちゃんと一人用ベッドがある。エアコンはなかったが、天井に据え付けられた扇風機が回っていて、十分に涼しい。なお、ハラッパーでの四月は乾燥しているため朝晩はしのぎやすいが、昼間の暑さはかなりのものだ。また、宿舎には食堂もあり、衣食住にはまったく困らない。

この宿舎にはエアコンのついた部屋が一部屋だけある。コンピューター室だ。ハラッパー遺跡から出土したインダス印章などの情報をコンピューターに打ち込んだり、スキャナーで読み込ませたり、入れ替わり立ち替わり、パキスタン人が仕事をしている。インターネットもつながっていて、暑さから逃れるために、メールを口実にコンピューター室によく涼みに行った。発掘隊を率いているケノイヤーはというと、朝は暑くならないうちに発掘をし、一番暑い時間はコンピューター室で仕事をし、涼しくなった頃はまた外で仕事をする。そして、夜遅くまで、メールの処理をしたり、ときには論文を書いたり、超人的な働きぶりだった。

発掘隊に迷惑をかけてはならない。朝一番の涼しいうちに一人でハラッパー遺跡を回ろう。そう思って、朝七時に宿舎を出て、ハラッパー遺跡の見学に出かけた。

図19●ハラッパー遺跡 AB 丘

ハラッパー遺跡の南側にある宿舎から歩きはじめると、まずR－37墓地とH墓地がある。前者はインダス文明期の墓地で、頭を北にして埋葬されているのに対し、後者はインダス文明以後の墓地で、頭を東にして埋葬されている。この二つの墓地をめぐって、後者の担い手が前者の担い手を駆逐したとか、はては虐殺があった、なかったと騒がれたところである。こうした血なまぐさい議論と現実の風景はどこかそぐわない。現在は草が生い茂る原っぱにしかみえない。

それらの墓地エリアを越えると坂道があり、レンガ造りの建物が目に入る。ＡＢ丘の南地区にあたる。このエリアは古い建物が復元されていて、レンガと排水溝が目立つ。レンガは焼成レンガだけでなく、日干しレンガもみ

図20●水道

える。入り口だろうか。レンガが積まれた壁が両側でなくなっている。ちょうどそこを、下水道だろうか、溝が走っている。井戸や家の基壇もあり、その当時の町並みの一部を再現している（図19）。結構高い建物も復元されているが、そちらよりも溝とレンガがどうしても目に入る。大学受験の後遺症だろうか。インダス文明＝レンガと上下水道、といった図式が頭にこびりついてしまうと、そればかりに目がいってしまう。しかしこうした図式は単なる神話にすぎない。これについては後ほど詳しく議論する。

レンガが大量に盗まれたハラッパーはモヘンジョダロに比べると、素人目にはたしかに見栄えがしない。さらに進んでいくと、ＡＢ丘の北地区に到着する。こちらには三角形の小さな山が続いているが、これが水道である（図20）。モヘンジョダロでも上下水道が発達していたが、これほどきれいに復元されてはいない。ここをすぎると、今度は右に折れる。坂を下ると、右手に現在の墓地がある。この辺も発掘すれば何か出てくるのだろうが、墓地ではどうしようもない。また、そのお墓の先の左手にはムガール朝以前に建てられたというモスク跡がある。それを越えて、左手奥に行くと、ＡＢ丘の北端部分になる。ここは一九九六年からアメリカ隊が精力的に発掘を続けているところだ。ここにはインダス文明期以前の紀元前三五〇〇年頃から人が住んだ形跡があり、インダス文明期以前の文化を知る貴重な発掘現場である。

「労働者の長屋」「円形作業場」「穀物倉」

ここからさらに北に向かうと、村人が頻繁に通る道に出る。そこから少し上ると、Ｆ丘に着く。Ｆ丘のトレンチは雑然と建物跡と思われるレンガ積みがあるだけで、素人の興味を引くものはない。しかし、このトレンチの先左手側には、「労働者の長屋」、「円形作業場」、そして「穀物倉」がある。これらはまさに、後述するウィーラーの神話との遭遇であり、わたしにもとても興味深い。インダス文明国家を支える「労働者の長屋」は一四軒ある。この長屋はたしかに独特の形をした家だ。入り口からは中が見えないように、入り口の正面に壁がある構造の家は、現在もこの地方でよくみられる構造だという（図21）。また、この家の奥まった西端には大きな炉がある。ウィーラーの打ち立てた神話

図21●労働者の長屋

とはちがった見解がある。それは、職人と商人の役割を重視する見方だ。ハラッパー遺跡の発掘をしているケノイヤーがその代表である。かれによると、これら「長屋」は商人たちの店を兼ねた家とみている。また、金がみつかった家は金細工職人の家とみる。

円形作業場とよばれているところには、その名の通り円形の台が並んでいる（図22）。これについて、ウィーラー（1966）は「穀物を製粉するための臼をとりかこんでいたものである」としている。しかし、ハラッパー遺跡に掲げられた説明板はこの説をきっぱりと否定している。何の目的かわからないが、穀物の製粉はありえないと、はっきりと書かれている。これもその隣の建物跡を穀物倉と見な

図22●円形作業場

せば成り立つかもしれないが、穀物倉には否定的意見が多い。

そして、北の端が「穀物倉」だ。これ以上北には遺跡らしきものはなく、畑が広がっている。モヘンジョダロ遺跡でも、穀物倉をめぐって、議論があることをすでに指摘した。ここの穀物倉をモヘンジョダロのそれと比べるのは、はたしていかがなものか。素人目にみても、大きいし、構造もちがう。穀物倉についてはいろいろと議論があることを知っていたが、やはり「百聞は一見にしかず」だ。

いわゆる「穀物倉」跡は南北に五〇メートル、東西に四〇メートルの巨大な敷地である。見た目にも広い。そこに二列に六部屋が並んでいる（図23）。その二列の真ん中には七メートルの道があるが、現在は二メートルほど

図23●穀物倉。手前にある三つのレンガ造りの基壇がそれぞれの部屋の入り口だったと考えられる。

だけがセメントで固められている。一列に六つ、全部で一二ある部屋は同じ構造をなしている。それが部屋だと、誰でもわかる。一部屋の大きさは東西が一五・二メートル南北が六・一メートルだ。その六・一メートルの一方に長方形のレンガでできた基壇が三つ等間隔で並んでいる。これが入り口だろうか。その証拠に道に向いた部分にその基壇が並んでいる。モヘンジョダロのものはこうした部屋に分かれていないし、二列にもなっていない。これを穀物倉というには、インダス文明遺跡には穀物倉ありきを前提としているとしか思えない。では、ハラッパー遺跡の発掘者であるケノイヤーはどうみているのか。かれの解釈よると、市民ホールとみている（Kenoyer 1998）。これも議論があるところだが、発掘者がこの建物は何なのかわかりませんではすまない。その辺はつらいところだ。ウィーラーも後世の学者が自分の解釈を完全に否定するなどとは思ってもみなかったであろう。

たしかに、昔の町並みを間近にみることができるモヘンジョダロ遺跡と比べると、物足りなさを感じるかもしれない。しかし、F地区の長屋、円形作業場、穀物倉はいろいろと想像をかきたててくれる。

2 モヘンジョダロ遺跡とハラッパー遺跡はどのように研究されてきたのか

モヘンジョダロ遺跡およびハラッパー遺跡発掘史

モヘンジョダロとハラッパーはインダス文明の代名詞のようになっている。それはこの二つの遺跡の発掘によって、インダス文明が世に知られるようになったからだ。そこで、これらの発掘史を簡単にみておきたい。

一九二四年、ときのインド考古局局長ジョン・マーシャル（一八七六〜一九五八）が『ロンドン画報』でインダス文明を新しい古代文明として紹介した（Marshall 1924）。しかし、それ以前から、ハラッパー遺跡の存在は知られていた。とくに、インド考古局初代局長カニンガム（一八一四〜一八九三）は一八五三年と一八五六年に、ハラッパーを訪れている。そのとき、カニンガムはハラッパー遺跡から大量のレンガが持ち去られ、鉄道建設のため流出していることを指摘している。ハラッパー古代都市の文字通り礎となっているレンガがレールの敷石として使われていたのである。

カニンガムはこのとき、現地のクラーク将軍から手に入れたインダス印章を一八七五年の『インド考古局年次報告書』に掲載している（Cunningham 1875）。それは世界ではじめてインダス印章が世に出た記念すべき報告書である。一九一二年には、インドのサンスクリット語やカンナダ語の碑文研究で有名なジョン・フェイスフル・フリート（一八四七〜一九一七）が三つのインダス印章について、『王立アジア協会雑誌』に報告している（Fleet 1912）。二つは一角獣の図柄とともにインダス文字が刻まれた印章（このうちの一つはカニンガムが紹介したもの）で、一つはインダス文字だけの印章である。これら三つの印章がはじめて写真におさめられて掲載された。この印章はいまも大英博物館に展示されている（図24）。本格的な発掘がおこなわれる以前に、インダス印章だけは知られていたことになる。

インダス印章がみつかったことで、ハラッパー遺跡は注目をあびた。そこで、マーシャルは考古局のダヤー・ラーム・サハニー（一八七九〜一九三九）に発掘をすすめ、ついに一九二〇年、ハラッパ

図24●世界ではじめて報告されたインダス印章。現在は大英博物館に展示されている。

ー遺跡の発掘がおこなわれることとなる。サハニーは一九二二年まで発掘を続けたが、この時点ではこの遺跡がアレキサンダー大王（紀元前三五六～前三二三）時代以前、マウリヤ朝（前三一七～前二九八）以前のものであるという程度の認識しかなく、古代文明と認めるようになったのはモヘンジョダロの発掘がおこなわれてから後のことである。一九二二年、インド考古局のラカル・ダース・バーネルジー（一八八五～一九三〇）がモヘンジョダロ遺跡の発掘をおこなった。そこから出土したものとハラッパーから出土したものは驚くべき類似を示した。そこでマーシャルは「長く忘れられた文明に最初の光――インドの知られざる先史過去の新発見」と発表した。ここにインダス文明の存在を世界が知ることになる。

パキスタン独立以前では、マードー・スワループ・ヴァッツ（一八九六〜一九五五）[5]がハラッパー遺跡を一九二六年から三三年まで発掘した。また、当時のインダス文明研究の第一人者だったモーティマー・ウィーラー（一八九〇〜一九七六）が同じくハラッパー遺跡を一九四六年に発掘した。ウィーラーが発掘した出土品がラーホール砦に保管されていることは、すでに第1章で述べた。ウィーラーは一九四六年の発掘成果をその著『インダス文明』に発表した。また、『インダス文明』の中でハラッパー遺跡についての紹介がなされているが、レンガの盗掘によりもとの姿がわからなくなってしまったことを理由にしてかなり低い評価が与えられている。たとえば、次のように述べている。

ハラッパーで報告されている遺構のうちでは、語るべきものはまことに少ない。発掘者をして意味のわかるようなプランを考え出させることのできるようなものは、いずれの遺構のうちにもみられなかった。（ウィーラー『インダス文明』曽野寿彦訳。55頁）

こうしたハラッパー像を打ち砕くべく、一九八六年からアメリカ隊による発掘が現在まで続けられている。その成果にはめざましいものがある。ＢＢＣが世界に発信したように、インダス文字の原型となる文字が刻まれた土器が発見されたのは一九九九年のことだ。アメリカ隊が新しく発見したインダス文字が刻まれた印章や土器の一覧は二〇一〇年に、フィンランド大学のパルポラの編集で出版された（Parpola et. al. 2010）。また、ウィーラーの時代にはあまり発達していなかった植物考古学や動物考古学も成果をあげている。さらに、アニメーションなどを活用して、ハラッパー遺跡のイメージをかなり具体的なものとする試みも成功している。その成果の一部は『日経サイエンス』二〇〇三年一〇月号にも紹介された（ケノイヤー 2003）。パキスタンの政情が安定化して、ハラッパー遺跡の発掘が一日でも早く再開されることを願っている。

一方、モヘンジョダロ遺跡はバーネルジー以後も発掘が続いた。とくに、マーシャルが一九三一年に『モヘンジョダロ遺跡とインダス文明』という三巻本を出版し（Marshall 1931）、一九三九年にはアーネスト・マッケイ（一八八〇～一九四三）が『続モヘンジョダロ遺跡発掘』（Macky 1938）という二巻本を出版したので、英領インド時代には、モヘンジョダロ遺跡の発掘成果はハラッパー遺跡のそれよりもはるかに知られていた。

しかし、その後インダス川をせき止めたダム建設に伴って、モヘンジョダロ遺跡付近の地下水が上昇していることがわかり、モヘンジョダロ遺跡の最下層には到達できないことがはっきりする。そうなると、発掘は止まってしまい、一九七〇年代以降は発掘よりも遺構調査に重点が移っていく。一九七〇年代のドイツ・イタリア共同隊を指揮したミヒャエル・ヤンゼン教授は考古学者ではない。かれ

（5） 英語名は Madho Sarup Vats で、ミドルネームがヒンディー語とは異なる。ここではヒンディー語名を採用している。

はもともと建築学者であって、調査の重点はモヘンジョダロ遺跡の発掘ではなく、いまある建造物をどう保存するかに焦点が置かれている。しかも、塩害による腐食が進んでいることから、ユネスコが中心となってモヘンジョダロ遺跡を救おうという運動が展開され、日本も保存活動に参加して、今日にいたっている。

ウィーラーによるインダス文明神話

インダス文明に関する知識は、モヘンジョダロ遺跡とハラッパー遺跡の発掘によるものが圧倒的だ。この両遺跡をはじめて詳細に論じたのがモーティマー・ウィーラーである。ウィーラー著『インダス文明』はケンブリッジ・インド史シリーズの付録巻として、第一版（1953）、第二版（1960）、第三版（1968）と改訂されながら刊行された。このうち、第二版は日本語に翻訳出版されている（ウィーラー 1966）。また、ウィーラー著『インダス文明の流れ』も日本で出版された（ウィーラー 1971）。日本語版の付録として、インダス文明遺跡のリストが掲載されており（ウィーラー 1966：211–216）、およそ一〇〇遺跡が報告されている。第1章で述べたように、最新の報告では遺跡数の総数が二六〇〇であることを考えると、その後の研究によって、みつかった遺跡数がいかに多いかがわかる。

ウィーラーの報告を丁寧に読んでいくと、いくつかの疑問が浮かぶ。それをここで取り上げておこう。インダス神話が形成された経緯を知る鍵はこのウィーラーの著作によるところが大きいからだ。

以下、ウィーラー（一九六六）の引用からウィーラーが描いたインダス文明像をみておこう。

（一）アイデアには翼がある

まず、インダス文明を、「文明として突然完全にでき上った形態をとるようになった」（35頁）とし、「他の大きな革命的事件と同様に、有利な好機と天性との突然の所産である」（35頁）とみなす。この文明の成立には「文明のアイディアが両河地方からインダス河流域地方に伝わった」（36頁）とし、ウィーラー（1971：61）によると、「アイディアには翼がある。都市文明というアイディアは、紀元前三千年紀には、西アジアに広くゆきわたっていた。インダス文明の創設者の心には、いかに抽象的ではあったにせよ、文明のひな型がうかんでいた」と指摘する。メソポタミア文明からの直接的な伝播は認めないものの、文明のアイデアが伝わったとみなすのである。アイデアには翼がある。つまり、ウィーラーはレトリックの魔術によって、オリエント文明をプロトタイプ（原型）とするインダス文明像を提示したのである。

ともあれ、「突然完全にでき上がった」というウィーラーの記述を反証するためにはインダス文明期以前の文化について知る必要がある。インダス文明期以前の文化は発掘が進んでいない。しかしながら、ハラッパー遺跡では盛期ハラッパー文化期以前のラーヴィー文化やコート・ディジー文化とハラッパー文化との連続性が指摘されるようになった。ラーヴィー文化やコート・ディジー文化についての論文のなかで、ケノイヤーは「これまでの解釈モデルは批判的に検証されるべきであり、もっと複雑な新しい解釈が試みられ発展させる必要がある」（Kenoyer 2011：211）と指摘している。

（二）二大首都説

モヘンジョダロとハラッパーを二大首都とみなしたのはエジンバラ大学のスチュアート・ピゴット（一九一〇～一九九六）である。ウィーラー（1966）はピゴットを引用して「この二つの遺跡は三五〇マイルもはなれた二つの首府であるが、一つの流れを共にした完全に連帯していた首府であり、インダス文明は、それによって統治されたハラッパー王国ということができる」と述べ、「両都市は二つの部分的に限られたそれぞれ単一の地域を支配したといえるであろう」（11-12頁）とこの二大首都説を支持している。

かつて、日本でもこの二つの首都説が議論されたことがある。辛島他（1980：86-87）によると、「氾濫によってしだいに都市機能が麻痺していったモエンジョ＝ダーロの代りに、インダスの氾濫にさらされる危険が比較的少ないパンジャーブの地にハラッパーを建設した、という推測も可能」であるとして、遷都説の可能性もあげている。たしかに、かつてこの二大首都説は成立しえたろう。つまり、モヘンジョダロとハラッパーしか知られていない時点では。だが、その後、遺跡の発掘が進みインダス文明五大都市の様態が明らかになりつつある。また、第1章で述べたように、今ではモヘンジョダロから八〇キロしか離れていない場所に、ラーカンジョダロ遺跡が発掘されている。この遺跡は発掘者によると、二五〇から三〇〇ヘクタールの広さを誇るという。要するに、この二大首都説も、遷都説も、データ不足による誤った解釈であることが今日では歴然としているのである。

（三）インダス文明の軍事的側面

ウィーラーの著作（1966）には、「インダス文明の軍事的側面」という章がある。しかし、軍事的側面と題していながら、こんな一節もある。「事実は、残存している遺物のうちでは、軍事的要素は決して大きくはみえない」（117頁）。では、なぜわざわざ軍事的側面を強調しなくてはならないのだろうか。

つまり、ウィーラーは典型的な古代文明観にとらわれている。古代文明観とは、強大な王権が奴隷制をしいて、国家を掌握しているとする歴史観である。これほど大きな文明を支配していた「王権」は戦争などの権力闘争の末、軍事的優勢をもって権力を勝ち取ったにちがいないと考えたのである。その証明は「アイデアの翼」の起点であるオリエントに興亡した国家であった。また、ウィーラーをはじめとする同時代の研究者は、一九世紀から二〇世紀という国家の軍事的側面が突出した帝国主義の時代を生きていた。だから、文明を掌握している「権力者」たちの軍事的側面を重視したのである。

しかし、「軍事的要素は決して大きくみえない」状況を、どう解釈すればいいのか。そこで注目したのが金属器である。そして、「その大部分は、戦士、狩人、工人あるいは普通の家庭でさえも、等しく使用された可能性のあるもの」として、「どれが武器でどれが武器でないといった先入観にとらわれることなく述べる」として、金属器を紹介している。料理や薪に使うような金属器であっても、武器になりうるのだから、「先入観」にとらわれずに、取り上げているのである。包丁や薪割り斧も武器になり得るとは、ずいぶんと乱暴な説明である。軍事的側面なしにはインダス文明は成り立たない――そういった「先入観」にとらわれているようにしか見えない。

一番の驚きは丸く土をこねて焼いた素焼きのボールだ。これは初期のマーシャルの時代から投弾用の武器だと考えられてきた。ウィーラー（1966）も「焼いた陶製の投弾は特殊な武器である」として、「手で固めて軽く焼いたもので、投弾であったことはまず疑いない」と、最初から投弾と決めつけている。「投弾」には二種あって重さが異なる。六オンスと一二オンスの二種で、「一九五〇年には大穀物倉に近い城塞の丘の麓で多量の投弾が発見された。全部で九八個の六オンス弾が城塞の南東隅にある見張塔と見張塔を結ぶ胸壁上の通路に直接のっている遺物の中から、かたまって発見された」（123頁）という。日本語訳のウィーラー（1966）には写真がないが、英語の第三版（Wheeler 1968）では、図VIII Bとして、投弾用の素焼きのボールの写真がある。また、ウィーラー（1971 : 14）にも同様の写真がある。ここで重要なのは重さである。同じ重さ（六オンス）とその倍の重さに投弾を揃えていることになるが、投弾の重さはそろえる必要がないはずだ。重さをそろえる必要があるのは秤の錘である。事実、この写真をみながら素直に考えれば錘であろう。これを武器とみるのであれば、第1章で取り上げた素焼きの三角形ケーキ（図4）も武器とみなしてもいいはずだが、そちらは武器とはみていない。

（四）神官王と聖職政治

ウィーラーにとっては、「アイデアには翼がある」のだから、当然、オリエント文明との比較が登場する。たとえば、「メソポタミアのジッグラトの人工的基壇と、インダス城塞の人工的基壇とは類似した聖職政治の存在を反映していると考えられる」とし、「ハラッパーのきちんと並んだ労働者の宿舎は、シュメルの僧侶によって統制された産業を暗示している」とみなし、「モヘンジョダロにもメソポタミア同様神官王があった」とみる。聖職政治、労働者の宿舎、神官王、これらはすべてメソポタミアからアイデアだけを借用したとみている。じつは、アイデアに翼があるのはウィーラーの頭の中で、聖職政治、労働者の宿舎、神官王はウィーラーが解釈として、メソポタミアからアイデアを借用して築き上げたインダス文明の特徴なのである。

第1章でも取り上げた神官王は、モヘンジョダロから出土した中で、もっとも有名な石像である（図8）。この神官王は三つ葉文様の衣を着ているが、この三つ葉文様がメソポタミアやエジプトでもみられることに注目し、ウィーラーはこう結論づける。「エジプトやメソポタミアの類似品は、ともに宗教的とくにそのモチーフによって、天体の世界を表すものと推測される。そしてこのことはモヘンジョダロの胸像が、神もしくは神官王の肖像であろうという推測を支持するものである」。

ウィーラーの学説は資料の少なさに支えられたファンタジーなのだ。

(五) 穀物倉

モヘンジョダロにも、ハラッパーにも、穀物倉跡がある。ウィーラーが巨大建築物の跡を穀物倉跡と推定したのである。これもウィーラーのインダス文明観に基づいている。少し長くなるが、ウィーラーの説明を引用しておこう。

ハラッパーの場合でも、モヘンジョ・ダロの場合でも、穀倉は国家への貢納制度があって常に補充されていたと思われるし、当時の国家経済のうちで現在の国立銀行、国有財産のような役割をある程度演じていたと推定できよう。貨幣のなかった時代には、その時々の穀倉の状態が、たとえ部分的であるにせよ、国家の信用、統治の成果を反映し、その運勢を暗示していたに違いないのである。ティグリス・ユーフラテス流域においては、すべての主要な都市は相当の大きさの穀倉を有していた。(ウィーラー 1966 : 53)

ウィーラーはメソポタミアの主要都市に穀倉があるのだから、当然、インダス都市にも穀倉があると考えた。そして、この穀倉から国家への貢納制度、国立銀行的役割まで想定している。穀物倉なくして、インダス文明国家なしと宣言しているのである。

ところが、近年この穀物倉説ははっきりと否定された。とくに、ハラッパー遺跡の看板には「初期の学者たちはこの建物を穀物倉として使われたと提唱したが、どこの部屋からも穀物を貯蔵した証拠はみつかっていない」と書かれている。モヘンジョダロの「穀物倉」は発掘当初は別の解釈がなされていた。インダス文明をはじめに世に知らしめたマーシャルはこの建物跡をハマーム（公衆浴場）と想定していた。それをウィーラーは「穀物倉」とみなしたのだが、大浴場のそばにあって、水気を嫌う穀物倉とみなすのにはどうも無理があるのだ（Fentress 1984）。

ウィーラーにとって、穀物倉は非常に重要な建物である。ウィーラー（1971）ではモヘンジョダロとハラッパーのそれぞれの穀物倉の復元図が掲載されている。また、山崎元一（1997, 2009）はその復元図を転載しているが、それは日本のインド古代史の専門家が現在でもこのウィーラーの説を堅持していることを意味する。ウィーラーにとっては、穀物倉は国家の信用、統治の成果を反映していて、なくてはならない存在である。穀物倉説の否定はウィーラー学説の失墜を意味することになろう。

（六）アーリヤ人侵入破壊説

インダス文明の衰亡については、アーリヤ人侵入破壊説が今でも流布しているようだ。しかし、この学説はいまでは完全に否定されている。ところが、講演会に行くと必ずアーリヤ人侵入破壊説に関する質問が出るくらい、現在でも人気のある学説だ。この学説はウィーラーが一九四七年に最初に提唱し、ピゴットが一九五〇年出版の『先史インド』のなかで展開している。しかし、かなりの批判を受けたため、ウィーラーは後にはこう述べている。

この滅びつつあった文明に、なにが致命的打撃をあたえたか。何年かまえに、筆者はインドの西北に侵入したアーリア人（＝アーリヤ人）がその最終的な破壊者であろうとのべたことがある。これは証明もできないし、またまったくの誤りかもしれない。しかし、ありえないことともいえない。――（中略）――さらにもっと一般的なみかたとしては、リグ・ヴェーダにえがかれる情況が、インダス流域自体の文明の滅亡にともなう情況とよく一致することである。（ウィーラー　1971：77–78）

この引用からも、ウィーラーはアーリヤ人がインダス文明を破壊したとする学説を最後まで否定しなかったことがわかる。インダス文明は神官王が統治する聖職政治であったとすれば、その神官王を権力闘争によって滅ぼした人々がいるわけで、洪水や森林破壊といった自然現象もさることながら、最終的にはアーリヤ人によって滅ぼされたとしても不思議ではないと考えていたのだろう。

ピゴットが『先史インド』の最終章を「西からの征服者たち――アーリヤ人とリグ・ヴェーダ」

と題している（Piggott 1950）。つまり、文明が衰退したということは文明を征服した者が必ずいたということを想定している。それは征服者を想定することが歴史の変遷においては一般的であると考えられているからである。ノルマン人の征服しかり。中国の征服王朝しかり。こうした征服が権力闘争史観を支えている。だからこそ、インダス文明がアーリヤ人によって滅ぼされたという学説が今でも人気があるのだ。

インダス文明の衰退時期とアーリヤ人の侵入した時期にずれがあることや、大量虐殺と考えられていた人骨が虐殺ではなかったと判明したことから、この学説は今では完全に否定されており、教科書にも登場しない。それでもなおかつ、人気のある学説である。この権力闘争史観から離れないかぎり、インダス神話を事実として受け入れてしまいがちだ。

ここまで、ウィーラーの著作にさかのぼって、インダス文明の特徴として一般に流布している用語や発掘品を検討した。このようなインダス文明像は真実にはほど遠く、インダス神話ともいうべき一種のファンタジーである。人々の思考をいまも絡め取るのはウィーラーがロマンチックな夢想を魔術的なレトリックで描く文学的な才能に恵まれていたせいだろう。

3 ハラッパー遺跡出土人骨をめぐる新しい研究

インダス文明と暴力

二〇一三年四月三〇日付の『ナショナル・ジオグラフィック』がセンセーショナルなニュースを世界に発信した。そのニュースは以下の研究成果を伝えている。

アメリカ、アパラチアン州立大学のグウェン・ロビンス・シュグ（Gwen Robbins Schug）氏を中心とする研究グループは、紀元前一九〇〇～一七〇〇年頃と見られる人骨に注目した。その頭蓋骨から、棍棒のような武器でたたき割られた四～六歳前後の小児、激しい殴打によって陥没した成人女性、鼻骨を折られ鋭利な刃物で額に傷を負った中年男性など、当時ハラッパーには残忍な暴力の犠牲となった住人が何人もいた事実が明らかになった。

一八人分の人骨で、負傷の跡が認められた頭蓋骨は半数近くに上る。埋葬された時期は、インダス文明が衰退し始め、ハラッパーからも人々が離れていった年代に適合し、何らかの因果関係の可能性が疑われるが、文明崩壊の原因については今なお活発な議論が続いている。

このニュースは『国際古病理学雑誌』に掲載され、「平和的王国か。ハラッパーにおける外傷と社会階層」と題する論文を紹介したものである（Schug et. al. 2012）。ここで提示されているのは、ウィーラーのパラダイムに沿っている。つまり、インダス文明は他の紀元前三千年紀に栄えた文明と同じような国家形成のプロセスにあり、社会的階層は当然あったとするものである。

この論文を注意深く読むと、昔のパラダイムに戻すほどの証拠があるとは思えない。まず、彼らがあつかった人骨はハラッパー遺跡から印パ独立以前に発掘されたものである。一九二九〜三〇年のシーズンから一九四六〜四七年のシーズンまでにハラッパー遺跡から発掘された人骨がこれらの研究対象である。その人骨がインドのコルカタにある人類学調査局に保管されていて、それを調査したのである。サンプルとしてはインダス文明期、つまり盛期ハラッパー文化期のR-37墓地の人骨を六六体、後期ハラッパー文化期のH墓地の人骨を七一体、G地区の二三体である。G地区の年代はわからないとしているが、うえのニュースの中で、頭蓋骨の外傷がもっとも多くみつかったのが、このG地区のものである。

これだけのサンプルをもって、しかも発掘された場所から遠く離れたコルカタまで運ばれた人骨を六〇年以上もたった今、DNAを抽出するのならばまだしも、頭蓋骨を目視して調査することにどれだけの意味があるのか。インドでの発掘出土品の管理がいかにひどいか。それを知っているものには、よくもまあこんなサンプルを使う気になったものだとあきれてしまう。しかも、問題のG地区について、ウィーラーはこう説明している。

その近く(6)からは、土器と一緒にぎっしりとつめこまれた人間の頭蓋骨と各部の骨が多数発見された。…（中略）…現在利用しうる資料にもとづく限りでは、どんな説明も憶測にすぎないが、病気か戦いによって死んだものがハゲタカやヤマイヌの餌食となり、その後何の儀礼もとり行われずに埋葬されたと思われる。（ウィーラー　1966：55）

そんなG地区で発見された骨をもって、インダス文明における暴力を取り上げ、社会階層や国家形成を議論する。それがどれだけ説得力のあるものなのか。

こうした乱暴な議論が成り立つこと自体がインダス文明研究の難しさを物語っている。社会階層はあったかもしれないし、インダス文明がメソポタミア文明と並行的に語れる部分があるかもしれない。しかし、だからといって、どんなデータを使ってでも、社会階層があることを証明しようとする態度は腑に落ちない。とくに、マッキントッシュの『平和的王国：インダス文明の興亡』（McIntosh 2002）に対する反発があったのかもしれないが、彼女の本に対しては事実と異なる点が多いとするインダス文明研究者の批判もある（Kenoyer 2003）。本書では、できるだけ最新のデータを紹介しつつ、論理に飛躍がない程度に、新しいインダス文明像を提示したい。

(6) 長田注:G地区

第3章　パキスタンの砂漠地帯に広がるインダス遺跡
——涸れた川とインダス文明

インドとパキスタンの国境は広大な砂漠地帯になっている。タール砂漠はインド・ラージャスターン州から国境を越えてパキスタンのシンド州まで広がり、大インド砂漠ともよばれる。その広さは南北六七〇キロ、東西三六〇キロにおよび、面積は約二七万平方キロある。タール砂漠にはオアシス都市としてジョードプル、ビーカーネールなど中小の都市が点在する。生態学者の研究によれば（Sharma and Mehra 2009）、タール砂漠の人口密度は一平方キロあたり八四人である。これは世界中の砂漠のなかでもっとも高い人口密度となる。

タール砂漠の北にはチョーリスターン砂漠が広がる。チョーリスターンはパキスタンの地域名から名づけられた砂漠である。このチョーリスターン砂漠の大きさはタール砂漠の約十分の一で二万六千平方キロだ。チョーリスターン砂漠はタール砂漠の一部とされる。しかし、ここではチョーリスターン砂漠とよんで、便宜上区別しておく。

この章ではチョーリスターン砂漠とパキスタン側のタール砂漠に展開するインダス文明遺跡について紹介する。とくにチョーリスターン砂漠にあるガンウェリワーラー遺跡については詳述している。というのも、ガンウェリワーラー遺跡は第1章で紹介したインダス五大都市の一つであるからだ。「インダス文明といえばモヘンジョダロとハラッパー」ではなく、ぜひガンウェリワーラーの名も記憶にとどめていただきたい。

1 パキスタン砂漠地帯の遺跡群をめぐる

ガンウェリワーラー遺跡訪問

ガンウェリワーラー遺跡は、後に述べるムガルの調査によって注目を浴びるようになった。ムガルによると、その規模はモヘンジョダロ遺跡よりも小さいがハラッパー遺跡よりも大きく、八五・五ヘクタールとチョーリスターン砂漠の遺跡のなかでは飛び抜けて大きい。

わたしがガンウェリワーラー遺跡へ行ったのは二〇〇七年四月のことだ。四月のラーホールはすで

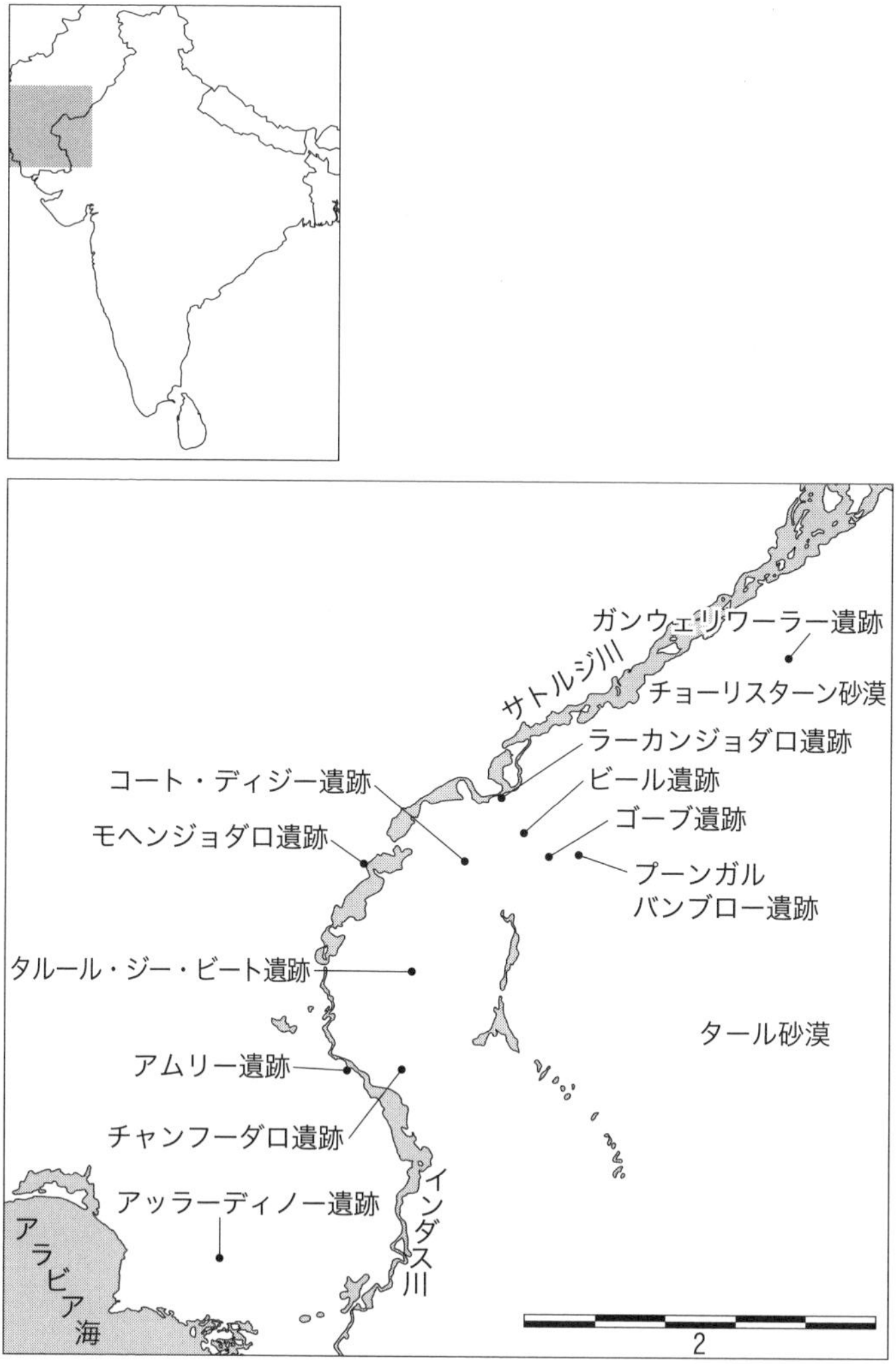

図25●パキスタンの砂漠地帯からシンド州にかけての遺跡分布

図26●デラーワル砦

に日本の真夏をはるかに超えた暑さだ。温度は四〇度を越す。

ハラッパーを昼すぎに出発し、南西方向に二〇〇キロメートルほどでバハーワルプールに着く。翌朝バハーワルプールを出発し、一路、デラーワル・フォートに向かう。途中、ソフィア・ローレン主演の映画『ひまわり』に出てくるようなひまわり畑を通り過ぎる。そこまでは道がよかった。ところが、砂漠が近くなると、道もかなり悪くなる。家もまばらになると、突然目の前に城塞があらわれる。それがデラーワル・フォート（砦）だ（図26）。この砦はタール砂漠のインド側にある都市ジャイサルメールのマハー・ラージャが建てたという。そこから、目

図27●ガンウェリワーラー遺跡に向かう道。もともと川がながれていた河床を走る。

的地のガンウェリワーラー遺跡に向かって、道なき道を砂漠のなか、四輪駆動車で突き進んでいく。

この砂漠は砂というより砂礫の広がる荒野だ。乾燥地にはえる肉厚でトゲのある草が結構広がっている。車のタイヤが沈むこともない。道路として整備しているわけでもなさそうなのに、砂が少なく土が硬く周囲とちがってまったく草のないところが幅一〇メートル以上にわたって続いている。ここが、もともと川が流れていた場所なのだという(図27)。つまり、問題のハークラー川の涸れた河床を車が走っているのだ。たしかに、川だったといわれると川にみえてくる。その両側には草が生え、砂もみえているが、これが川の土手にあたるのだろう。なかには、雨が降れば水がたまりそうな窪地もみられ、水があったことを実感させてくれる。旧河道からは途中で外れ、草がところどころ茂る砂漠を進む。その砂漠のなかに、車が何台も通った跡がはっきりとわかるようについている（図28上）。それがチョーリスターン・ジープラーリーのコースだ。このラリーは毎年二月から三月にかけての時期におこなわれる。パリ・ダカールラーリーでサハラ砂漠を走る車をみた人たちが計画したのだそうだ。そのコースに分断されるように、ガンウェリワーラー遺跡がある。考古学者たちはラリーコースをこの遺跡から外すようにパキスタン政府に申し入れているそうだ。しかし、なかなかコース変更をしてくれないと怒っていた。ラリーよりも古代遺跡での観光地開発を真剣に考えてほしいと、考古学者は熱弁をふるうが、政府にはその声がとどかない。

ガンウェリワーラー遺跡は素人目にもそれとわかる。赤い土器の破片が散乱しているからである（図28下）。遺丘が二つあり、赤い土器の散乱部分はかなり広い。パッとみただけで、いろんな遺物がみつかる。わたしが訪問した際も同行したパキスタン人が銅製印章をみつけたが、これはチョーリスターンではじめてだという（図29）。銅なので錆びてしまって、そこに何が彫られているのか、まったくわからない。わたしも遺物を拾おうとしたが、「拾っちゃダメだ」とさかんに止められた。一つにはコンテキストなしの遺物は意味がないという方針に基づく。つまり、ちゃんと測量し、それぞれの位置をグリッド上で把握したうえで、遺物がどこから出てきたものかを記録する。闇雲に集めれ

図28●ガンウェリワーラー遺跡。上：遠景。ジープラーリーのコースが遺丘のまん中を走っているのがわかる。下：白地の砂に点々とみえるのが、赤い土器片である。

図29●銅製印章

ばいいというのは現代考古学では許されないのだ。

ガンウェリワーラー遺跡を歩きだすと、そう時間を経ないうちに、車中とは比較にならない暑さに音をあげそうになる。宇宙の果てまでも晴れわたった空から射るような熱線が降り注いでいる。この暑さは生死の問題だ。とにかく暑い。五〇度近かったのかもしれない。影もないので、唯一の影となる車のなかにはいっても、シートが焼けこげるのではないかとおもうほど熱くなっていた。もうほとんどお湯に近くなった水をさかんに口に含み、熱中症を防ぐしかない。八十近い年齢で、この焼ける大地を探検したスタインはまさに探検家の中の探検家だ。

赤い色の土器破片に覆われた場所は、帰るときにも何度もみえた。これがチョーリスターン砂漠でインダス文明遺跡が数多い理由なのだろう。つまり、赤い土器の破片がある場所をプロットしていけば、遺跡の数は当然多くなる。このことは、この後で訪れたタール砂漠での遺跡踏査でも同じことだと知る。ただそうなると、赤い土器の破片が散らばっているところはすべて遺跡なのか。その辺の判断は考古学者の手にゆだねるしかない。素人には砂漠を移動する人たちがあちらこちらでキャンプをしていった跡のようにしか見えない。事実、ムガルの報告によると、報告された遺跡の六割は五ヘクタール以下だ（Mughal 1997）。

地球研のインダス・プロジェクトでは、このガンウェリワーラー遺跡での発掘を計画していた。しかし、やはり砂漠のなかでの発掘には治安面でもリスクがともなう。発掘をおこなうべきか。はたまた止めるべきなのか。なかなか決断がつかず悩んでいるうちに、二〇〇七年一二月にベーナジール・ブットー元首相が暗殺された。以後、アメリカ資本のマリオットホテルの爆破事件などがあり、タリバンの問題も絡んで、パキスタンの治安はどんどん悪くなっていった。そうして、ついにパキスタンでの外国隊の発掘は一切許可されなくなった。

タール砂漠に広がる遺跡群

タール砂漠はチョーリスターン砂漠の南に隣接して広がっている。タール砂漠といえば、インドのラージャスターン州が有名だ。ラクダ祭りがおこなわれるプシュカルや砂漠のなかにあるジャイサルメールなどは、インド観光局の広告によく使われている。一方、タール砂漠のパキスタン側は観光地にはなっていない。近年、このパキスタン側のタール砂漠にインダス文明遺跡が多数みつかっている。

ところで、チョーリスターン砂漠の涸れ川、ハークラー川は南のタール砂漠ではどうなったのだろうか。じつはパキスタンのシンド州にはインダス川と並行するように、東にも川が流れている。それが現在のナーラ運河だ。こちらは人工的に手が加えられた川だが、もともと旧サラスヴァティー川の河床を利用して作られたという。ただし、サラスヴァティーの名称がヒンドゥー教の古典に出てくることもあって、イスラム教色のつよい現在のパキスタンでは、サラスヴァティー川問題が注目されることは少ない。なお、サラスヴァティー川とヒンドゥー原理主義との結びつきについては次章で述べる。

かつて、この地域のサラスヴァティー川、つまりナーラ運河が注目されなかったのは、チョーリスターン砂漠のように多くのインダス文明遺跡が知られていなかったからである。また、イスラム国家であるパキスタンでは、ヒンドゥー教的名称が取り上げられにくいことも理由としてあげられよう。

ところが、ナーラ運河周辺にもインダス文明遺跡が分布していることが最近の調査でわかってきた。ハイルプールにあるシャー・アブドゥル・ラティーフ（ＳＡＬ）大学の考古学科を中心に、近年、シンド州におけるインダス文明遺跡の踏査がおこなわれている。その結果、かなりの数の新しい遺跡がみつかっている。ＳＡＬ大学のマッラーがその踏査結果を論文で発表している（Mallah 2010a・b）。それによると、遺跡のなかにはインダス文明期以前のものも多い。それはチョーリスターン砂漠と状況は同じだ。インダス文明以前の文化の一つがコート・ディジー文化（紀元前三二〇〇年から紀元前二六〇〇年）である。その文化名称の由来となるコート・ディジー遺跡がシンド州にあることからも、シンド州にコート・ディジー文化の遺跡が多いことは十分予測できる。インダス文明期にかぎれば、シンド州でこれまでに九一遺跡発見されている。それにはモヘンジョダロ遺跡やチャンフーダロ遺跡のような独立以前に発掘された遺跡も含まれる。この九一遺跡のうち、五〇以上が近年ＳＡＬ大学の考古学者たちによって発見された遺跡である。かれらの精力的な活動の一端がうかがえる。それら新しく発見された遺跡はまだほとんど知られていない。これからそれら遺跡のうち、わたしが訪問した遺跡を紹介していきたい。

タール砂漠の遺跡を紹介する前に、シンド州のインダス文明研究にとって忘れがたい人物を簡単に取り上げておく。一九三〇年代に、シンド州のインダス文明遺跡を踏査したナーニー・ゴパール・マジュムダール（一八九七〜一九三八）だ。インド考古局の考古学者として、シンド州のチャンフーダロ遺跡の発掘にも携わったマジュムダールは、シンド州のインダス文明遺跡を踏査中に、ダコイトとよばれる盗賊団に殺される。パキスタンに長く住む日本人がシンド州は危ないといっていたが、実際に、考古学者の中に、そういう被害にあった人がいたのである。

タール砂漠行

わたしがタール砂漠を訪れたのは、二〇〇八年一〇月のことである。タール砂漠の遺跡には護衛なしで行くことになった。盗賊団のことなどを考慮すると、本当に大丈夫だろうかと一抹の不安がはしる。案内役のマッラーSAL大学教授によると、あまり人も行かないようなところだから問題はないということだが、その代わりに四輪駆動車が二台必要らしい。砂にタイヤを取られて動けなくなったときの対策に二台必要なのだという。なお、タール砂漠のなかを四輪駆動車で走るためには、ある程度のスピードが必要だ。つまり、ゆっくり走るとハンドルを取られて、砂にタイヤが埋まってしまうのだという。そうした体験も含めて、意義深いインダス文明遺跡踏査だった。

コート・ディジー遺跡

SAL大学のあるハイルプールから四輪駆動車で南に三〇分ほど（二四キロメートル）行けば、コート・ディジーという街に着く。ここにコート・ディジー遺跡がある（図30上）。すでに述べたように、この遺跡はインダス文明以前のコート・ディジー文化を代表する。このコート・ディジー遺跡はインダス文明の成立を知るうえで重要なもので、一九五五年、パキスタン人考古学者ハーンによって発掘がおこなわれた（Khan 1965）。

この遺跡はハイルプールから行くと、右手側の道路沿いにある。はじめてみたときはショックだった。というのも、どうみても廃墟の山としか映らないほど、荒れ放題だったからだ（図30下）。これがあの有名なコート・ディジー文化の名前をもった遺跡なのか。インドでもパキスタンでも、インダ

図30●コート・ディジー遺跡の遠景（上）と近景（下）。

ス文明遺跡はモヘンジョダロやドーラーヴィーラーといった有名な遺跡を除けば、ほとんどが大事にされていない。柵で囲んで立ち入り禁止になっているところは少ない。コート・ディジーほどの有名な遺跡なのだから、もう少し手入れをしてもいいのではないか。むき出しになった地層には土器が埋まったままだし、地面には土器や腕輪のかけらが散乱し、なかにはラピスラズリの腕輪の破片もみつかった。これがコート・ディジー遺跡の現状なのである。

このコート・ディジー遺跡と道路を隔てて反対側にコート・ディジー・フォート（砦）がある。一八世紀の終わり頃に建てられた城塞は遺跡から眺めると、なかなか立派だ。高さ三五メートルの丘にさらに九メートルの砦が築かれている。城塞の全長は一・八キロにもおよぶ。ところが、この城塞にはいると、なかの調度品が一切なく、こちらも遺跡同様廃墟のたたずまいだ。アユーブ・ハーン大統領の時代に、なかにある調度品などが政府に没収されたのだという。没収というよりも略奪だったという人もある。

コート・ディジーからさらに南に行くと、道がどんどん悪くなる。舗装がとぎれたところは砂がむき出しになっていて、大型バスが通るたびに、四輪駆動車のフロントガラスは砂をかぶり、前がみえなくなる。ラクダの大群にも遭遇する。いよいよ、タール砂漠だ。

図31●タルール・ジー・ビート遺跡。案内して下さったマッラーSAL大教授。

タルール・ジー・ビート遺跡

タルール・ジー・ビート遺跡は、コート＝ディジーから南に二時間行ったところにある、かなり広い遺跡である（図31）。マッラーたちの測量では二〇ヘクタールだというが、もっと広く感じられる。というのも、半分が砂漠のなかに、例の赤い土器が散乱し、あとの半分は草もみえる半乾燥地帯にある。ちょうどタール砂漠との境界あたりに遺跡が広がっているので広くみえるのかもしれない。明らかに遺丘とわかる小高い丘が二つ確認できる。

この遺跡は少年が発見したという。この村の中学生が授業でモヘンジョダロ遺跡の勉強をした。そこに出てきた土器と同じようなものが村にも出ることを知り、先生に相談した。先生はイスラマーバードの中央政府宛に手紙を書き、それが考古局にまわされて、この遺跡の存在を考古学者も知ることになった。それが一九九〇年代のことだ。それほど昔の話ではない。まだまだこうした知られざる遺跡が発見されるかもしれない。

この遺跡を日本と共同で発掘しようとさかんに勧められた。この章で述べたように、日本隊は最初、ガンウェリワーラー遺跡を発掘する予定だった。その発掘では砂漠のなかで泊まる場所は当然テントだ。治安のことを考えるとなかなかOKが出せなかった。その辺の経緯をよく知っている案内人はガンウェリワーラー遺跡との治安面でのちがいを強調し、ここはちゃんと政府関係のオフィスに泊まれると説得にも力が入る。しかし、このときはすでにブットー元首相の暗殺があった一〇カ月後で、パキスタンの政治状況を考えるとイエスとは言いにくい。結局のところ、パキスタンでの発掘はできなかった。

タール砂漠にインダス文明遺跡を探る

こんどはタール砂漠のなかにある遺跡である。

コート・ディジーを出て南西方向に向かってしばらく行くと、ロープリー丘陵が目の前にせまる。この丘陵ははげ山で、木が一本もない。ここから取れるチャートとよばれる石は石刃に使われ、イン

図32●ゴーブ遺跡。手前には風紋がみえる。

ダス文明地域各地でみつかっている。

さらに行くと、ナーラ運河にぶち当たる。ここがサラスヴァティー川の旧河道である。この辺は運河があるために水があり、綿花栽培がさかんである。その綿花畑のなかに、最初の遺跡がある。ビール遺跡だ。ここは畑のなかにあるせいか、遺跡だといわれてももう一つぴんと来ない。例の赤い土器の破片がほとんど見あたらない。しかし、黒い土のなかに、腕輪や石刃がみつかり、遺跡だと気がつく。ここはまだ砂漠まで距離がある。

ビール遺跡を後にして、さらにタール砂漠へと進んでいくと、三カ所の遺跡がある。ゴーブ遺跡とサラン・ワロ遺跡は完全に砂漠のなかにある（図32、図33）。

図33●サラン・ワロ遺跡。二台の四輪駆動車で踏査。一台が砂に埋まったときの備えだ。
図34●プーンガル・バンブロー遺跡。砂の中にみえるのが土器片。

砂漠というと必ず登場する、砂のうえに波のようにみえる風紋をみつけ、まさに砂漠のまっただ中であることを実感する。この二つの遺跡はチョーリスターン砂漠の遺跡のように、赤い土器の破片が散乱した様子とはずいぶんちがう。もちろん、赤い土器のかけらがみえ隠れしてはいるのだが、この付近はサラサラしたような砂が多く、遺跡自体が砂に埋もれている。これまでの遺跡は砂で足を取られるような場所にはなく、われわれがいだく、シルクロード沿いにある砂漠のなかの遺跡というイメージとはどこかちがっていたが、このタール砂漠のゴーブ遺跡とサラン・ワロ遺跡はまさに砂漠のなかの遺跡とよぶにふさわしい。

プーンガル・バンブロー遺跡は上の二つから少し離れたところにある（図34）。この遺跡は遠くからでもよくわかる。というのも、白い砂が目立つタール砂漠のなかに、突然赤い丘が目に飛び込んでくるからだ。

ところで、インターネットで衛星写真を閲覧できるグーグルアース（Google Earth）というサイトがある。グーグルアースは軍事的戦力的な理由から国境地帯ではあまり解像度をあげた画像を公開していないが、砂漠のなかの遺跡を解像度の高い高性能の衛星写真を使って探すことができれば、新しい遺跡がかなり発見されるにちがいない。

2 失われた川とインダス文明遺跡の発見

失われた川

古代文明といえば川が連想される。ところが、インダス文明五大都市のひとつガンウェリワーラー遺跡はチョーリスターン砂漠の砂に埋もれている。これはいささか不自然に思われるかもしれない。じつは、チョーリスターン砂漠には、かつて川が流れていたのだといわれている。その証拠に、いまでも砂漠のなかから川に住む貝の殻がみつかり、干上がった河道が確認できる。この興味深い話はインダス文明が発見される前の一九世紀から知られていた。砂漠のインダス遺跡はかつて川のほとりに栄えたのだろうか。これはインダス水系に依拠しないインダス遺跡を考えるにあたって、たいへん大きな問題を含む。そこで、インダス文明の話に入る前に、その消えた川の話をしておこう。

一八七四年、「インド砂漠の失われた川について」と題する論文が『カルカッタ・レビュー』誌に掲載された。匿名で投稿されていたが、のちに執筆者はチャールズ（C）・フェデリック（F）・オールダム（一八三二〜一九一三）とわかる。このオールダムは一八五九年、インドに軍医として赴任し、一八九〇年に軍医を辞めてイギリスへ帰るまで、英領インド各地を転々とした。帰国後の一九〇五年には『太陽と蛇』と題する本を執筆し、インドにおける蛇信仰についてまとめている。いわばいい意味でも悪い意味でも、英国ビクトリア時代の好事家であった。一八七〇年代にバハーワルプール（現在のパキスタン）に勤務していた関係で、この砂漠に消えた川に関心をもったのであろう。なお、これはまったくの余談だが、彼の息子レスリーはシャーロック・ホームズの生みの親コナン・ドイルの妹キャロラインと結婚している。

さて、問題のC・F・オールダム論文をみてみよう（C. F. Oldham 1874）。冒頭、オールダムはインド大砂漠、つまりタール砂漠にはまだ地図の空白地帯があることを指摘する。この地図の空白地帯への関心は一九世紀に地理的探検を試みた人々の共通項だ。論文には明記されていないが、オールダムはこの空白地帯を実際に踏査したようだ。

また、この論文には『リグ・ヴェーダ』や『マハーバーラタ』といったサンスクリット語文献が登場する。この当時、こうした文献は英語などのヨーロッパの言語にすべて翻訳されていたわけではない。オールダムは原典にあたったようで、引用にはサンスクリット語の原文が示されている。じつは、一九世紀初頭に、ヨーロッパではサンスクリット語文献が紹介されて、一大オリエントブームが起こっている。このブームはオリエンタル・ルネッサンスとよばれたが、オールダムはこうした時代状況のなかに生きていた。つまり、彼は地理的興味とサンスクリット語文献への興味を結びつけてこの論文を書いたのである。

驚くべきことに、この論文は今日の失われた川をめぐる研究の中心的な論点をすべてあげている。たとえば、ハークラー川とガッガル川がつながっていたことや、サラスヴァティー川については、『リグ・ヴェーダ』では水の流れる川（ただし大河とはなっていない）だったが、『マハーバーラタ』や『マヌの法典』では水が流れなくなったことなどである。この涸れた川はもともとサトルジ川だったものが河道変化によって干上がったというのがオールダムの結論だ。自然地理を専門とする前杢英明はこの説じたい十分可能性があると認めている。ただし、前杢によると、この河道変化はインダス文明が興るずっと以前だったという。前杢は、インドやネパールでの地形や断層の研究をしてきたが、インダス・プロジェクトでは、砂漠の涸れ川が大河だったかどうかを調査した。

オールダム論文においてもっとも注目すべき記述は、まだインダス文明が発見される前にもかかわらず、インダス文明遺跡らしきものへの言及があることだ。その部分を訳すと、「この失われた川に沿って、大小さまざまなマウンド（遺丘）があり、このことは都市または町があったことを示している。これらの多くはかなり重要なものにちがいない。これら遺跡では古いヒンドゥーが使い、インドではもう長い間使われていないレンガが発見されている」とある。これはまさしくインダス文明遺跡のことを記述しているといえよう。また、この記述からはオールダム自身がこの一帯を実地でみて歩いていたことがわかる。わたしも、チョーリスターン砂漠で遺丘と赤い土器の破片を幾度となくみている。

図35●R. D. オールダム（1858–1936）

ところで、この論文に注目した同時代人がいた。リチャード（R）・ディクソン（D）・オールダムである（図35）。同一のトピックをあつかった人が、おなじオールダムという姓なので同一人物と勘違いされがちだが、ファーストネームもミドルネームもちがう。

R・D・オールダムはその父、トーマス・オールダムがインド地質調査所の初代所長を務めた関係で、インドにかかわるようになったようだ。一八七九年からインド地質調査所に赴任し、一九〇三年体調不良で英国に帰国するまでインドに滞在している。R・D・オールダムは『インドの地質学』を著した地質学者である。

R・D・オールダムがC・F・オールダムに啓発されて書いた論文がある。それが一八八七年に『ベンガル・アジア協会会報』に発表した「パンジャーブの地理と川における推定される変化」という論文だ（R. D. Oldham 1887）。ここで問題の涸れ川と化したハークラー川をめぐり、次のような三つの説を紹介している。第一に、ハークラー川は『リグ・ヴェーダ』や『マハーバーラタ』などの文献に載っているサラスヴァティー川と同一のものであり、降水量が減って水が涸れたという説である。第二は、ガンジス平原を流れるヤムナー川と水源を同じくしていたが、地殻変動で河路変化したために涸れたとする説だ。第三の説として、サトルジ川と合流していたが、それが河道変化したために涸れたという説である。前述したように、C・F・オールダムはこの第三の説を支持しているが、R・D・オールダムは第二の説を支持している。興味深いことに、こうした議論は現在も決着をみたわけでない。わたしがリーダーとしておこなったインダス・プロジェクトでもこの問題に取り組んでいる。しかし、これについては調査をインド側でおこなったので、次章で述べることにする。

すでに何度も指摘してきたように、インダス文明が世に知られるようになったのは一九二〇年代以降のことだ。一方、前述のように、消えた川については一九世紀からすでに論議されてきた。一九世紀の論文のなかには、C・F・オールダムのように、インダス文明遺跡を暗示しているような記述もある。カニンガムがハラッパー遺跡を踏査して、インダス印章を『インド考古局年次報告書』に掲載したのは一八七五年のことだ（Cunnigham 1875）。その前年に出版されたC・F・オールダムの論文は消えた川とその川沿いに広がる遺跡について言及している。これはチョーリスターン砂漠に分布するインダス文明遺跡への最初の記述であるばかりではなく、その当時まだインダス文明の存在自体が認知されていなかったが、そこに遺跡があることを報告した最初の人はこのC・F・オールダムといえる。すっかり忘れ去られてしまったこの人物を、ここで顕彰したい。

スタインによるサラスヴァティー川踏査

インダス文明が喧伝されることのなかった時代に、失われた川と遺跡を直接結びつけて議論した者はなかった。では、誰がこの二つを結びつけたのか。それが、第1章でもふれたオーレル・スタインである（図36）。

オーレル・スタインは一八六二年、ブダペストにユダヤ系ハンガリー人として生まれた。一〇代でサンスクリット語を学び、その後チュービンゲン大学でインド学を修め、古代ペルシア語を習得した。一八八七年インドに向け出発し、翌年、英領インド（現在パキスタン）のラーホールに東洋学校校長として赴任した。このときすでにギリシア語、ラテン語、フランス語、英語、サンスクリット語、ペルシア語の六カ国語を習得していたという。

スタインといえば西域探検家として名高い。イギリス隊を率いて、四度にわたり中国の西域トルキスタンを探検し、楼蘭やニヤなどの仏教遺跡を発掘している。第一回は一九〇〇年から約一年、第二回は一九〇六年四月から約二年半、第三回は一九一三年七月から一九一六年二月まで、そして第四回

図36●オーレル・スタイン（1862-1943）

が一九三〇年八月から翌年六月まで、それぞれ西域探検をおこなっている。とくに、第二回の探検では、敦煌の莫高窟で発見された大量の仏典を含む敦煌文書とよばれる資料を英国に持ち帰っている。その間、一九〇四年にはイギリスに帰化した。また、敦煌文書を英国にもたらした功績により、一九一二年、サーの称号を贈られている。その一方、スタインは中国では貴重な文化財を持ち去った「憎むべき略奪者」とされている。

スタインは最後の西域探検を中国政府に阻止された後、四度にわたってイランを探検した。最期にはアフガニスタンに関心を寄せ、カブールで客死している。八〇歳であった。

スタインは死の前々年にあたる一九四一年にサラスヴァティー川の流路をさぐる探検をおこなった。現在のインドにあるビーカーネールからパキスタンのバハーワルプルまでのチョーリスターン砂漠を踏査したのである。スタインの評伝にはこの調査のことが次のように記されている。

インドのタール砂漠の入口で、ある河の歴史を調査しようと考えていた。それはヒマラヤ山脈から奔流となって発源する、ガガール河の最東端の支流サルスティ河の行方に関する調査で、シャーロック・ホームズ張りのものであった。奔流のまま平原に入るその河は、まず、かなり細い流れとなり、ビカネルに近づくころにはモンスーン期の雨量次第で水があったりなかったりで、灌漑されたごく一部の帯状の地域を潤すにすぎなかった。サルスティというヒンドゥー風の名はサンスクリット語のサラスヴァティから派生したもので、聖なる河を意味していた。

（『考古学探検家スタイン伝（下）』257頁）

スタインが書き、一九四二年に出版された論文「『失われた』サラスヴァティー川沿いの古代遺跡踏査」に基づいて（Stein 1942）、スタインの探検行をみておこう。一九四〇年の一二月に、ビーカーネールを出発し、六週間かけて、主にガッガル川流域一一〇マイル（約一七六キロ）を調査し、ジョードプルとジャイサルメールに立ち寄った後、ハークラー川沿いを一五〇マイル（約二四〇キロ）調査して、バハーワルプールまでたどり着いている。結局、三月中旬には暑さのため、調査を終えている。

スタインがはっきりとインダス文明期の遺跡と認定しているのは、ハークラー川流域の遺跡である。とくに、フォート・アッバスから三マイルの距離にあるサンダナワーラー遺跡をあげ、ここからモヘンジョダロ遺跡やハラッパー遺跡で発見された印章がみつかったと記している。また、このハークラー川流域の一〇〇マイル四方に一八遺跡がみつかったと報告している。一方、ガッガル川流域の遺跡からはクシャーナ朝など、比較的新しい時代の遺物が多いことを指摘し、ガッガル川とハークラー川とで水が涸れた年代がちがうのではないかと述べている。その後の調査から、ガッガル川流域にも多数のインダス文明遺跡が分布していることが明らかになっているが、スタインのこの指摘はなかなか興味ぶかい。

スタインがおこなった探検行はとても貴重だ。イギリスからの独立後は、ガッガル川流域はインドに、ハークラー川流域はパキスタンに、それぞれ分断された。したがって、スタインのルートをたどることは、いまとなっては印パ国境があるために不可能となった。インダス・プロジェクトにおいても、インド側からとパキスタン側からの両方で調査をおこないたかったのだが、パキスタンの政治状況がそれを許さなかった。インド側とパキスタン側、別々にでも両方の川を踏査できなかったのはほんとうに残念でならない。

ムガルのチョーリスターン遺跡踏査

こうしてスタインがいくつかのインダス文明遺跡を発見したことで、サラスヴァティー川とインダス文明遺跡とがむすびつくことになった。しかし、ここでもう一度、インダス文明遺跡の分布図をみてほしい。チョーリスターン砂漠にはおびただしい数の遺跡がある。スタインが報告した一八遺跡どころではない。ポーセルの本によると（Possehl 1999）、一三六遺跡ある。なぜこれほどまでに遺跡が多くなったのか。それは一九七〇年代以降に、パキスタンの考古学者がチョーリスターン砂漠を精力的に踏査した結果、報告されたインダス文明遺跡が増えていったからだ。その調査を指揮したのがムガルである。

ラフィーク・ムガルは一九七〇年にペンシルヴァニア大学で博士号を取得して、パキスタン考古局に勤務し、総局長をつとめた考古学者である。現在はアメリカのボストン大学で教鞭を執っている。かれの論文は日本人研究者にもよく知られている。三笠宮が訳して『オリエント』に掲載したり（ムガール 1973）、日本におけるインダス文明研究の第一人者だった小西正捷が当時勤務していた法政大学の紀要で紹介したりした（ムガル 1989）からである。

ムガルは一九七四年から七七年にかけて、精力的にチョーリスターン砂漠の遺跡調査をおこなった（Mughal 1982, 1997）。それによると、チョーリスターン砂漠にはインダス文明期以前の遺跡も多い。リストにあげられている三七四遺跡のうち、インダス文明期の遺跡が一七四あるのに対し、それ以前のものは一三九遺跡ある。もっとも古いハークラー文化期（紀元前三八〇〇年から紀元前三二〇〇年）のものは九九遺跡もある。このチョーリスターン砂漠に、インダス文明期の遺跡だけがあるのではなく、それ以前の遺跡も多いことは注意する必要があろう。

その遺跡規模をみてみると、インダス文明期では五ヘクタール以下のものが六一パーセントと一番多く、ついで五〜一〇ヘクタールが二六パーセント、一〇〜一五ヘクタールは五遺跡、一五〜二〇ヘクタールが三遺跡である。その平均規模は五・六ヘクタールである。一方、インダス文明期以前の遺跡についていえば、平均が六・五ヘクタールとインダス文明期よりも大きい。インダス文明はどのように生成したのか。このチョーリスターン砂漠には文明以前の遺跡も多いことから、文明生成に関しても重要な鍵を握っている可能性がある。

ここでハークラー文化期について、ひとこと述べておこう。文化期とは考古学的考察によって設定される年代のことで、このハークラー文化期はハークラー式土器が出土する年代と特徴づけられる。ところが、この年代をめぐっては議論がある。ケノイヤーは、コンテキストを無視した表面採取による土器であり、厳密な年代測定をおこなってはいないし、この土器を代表させてハークラー文化期を設定するのは有用ではないと主張する。そして、ハークラー文化期という名称に変えて、ハラッパー遺跡におけるインダス文明以前のラーヴィー文化期という名称をこの年代に当てはめることを提唱している（Kenoyer 2011 : 172）。じつは、わたしは土器編年についてはまったく素人である。したがって、土器を示して年代を示す方法を本書では採用していない。ムガルがハークラー文化期とよんでいる年代とケノイヤーのラーヴィー文化期の関係だけをここで指摘しておく。

年代と名称をめぐる、コンセンサスが得られていない問題をあつかうのは、考古学者ではない筆者には頭が痛い。ただし、非専門だからこその利点もある。こうした年代や名称をめぐる攻防に深入りすることがないことだ。本書では、考古学以外の成果にも目を配っていきたい。

3　大河なき大都市は成立するのか

砂漠の中のインダス文明遺跡

本章ではパキスタンの砂漠地帯に広がる遺跡群をみてきた。これら砂漠の中の遺跡をどう考えるべきなのか。

われわれは歴史の推移を社会進化の過程として考察する。狩猟採集民が農耕民となり、余剰生産物を蓄えることができるようになる。やがて、都市が出現する。都市には都市の人口を支えるだけの生産力が必要であり、生産を合理的に機能させる統治機構、王権が強化される。つまり、古代文明は中央集権的な王朝の支配下に展開される。そうした古代王国には一般民衆から農産物を収奪する貢納制度があり、それを国立銀行の役目を果たす穀物倉に蓄える。また、こうした穀物の生産や運送のために奴隷制度も成立する。これが第2章でみたウィーラーのいだくインダス文明だった（ウィーラー 1966, 1971）。こうした見解から砂漠の中のインダス文明遺跡はどう捉えられるのか。

ウィーラーの立場を堅持しながら、こうした砂漠の中の大都市を理解するために用意された答えがある。それはガッガル・ハークラー川が大河であって、この大河の水を引いた灌漑農業がおこなわれ、その生産力が国家を支えたとする考え方だ。もう一つの大河を想定することで、ガンウェリワーラーのような大都市を理解する。こうした仮説が有効ならば、この大河が今では砂漠になっているのだから、インダス文明の衰退の原因の一つを考えることも容易となる。ガッガル・ハークラー川の大河説はインダス文明像を大きく変えることなく理解できる。しかし、幸か不幸か、次章で述べるように、この大河説は自然科学的調査から否定されている。

ここまで涸れ川ばかりを問題にしてきたが、これらの涸れた河床にはまったく水が流れないのだろうか。そうではない。南アジアでは夏モンスーンがあって、このモンスーンでかなりの雨量を記録する。川の水源であるヒマラヤ一帯には必ず雨が降る。それがガッガル川にも十分な水をもたらす。二〇一〇年八月には、インダス川が氾濫した。これはインダス川の上流に降った雨が下流に流れてきた結果、洪水が発生したのであって、インダス川下流域はほとんど雨が降らない。モヘンジョダロあたりでは、年間一〇〇ミリ以下しか降らない。じつは、この洪水のときには、チョーリスターン砂漠にも水がやってきた。その様子をインターネットでみたときには、衝撃を受けた。モンスーンの影響は広範囲におよび、たとえその場所に雨が降らなくとも川を伝って下流に水をもたらすのだ。

こうした川に水が来るのは六月中旬から九月中旬頃のモンスーンの時期だけだろう。また、このガッガル川は大河でないことには変わりはない。そこで、次の疑問が当然おこる。はたして大河なき大都市は成立しうるのだろうか。

ここで重要なのは牧畜民を想定することだ。インドのラージャスターン州のタール砂漠一帯には、今でも牧畜遊牧民が多い。本章の最初に指摘したが、タール砂漠は砂漠としては世界一高い人口密度をもつ。そこにはビーカーネール（人口約六五万人）やジャイサルメール（人口約六万人）のような都市もある。これは現在のように流通が盛んになって、他の地域から食糧などを運ぶことが容易な時代に急に増えたわけではない。砂漠で生きる知恵を発達させた人々が古くからいたのである。最初から生産性の高い農業を想定する必要はない。砂漠を生き抜く牧畜遊牧民が文明を支える可能性も探るべきだろう。

インダス文明研究史を繙くと、大都市に焦点を絞った研究ばかりではない。ヴァッサー・カレッジ(7)教授だったフェアサーヴィス（一九二一〜一九九四）は牧畜に注目している（Fairservis 1986）。彼は一九七二年から六シーズンに渡っておこなわれた、パキスタンのシンド州にあるアッラーディノー遺跡の発掘を指揮した。その発掘成果から、牛の土偶が大量に発見され、この小さな遺跡にとっては牛が非常に重要であることを知る。牛は富の象徴であり、土地や穀物と同じ価値をもっていると指摘する。また、本書で何度も言及したポーセルも、「定住農耕と牧畜の補完性」（Possehl 2002：65）を指摘している。インダス文明にとって、牧畜を視野に入れることはそう珍しい話ではない。

インダス文明像をどう考えるべきなのか。第7章で、わたし自身が考えるシナリオを提示する。そのため、ここでは次の点を指摘しておきたい。それは、砂漠で生き抜く牧畜民や遊牧民が文明の担い手になる可能性を精査することである。都市が消費する食料の確保に農業のみを想定する必要はなかろう。交易などで、自由に行き交う人々の存在を認めてこそ、新たなる文明像を生むことができる。

（7）『菊と刀』の作者ルース・ベネディクトの出身校。

第4章　ガッガル川流域を踏査する

——はたしてサラスヴァティー川は大河だったのか

　パキスタンのチョーリスターン砂漠からインド側に入ると、まだしばらくは砂漠地帯が続く。しかし、インドのハリヤーナー州に入るあたりで、緑が増えてくる。本章では、そのハリヤーナー州に点在するインダス文明遺跡を取り上げる。インダス五大都市遺跡のうちもっとも規模が大きいとされるラーキーガリー遺跡はここにある。また、地球研のインダス・プロジェクトが発掘したファルマーナー遺跡もラーキーガリー遺跡に近い。この両遺跡を中心に、ハリヤーナー州のインダス文明遺跡について述べたい。

　ところで、かつてタール砂漠にはサラスヴァティー川なる大河が大地を潤おしていたという説がある。この砂漠に消えた川についてはすでに第3章でみた。現在、ハリヤーナー州にはガッガル川という河川があり、パキスタンのチョーリスターン砂漠にある涸れ川ハークラー川と合流するとされる。

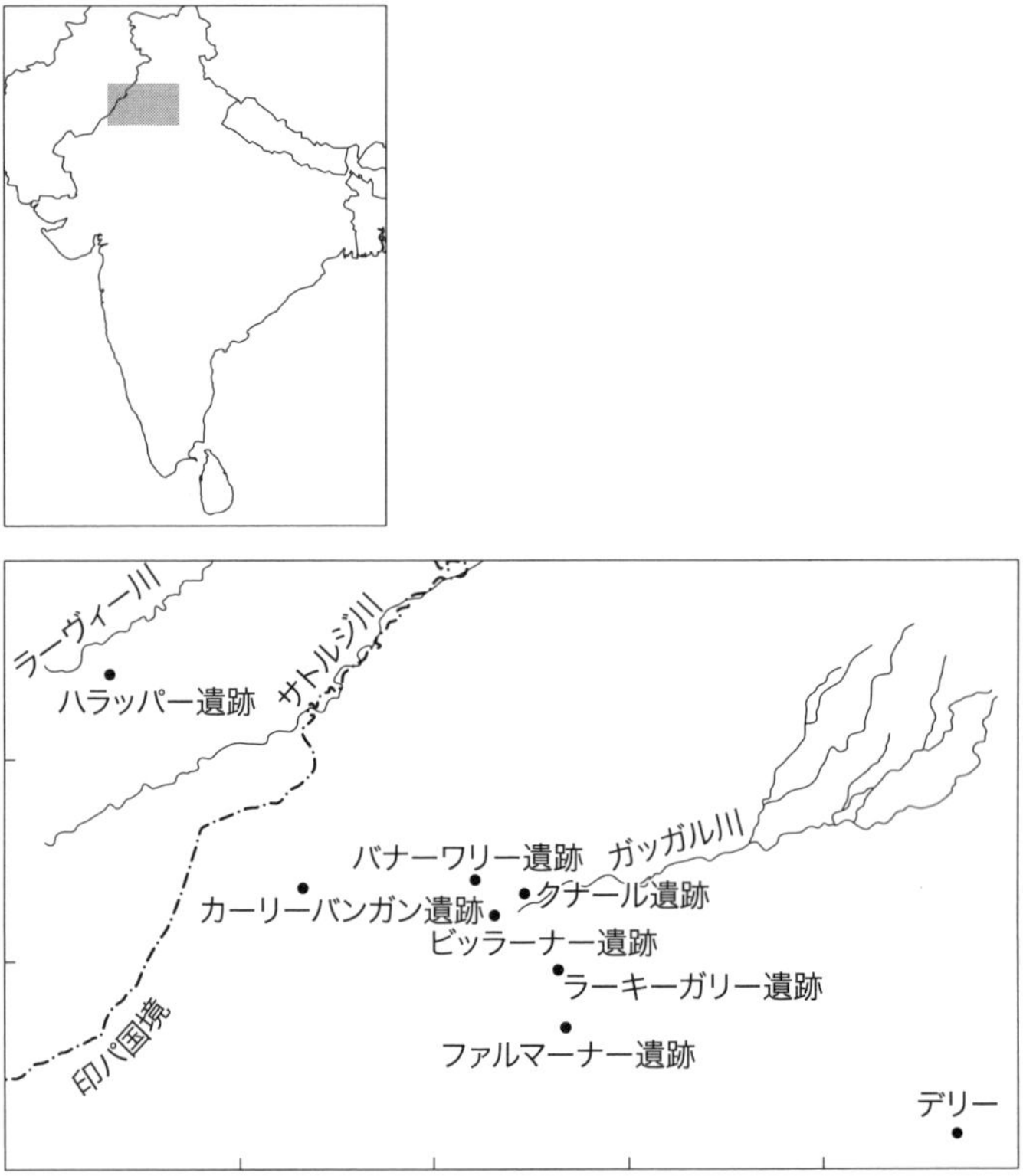

図37●ガッガル川流域の遺跡分布

このガッガル＝ハークラー川が『リグ・ヴェーダ』に登場するサラスヴァティー川なのだという。[8] このサラスヴァティー川（ガッガル＝ハークラー川）に関する問題は、この地域のインダス文明遺跡を考察するうえで最重要課題となる。というのも、この地域のインダス文明遺跡はガッガル川流域に多いのである。ガッガル川がインダス文明期から雨季にのみ水の流れる季節河川だったのか、はたまたとうとうと水の流れる大河サラスヴァティー川だったのか。これにより、インダス文明期の人々の生活はまったくちがってこよう。その「サラスヴァティー川」問題については、本章の後半で述べる。

それでは、ガッガル川流域のインダス文明遺跡についてみていこう。

1　ファルマーナー遺跡

ファルマーナー遺跡の発掘

デリーから西に向かうと、ガッガル川に出る。州でいえば、ハリヤーナー州だ。ガッガル川沿いに

（8）ヴェーダ文献でサラスヴァティーがどうあらわれるのかについては山田智輝（2013）を参照。

図38●ハリヤーナー州のファルマーナー周辺の穀倉地帯。一面にコムギ畑が広がっている。

進んでいくと、ラージャスターン州となり、パキスタン国境にいたる。ガッガル川はヒマラヤのシワリク山地から流れてくるが、インダス川のように氷河を水源としない。ガッガル川流域で、インダス文明遺跡が増えるのはハリヤーナー州からだ。そこに、ファルマーナー遺跡がある。ファルマーナー遺跡はハリヤーナー州ロータク県にあって、デリーからはおよそ一〇〇キロメートルの位置にある。

ハリヤーナー州からパンジャーブ州にかけては、一九六〇年代の緑の革命によって大穀倉地帯になっている（図38）。トラクターなどの機械の導入と灌漑用水による水管理システムの導入により、コムギを中心とする穀物の収穫量は飛躍的に伸びた。この地域では、耕作によって、インダス文明遺跡がみつかることがある。しかし、残念なことに、自分たちの耕作地が発掘等で取り上げられてしまうのではないかとの恐れから、そのまま破壊されることも多い。また、遺跡だと気づかれないまま、破壊されてしまうこともあるようだ。ファルマーナー遺跡もこうしたコムギの耕作地に立地する。なんとかトラクターの犠牲にはならずに、発掘されたわけである。ファルマーナー遺跡の発掘調査報告書（Shinde et. al. 2011）とわたしの見聞をもとに、ファルマーナー遺跡を紹介しよう。

ファルマーナー遺跡には居住地区と後述する墓地がある。その居住地区は一八ヘクタールの広さがある。耕作のために、かなりのダメージを受けている。遺丘があった可能性もあるが、いまでは削り取られてわからない。また、都市を囲む壁も確認できていない。発掘者によると、年代は前期ハラッパー文化期（紀元前三五〇〇～二六〇〇年）、インダス文明期で、インダス文明期は２Ａ（紀元前二六〇〇～二四〇〇年）、２Ｂ（紀元前二四〇〇～二二〇〇）、そして２Ｃ（紀元前二二〇〇～二〇〇〇）の三つに分かれる。ただし、この２Ｃ以降のものはすべて耕作ではぎ取られてなくなったという。

住居跡は素人にもはっきりとわかる（図39）。住居はおもに日干しレンガでできているが、浴場など、水が使われるような場所では焼成レンガも使用されている。住居と道路がはっきりとわかり、直線道路によってきれいに区画されている。北北西―南南東の方向に広い道路（幅三・六～四メートル）があり、これに直交して取り付く小路によって、およそ三地区に区画される。部屋の中には炉や貯蔵

図39●ファルマーナー遺跡居住地区の発掘風景

施設もあり、部屋の中で食事が作られていたのだろう。なお、レンガのサイズはインダス文明の標準である一：二：四である（第1章参照）。

ファルマーナー墓地

インドでは、このファルマーナー遺跡の発掘が大々的に報道された。というのも、インダス文明期の墓地がみつかったからだ。七三基もの墓がファルマーナーの住居跡のある場所から九〇〇メートルほど離れたところでみつかったのである。墓地からは副葬品とともに人骨もみつかっている（図40）。これほど大量の人骨がみつかった例は、ハラッパー遺跡の墓地以外にはなかった。もちろん、インドではじめてのインダス文明期の大規模墓

図40●ファルマーナー墓地。発掘された墓。上：人骨と副葬品の土器がみえる。下：墓地の発掘風景。

地である。この人骨を使って、なんとかＤＮＡを抽出できないか。その思いで、地球研のインダス・プロジェクトでもＤＮＡ研究グループを新たに立ち上げて分析を開始したが、古代人骨のＤＮＡの抽出には成功していない。

墓地は二〇〇七～二〇〇八年のシーズン(9)に偶然みつかった。この年は七墓地だけを発掘し、大規模に発掘がおこなわれたのは翌シーズンのことだ。これらの墓は長方形であり、頭の方に副葬品を配置する土坑墓である。遺体は身体を伸ばした状態で墓に納める伸展葬である。土坑墓の大きさにあわせて長方形の部分だけ土の色がちがうので、どこに墓があるのか、すぐにわかる。発掘者によると、墓の方位には三種類ある。北―南、北西―南東、北東―南西である。発掘者はこの方位によって、墓を三種類にわけているが、年代的にこれらが対応しているわけではない。北―南の方位を基本として、若干ずれていると考えるのが妥当だろう。墓に伴う副葬品は、土器がもっとも多い。また貴石・貝・銅製などの腕輪をした人骨もみつかった。ただし、考古学者宇野隆夫他によると「これらの副葬品の質と量には一定の格差も存在するが、特定の個人を他者と区別して死後に顕彰した形跡は存在しない」（宇野・寺村　2013）。

なお、ガッガル川沿いのインダス文明遺跡には、カーリーバンガン、ラーキーガリーなどで墓がみつかっているが、これほど大量な墓ははじめてである。

ファルマーナー遺跡出土の印章

ファルマーナー遺跡からは四つの印章が発見されている（図41）。印章は基本的に動物を中心とした柄とインダス文字からなる。動物柄としては一角獣が圧倒的に多いが、ファルマーナー遺跡から出土した印章のうち、二つが一角獣である。他の二つの動物柄は水牛とコブ牛だ。コブ牛の印章は残念ながら、胴体後ろ半分が欠けている。一角獣の下には特徴的な図柄、上と真ん中に器状のものがついたスタンドのようなものがある。儀礼に使われたものだと考える人もあるが、何を表しているのかはわからない。このスタンド図柄に文字をともなった一角獣と、スタンド図柄の代わりに尖った三角形に柄がついた文字が配置されている一角獣がある。これと同じ文字は水牛にも配置されている。動物柄の上部にも文字がある。いずれも二文字（もっと分析できる可能性はある）とみられ短い。いわゆる魚形をした文字や先が三つに分かれた文字などがみられる。

印章を三種類にわけて、その分布をしらべた研究がある。第1章でふれているが、ここであらためて述べておこう。上杉彰紀（2013）によると、動物柄の右向きを一類、左向きを二類、そして動物柄

（9）　インドの発掘シーズンは一二月から五月までが一般的なので、表記は二年にまたがっているが、これで一シーズンを表す。

図41●ファルマーナー遺跡出土の四つのインダス印章。動物柄は左上と右下が一角獣。ただし、一角獣の描かれ方も向きもちがう。また、頭部下の図柄は左上のようなスタンド柄が一般的だが、右下では頭部下に文字がみえる。右上がコブ牛。左下が水牛である。

のない文字だけの印章を三類に分けている。年代からいえば、右向きが古く、次に左向き、もっとも新しいのが文字だけの印章だという。この年代はファルマーナーの出土状況からも、またハラッパー遺跡の印章からも確認できるそうだ。また、この古い一類の印章はガッガル川流域のビッラーナー遺跡、バナーワリー遺跡、カーリーバンガン遺跡などでも出土している。他の地域では、二類の印章が多く一類の出土数が限られている。これに対し、ガッガル川流域のインダス文明遺跡では一類がきわだっている。こうした印章の分布は、インダス印章の起源を考えるうえで、重要な意味をもつにちがいない。

もう一点、ファルマーナー遺跡から出土した印章について、指摘したいことがある。たいへん珍しい印章が発見されているのである。それは左向き一角獣の動物柄の印章で、取っ手の方にも同じ文字が彫られている（図42）。インダス文字を集めた本（Shah and Parpola 1991）によると、このような印章はハラッパー遺跡から一点（H–102）とモヘンジョダロ遺跡から一点（M–318）出土しているだけである。H–102は左向きの一角獣、M–318は左向きのコブ牛と動物柄がちがう。文字についていえば、このファルマーナーの印章とは異なり、どちらもインダス文字の並びは長く、取っ手の方に彫られた文字はいずれも左端から二文字（ただしM–318に関しては、二つの文字列ではなく、二つで一文字をなすのかもしれない）である。このことから、印章の文字は左から（押印した場合は右から）読んでいたと思われる。押印した際に右から左にという読む方向は初期の頃からいわれてきた（Marshall 1931）。最初

図42●インダス印章（右）の取っ手（左）に彫られたインダス文字。上：図41 左上の印章。中：H-102, photo Erja Lahdenperä for CISI 1 (1987), p. 191, courtesy National Museum of India. 下：M-318 photo Erja Lahdenperä for CISI 1 (1987), p. 79, courtesy Archaeological Survey of India.

の二文字でそれぞれの印章の意味を読み取れているとしたら、それが何か特別の意味をもつのかもしれない。ファルマーナー遺跡から出土した印章は数こそ少ないものの、想像をかき立てられるものではある。

新しい研究：カレーの起源

ファルマーナー遺跡でみつかった人骨から、新しい研究が生まれた。

学問の細分化が叫ばれるようになって久しい。考古学も例外ではない。遺跡から出土される植物を対象にした研究は植物考古学といい、動物を対象とした研究を動物考古学という。この分野の人たちはかなりの専門性をもっている。遺跡の発掘調査には、こうした専門の研究者にも入ってもらって、遺跡から出土した植物や動物を専門的にみてもらう。ファルマーナー遺跡でも、アメリカのワシントン州立大学のウェーバー博士と博士の下で研究をするインド人、アルミーナー・カシャップのお二人がファルマーナー遺跡の植物分析を担当した。基本的には、発掘した際に出てくる土を篩にかけて水につけて、しばらくおいておき、植物の炭化した種子が浮いてくるのを採取するというフローティングというやり方で種子をみつける。もちろん、こうしたやり方でも採取したが、ファルマーナー遺跡では特別な方法で採取した。

それは人骨の歯にこびりついた澱粉を分析するという方法である。最近はいろんな方法で植物遺存体を観察することができる。花粉を分析することで、その植物が同定できる。また、プラントオパールという名称を聞いたことがあるだろうか。植物の細胞組織にある珪酸体のことで、その形状によって、種を特定できることから、古環境研究に導入されている。縄文時代のイネのプラントオパールが発見されたといった新聞報道を読んだ方もいらっしゃるだろう。歯にこびりついた澱粉も、電子顕微鏡を使って同定ができる。歯の沈着物は歯石として残る。コマーシャルにプラークコントロールを謳ったものがあるが、このプラークが歯石である。この歯石はなかなか除去できない。その歯石を分析して、澱粉を抽出するのである。しかも歯にこびりついているのだから、食べたものがこびりついている。つまり、それによって、インダス文明時代の人々が何を食べていたのかが、明らかになる。なかなか画期的な研究である。

この研究によれば (Kashyap and Weber 2010, 2013)、ファルマーナー遺跡から出土した炭化種子だけではコムギ、オオムギ、エノコログサ属、キビ属しかみつからなかったが、歯石からはなんとターメリック（うこん）、ジンジャー（生姜）がみつかったのだ。皆さんご存じのように、カレーは黄色をしているが、これはターメリックが入っているからである。ファルマーナー墓地に眠る人々はターメリックやジンジャーのような香辛料を使い、カレーを食べていたことが判明したのだ。歯石の分析によると、この香辛料以外にも、ナスやマンゴーもみつかり、意外と贅沢な食事だったことがうかがえる。この新しい研究は「四〇〇〇年前のプロト（原）カレーの材料」と題して、科学雑誌『サイエンス』

（二〇一二年七月二〇日号）に掲載されている（Lawaler 2012）。

なお、ウェーバーたちは主食についても新説を述べている。炭化種子のうち、エノコログサ属とはアワのことである。つまり、アワとキビがファルマーナー人の主食だった可能性も示唆している。アワやキビが主食だったという説は、インダス文明関連でははじめて提唱されたものだ。それまではごく当たり前のように、コムギやオオムギがインダス文明の栽培植物であり主食だったと、考えられてきた。

人骨からのＤＮＡの抽出はできなかったが、思わぬところで新しい結果を得ることができた。こうした新しい研究成果の積み重ねによって、インダス文明の新しい事実を知る。これこそがあまり知られていないインダス文明を研究する醍醐味といえるだろう。

なお、この澱粉や花粉、プラントオパールの分析を駆使しても、第２章で述べた「穀物倉」の穀物はみつかっていない。ミクロの分析をもってしても穀物種子の痕跡がみつからないのだから、やはり穀物倉ではないのだろう。分析手法を紹介したところで、もう一度確認しておく。

種子の大きさと遺跡規模

ファルマーナー遺跡の植物考古学による成果を紹介したついでに、もう一つ、ウェーバーたちが提示した仮説をここで紹介しておこう。

ウェーバーは、インダス文明遺跡の発掘に一九八〇年代からかかわってきた。その一つが、グジャラート州のロージディー遺跡の発掘である。ペンシルヴァニア大学のポーセル教授が中心となっておこなった発掘遺跡で、植物考古学的分析をおこなっている。ウェーバーはハラッパー遺跡の植物考古学的研究にも従事している。大都市遺跡のハラッパー遺跡での分析と、ロージディー遺跡やファルマーナー遺跡のような小規模な遺跡での分析をおこなった経験から次のような仮説を提唱している。

それは栽培植物の種子の大きさが遺跡の規模とある程度比例するのではないか、とする仮説だ（Weber et. al. 2010)。つまり、大粒のコムギやオオムギを栽培している場合は遺跡の規模も大きいが、雑穀類である小粒のアワやキビを栽培している場合は遺跡規模が小さいのである。彼の研究はあくまでも実証的である。遺跡規模の大きなモヘンジョダロ遺跡では冬作物の七五パーセントがコムギやオオムギだった。これらの穀物の種子はたしかに大きい。一方、ファルマーナー遺跡やロージディー遺跡では、遺跡規模も小さく、種子の小さなアワやキビが植物遺存体のかなりの割合を占めている。

しかし、このデータはインダス文明地域をすべて網羅しているわけではない。たとえば、ドーラーヴィーラー遺跡がどのようなデータを示すのかはいまの時点ではわかっていない。また、すべての遺跡で植物考古学のデータがそろっているわけでもない。まだまだ明らかにしなくてはならない問題点が数多く残ってはいる。ただし、ウェーバーはデータばかりため込んで、新しい論文を書かないと批判を受けるような、どちらかというと慎重なタイプの学者である。そんな彼がこれまでだれも考えてこなかった仮説を提示している。わたしには、そこがとてもおもしろい。

インダス文明をめぐる栽培作物についての最近の研究にはめざましいものがある。本書ではその成果の一端をぜひ紹介しておきたかった。この分野での今後の研究成果に期待したい。

2 ラーキーガリー遺跡

インド最大のインダス文明遺跡、ラーキーガリー遺跡

次いで、ガッガル川沿いのインダス文明遺跡を代表するラーキーガリー遺跡を紹介しておこう。

ラーキーガリーは、第1章で述べたインダス文明五大都市のひとつである。このラーキーガリー遺跡はハリヤーナー州ヒサール県に位置し、インドの首都デリーからは一三〇キロメートルの距離にある。デリーから三時間もあれば行ける距離だ。インダス文明遺跡を一覧表にまとめたポーセルによると、モヘンジョダロ遺跡とハラッパー遺跡が一〇〇ヘクタールなのに対し、ラーキーガリー遺跡は八〇ヘクタールとみなし、ドーラーヴィーラー遺跡の六〇ヘクタールよりも大きいとみている（Possehl 2002）。最近出版されたライトの本では、このラーキーガリー遺跡は一〇〇ヘクタール以上となって

いる（Wright 2010）。さらに、ケノイヤーの最新の論文では、二四〇ヘクタールと記されている（Kenoyer 2013）。遺丘は七つもあるが、それが最大の遺跡とする根拠にもなっている。いずれにせよ、これまで確認されている中で、インド最大のインダス文明遺跡であることはまちがいない。

一九六三年にはじめて遺跡として、知られるようになった。マウンド（遺丘）は七つある（RGR-1〜7）。いくつかのマウンド（RGR-1〜3）はちゃんと塀で囲われて、保護されているようにみえる。実際、インド考古局が一九九七年に保護地区に指定している。しかし、その塀を越えることは簡単だ。監視員がいるわけではなく、誰もが自由に出入りでき、とても保護されているとはいいがたい。一番大きなマウンド（RGR-4）のうえには家が建っている。それがマウンドかどうか、指摘されるまでは気がつかない。家が林立していて、小高い丘に家が並んでいるとしかみえない。マウンドといわれればたしかにマウンドだ。しかも、かなり大きい。ドーラーヴィーラー遺跡の城塞ぐらいの大きさ、あるいはそれ以上の大きさがある。それほどのマウンドである。広大なマウンドは家が建っているため、考古学の発掘調査という点でいえば、まったく手つかずに残されているのだ。

この遺跡の中には、二つの村がある。一つはラーキーシャープルで、もう一つはラーキーカースだ。人口は一万一千人。すべてがマウンドの上に住んでいるわけではないが、これだけの人口を動かす手だてはない。マウンド（RGR-4）には削られたところがあり、鳥の格好のすみかになっている。その削られた崖には、無数の土器片がむき出しになっている（図43）。なるほどこれはまちがいなく遺跡

図43●ラーキーガリー遺跡。遺丘が削りとられた崖には土器が散乱している。

である。これだけの文化遺産が地中に眠っていることがわかっていながら、みすみす見過ごされていることに驚いてしまった。日本なら、家を立ち退かせて、発掘調査をやるだろう。インド政府はこの大きなマウンドの発掘調査などまったく計画していない。ただでさえ、土地問題でいつも紛糾するような場所では、人を移して発掘をやることなど、とても不可能なのだろう。

いま流布しているインダス文明像は、モヘンジョダロ遺跡とハラッパー遺跡を中心としたものである。そのことは本書で何度も指摘してきた。しかし、ドーラーヴィーラー遺跡の発掘をのぞけば、ガンウェリワーラーといい、このラーキーガリーといい、最大のマウンドはほとんど手つかずである。インダス大都市のイメージは、未知の大都市ラーキーガリーの実態が解明されれば、まだまだ変化してくるだろう。しかし、それが実現される見通しは立っていない。

最大のマウンドについては家が建っていて発掘できない。しかし、このラーキーガリー遺跡の一部はインド考古局によって発掘されている。家が建っていないマウンド（RGR-1・2・6）を中心に、一九九七～九八年のシーズンから一九九九～二〇〇〇年までの三シーズン発掘がおこなわれた。RGR-2が城塞で、そこには火の儀礼をおこなう祭壇がある。ほとんど日干しレンガが使われているが、水回りの部分では焼成レンガが使われている点はファルマーナー遺跡と同様である。インダス文明の特徴でもある排水施設もあった。また、墓地もマウンドRGR-1から二〇〇メートル北にみつかり、一一基の墓が発掘されている。ラーキーガリー遺跡で珍しいのはメソポタミアに多い円筒印章が発見されていることである。

アジア一〇大危機文化遺産

ラーキーガリー遺跡に関して、こんなニュースが飛び込んできた。二〇一二年に、地球遺産財団（Global Heritage Fund）がアジアの一〇大危機文化遺産を発表した。財団によると、タイのアユタヤ、中国のカシュガル、パキスタンのタキシラと並んで、インドで唯一、このラーキーガリー遺跡が選ば

図44●ラーキーガリー遺跡。円錐形に積み上げられているのは燃料となる牛糞である。

れたのである。その選ばれた理由としては、重要性と危機の脅威があげられている。重要性としては「世界で一番大きく古いインダス文明遺跡の一つ」とし、脅威としては「開発圧力、不十分な管理、略奪」と説明されている。この財団のインターネットサイトをみると、ラーキーガリー遺跡の無惨な様子が紹介されている。マウンドではカラシナが耕作され、燃料となる牛糞がマウンドの上に広げた形で干され、牛や山羊を放牧する人々がマウンドを保護するゲートを行き来している（図44）。まさに、不十分な管理状況をインターネット上に公開して、人々にその危機状態を訴えているのである。

このニュースを聞いて、なるほどと納得したことがある。それはラーキーガリー遺跡での子供たちのことである。子供たちが「いいものあるよ。買わないか」と声をかけてくる。何を売ろうとしているのか。それは遺跡から土器などを集めてきて売ろうとしているのだ。なかにはインダス印章をみつけてくる子供もいるらしい。印章はなかなかみつからないので、高く売りつけるのだという。子供が出土品を売りに来る遺跡は、わたしが知るかぎりではこのラーキーガリー遺跡だけだ。パキスタンのタキシラ遺跡でも同様の子供たちを見かけたが、そこで売っていたのはローマ時代のコインなどで、それなりの価値があることがすぐに理解できる。しかし、インダス文明期の土器を高く評価する人間がそうたくさんいるとは思えない。こんなものを売ってどうしようというのだろうか。

なぜこんな子供を生み出してしまったのか。同行していたインド人研究者に聞いてみた。それは買う人がいるからだと至極単刀直入な答えだった。つまり、買う人がいるから売るのであって、誰も買わなければ売らない。商売の原理原則からいえばごもっともだが、文化遺産は個人の物ではないはずだ。ましてや、それを売買するという考えはどうも解せない。しかも子供たちがそうしているのをみると、悲しくなってくる。この行為こそがこの財団が脅威としてあげる略奪にあたる。ラーキーガリーは首都デリーから一三〇キロほどの距離しかなく、開発圧力も強い。これが財団が脅威としてあげている理由である。

ラーキーガリー遺跡の新たな発掘調査

こうした状況の中、新聞報道によると、二〇一三年、デカン大学のシンデ教授を中心として発掘調査がおこなわれることになった。地球遺産財団が資金を提供して、発掘がおこなわれるという。発掘者によると、これまでも地中レーダーを使って、事前調査を重ねてきた結果、ラーキーガリー遺跡は四〇〇ヘクタールあることがわかったという。これが事実とすれば、もちろんモヘンジョダロ遺跡を軽く抜いて、一番大きな遺跡ということになる。ラーカンジョダロ遺跡も発掘者によると、二五〇ヘクタールあるという。どれだけ根拠があるのかわからないが、これらが大きな遺跡であることには変わりがない。もちろん、遺跡の大きさだけを競い合うのではなく、発掘によって、新たなるインダス文明観が生まれることを期待してやまない。

地球遺産財団がこのラーキーガリーに注目をしてから、マスコミでもその名前がよく取り上げられるようになった。二〇一三年三月三一日には、『インディアン・トゥデイ』誌に、「ラーキーガリーは世界遺産に向けて動き出しそう」との見出しが踊った。そうした流れの中、五月三〇日には、ハリヤーナー州首相がラーキーガリーに六エーカーの土地を取得して、博物館を作ることを決定した。これまでなおざりにされていた大都市遺跡が注目を浴びるようになっている。このまま、インダス文明遺跡の保存活動や研究活動が活発になってくれることを期待してやまない。

3 ガッガル川流域のインダス文明遺跡

バナーワリー遺跡、クナール遺跡、ビッラーナー遺跡

ハリヤーナー州のインダス文明遺跡のうち、バナーワリー遺跡、クナール遺跡、そしてビッラーナー遺跡を紹介しよう。これらの遺跡を探訪した際には、チョーリスターン砂漠やタール砂漠の遺跡を踏査したときのような高揚感を感じなかった。というのも、これらの遺跡はたいていコムギ耕作地のなかに、ひっそりとあったからだ。遺跡の横でコンバインがコムギを刈り取っていた景色だけが妙に印象に残っている。わたしは緑の革命という言葉だけは知っていたが、実際、機械化された農業によって裕福になった農家をみたことがなかった。その姿をこの遺跡めぐりのときに確認できたので、そちらの方に注目がいってしまって、遺跡についてはそれほどの印象をもたなかったのである。

それともう一つ、関心をもてなかった理由がある。それはクナール遺跡を訪問したときだ。本当に小さな遺跡だったが、このクナール遺跡は発掘したままほったらかしになっていたのだ。つまり、発掘した土器などの破片が雑然と放置されたように、転がっていたのである。この遺跡はハリヤーナー州政府の考古局が発掘をおこなったが、州政府考古局には出土品を保管する場所がないのか、野ざら

しになった出土品は痛々しかった。州政府にしても、中央政府にしても、ヒンドゥー教寺院やタージマハルなど、宗教施設としての文化遺産の保存には熱心である。また、実際に宗教界も黙ってはいない。しかし、インダス文明遺跡の保存ということではもう一つ熱心ではない。そのことはラーキーガリー遺跡の保存状況でもはっきりとしている。発掘をやった後は、発掘出土品はしかるべきところに保存し、早いうちに報告書を作る。こうした伝統を作っていかないと、インダス文明への関心は高くならないだろう。

これら二つの遺跡と対照的に、バナーワリー遺跡はいかにも遺跡らしいたたずまいである。というのは、南北四〇〇メートル東西四〇〇メートル高さ一〇メートルのマウンド（遺丘）を有するからだ（図45上）。また、壁に囲まれた城塞をもち、インダス文明期の井戸がきれいに残っている（図45下）。クナール遺跡と比べると、出土品も比較的整理されている。一九七〇年代に四シーズン、そして一九八〇年代に三シーズン、合計七シーズン、後にドーラーヴィーラー遺跡の発掘を指揮したことで知られるビシュト博士によって、発掘がおこなわれた。長く発掘がおこなわれたこともあって、インダス印章は一八個みつかっている。ここでみつかった印章は右向きが多く、しかも文字が短い。ファルマーナー遺跡で発掘された印章と共通の特徴である。また、印章を押印した封泥のなかには、獣王と巻いた角が特徴の野生の羊が描かれたものがあって（Joshi and Parpola 1987 の B-23）、なかなか興味深い。

ビッラーナー遺跡は幹線道路沿いにあって、町からもそう遠くない。ここは二〇〇三〜〇四年から

図45●バナーワリー遺跡。遺丘（上）と井戸（下）。

図46●ビッラーナー遺跡。上：遺跡の全景。写真中央には黒いビニールがみえる。下：踊り子像に似た土器に刻印された絵画の図像。(『フロントライン』より転載)

二〇〇五〜〇六年の三シーズン発掘をおこなった。発掘の指揮はインド考古局のL・S・ラーオだが、彼は二〇〇九年一月に心臓発作のため、五六歳の若さで他界してしまった。南北一五〇メートル、東西一九〇メートル、高さ五・五メートルのマウンドを有する。そういう意味ではいかにも遺跡らしい。ただし、訪問したときには遺跡を埋め直すときに使ったビニールシートがあちこちに顔を出していたので、それが残念だった（図46上）。

ビッラーナー遺跡からの出土品がニュースとして駆けめぐったことがある。それは二〇〇七年九月一二日付けの有力新聞『ヒンドゥー』に掲載された。モヘンジョダロ遺跡から出土したことで有名な踊り子とそっくりな絵画が刻印された土器がビッラーナー遺跡でみつかったというニュースだ。ヒンドゥー紙と同じ系列の隔週刊誌『フロントライン』にも、写真入りで報道されている（図46下）。残念ながら、その絵画は全身像ではないが、手を腰に当てているところが何となく似ている。それぐらいしかいえない。

カーリーバンガン遺跡

パキスタンの国境方向に向けて、ガッガル川を踏査していくと、砂丘が目立つようになる。そのパキスタン国境に近いところにカーリーバンガン遺跡がある。この遺跡はインド独立以後の発掘としては、グジャラート州のロータル遺跡と並んで有名になった。遺跡の横には博物館も設置されている。

残念ながら筆者はまだ訪れる機会がないが、出版された資料を基に、カーリーバンガン遺跡を紹介しておこう（Lal et. al. 2003, Bala 2004）。

ガッガル川流域の遺跡の年代は前期ハラッパー文化期から盛期ハラッパー文化期にかけたものが多い。カーリーバンガン遺跡も紀元前三〇〇〇年からの遺跡である。一九六〇年から六九年まで発掘がおこなわれ、後にインド考古局の総局長となるラールとターパルによって指揮された。マウンドは三つあり、一つは城塞、もう一つは市街地で、三つ目の小さなマウンドは火の祭壇となっている。城塞部は南北約二四〇メートル、東西約一二〇メートル、市街地は南北約三六〇メートル、東西約二四〇メートルある。基本的に建物や壁は日干しレンガ製だが、排水溝など水を使う場所では焼成レンガが使用されている。これはファルマーナー遺跡でみたのと同様である。

カーリーバンガン遺跡で有名になった出土品としては円筒印章がある（図47上）。粘土に押印しながら転がして、模様が浮かび上がる円筒印章はメソポタミアでは一般的だが、インダス文明地域ではモヘンジョダロ遺跡やハラッパー遺跡など、限られた場所で、九例しか出土していないという（Ameri 2013）。その円筒印章の模様は『インドのインダス文明遺跡：新発見』（Chakrabarti 2004）の表紙を飾っている。ここには上半身が人間で下半身が動物の像がある。長い髪の毛をなびかせて、頭の上には三つ又矛と二つの角らしきものがある。この女神らしき像の隣には、槍をもった男が二人と、その真ん中に男たちに手を捕まれた女性が立っている。女性の髪は長く、手には腕輪があり、長いスカ

図47●カーリーバンガン遺跡から出土した円筒印章（上）と押印した図柄（中）と同じ人獣合体した女神像が描かれたインダス印章（下）
（上・中：K-65, photo Erja Lahdenperä for CISI 1 (1987) p. 311, courtesy of Archaeological Survey of India. 下：K-50. photo Erja Lahdenperä for CISI 1 (1987) p. 390. courtesy Archaeological Survey of India）

ートをはいている。じつは、この神らしき姿はカーリーバンガン遺跡のインダス印章の中にもある（図47下）。そちらの図像では女性と動物は別個のようにもみえ、三つ又には両脇の又にはとげが三つずつあり、真ん中のにはとげが五つ出ている。このトゲはインドボダイジュの木を表しているという。ケノイヤーによると（Kenoyer 2010）、この角がある女性と巻き角の野生羊、そして胴体は虎の神聖なものだという。そして、この女性–虎–野生羊の神はナウシャロー遺跡から出土した印章にもみられるという。

もう一つ、有名になった出土品を紹介しておこう。三角素焼きケーキに、角をもった人が彫られたものがみつかったのだ（図48）。これは火の祭壇からみつかったので、三角素焼きケーキは角をもったシャーマンが儀礼に使ったのではないかという推測がされている。三角素焼きケーキは第1章で、まだ解けぬ謎として紹介した。こうした出土品がみつかるたびに、いろいろな解釈が登場する。まさに謎というのにふさわしいと思うのだが、いかがだろうか。

図48●角をもつ人が描かれた素焼きの三角ケーキ（K-119. photo Erja Lahdenperä for CISI 1 (1987) p. 324. courtesy Archaeological Survey of India)

4 「サラスヴァティー川」問題

「サラスヴァティー川」問題とは

さて、前章ではわたし自身がハークラー川の涸れ河床を四輪駆動車で疾走した顛末を記載した。ガンウェリワーラー遺跡訪問のためであった。ガンウェリワーラー遺跡のような砂漠中の遺跡をどう考えるべきなのか。前章の末尾に触れたように、「サラスヴァティー川が大河だった」なら、インダス文明は大河文明なのだ。「サラスヴァティー川が大河ではなかった」なら、インダス文明は大河文明ではなかったことになる。そこで、地球研のインダス・プロジェクトでは、「サラスヴァティー川が大河か否か」という問いに答えるべく、現地踏査と最新機器をつかった研究をおこなってきた。なお、インダス文明が大河文明かどうかは第7章で詳細に検討する。ここではガッガル川の現地調査を通して、ガッガル＝ハークラー川が大河であったかどうかを検証したい。

ところで、インダス・プロジェクトはいくつかのワーキング・グループ（WG）にわかれて調査研究をおこなった。そのなかに「古環境研究WG」がある。このグループの研究目的はインダス文明時代の古環境を復元することにある。そのため、インダス文明に何らかの影響をあたえたと思われる環境変化を現代の科学を結集して調査研究する。さらに、復元した環境からインダス文明の衰退原因を推測するのである。この古環境研究グループのおこなったガッガル川の調査を述べて、「サラスヴァティー川が大河か否か」の問いに科学的な答えを提示したい。なお、古環境研究WGの活動については、『インダス　南アジア基層世界を探る』（長田編　2013）の第一部に詳しいので、詳細についてはそちらをご覧いただきたい。

古環境研究グループの調査

古環境研究グループは広い領域の多面的な環境変化を総合的に捉えようとさまざまな方法を試みている。この古環境の研究は広島大学（現・法政大学）の前杢英明教授が中心となっておこなわれた。彼はインドの環境調査や社会調査をおこなったことがあり、デカン大学とも共同調査をしたということで、インド経由で紹介された。

では、古環境研究グループでは、サラスヴァティー川、つまり現在のガッガル＝ハークラー川をテーマにどんな調査をおこなったのだろうか。ここでガッガル＝ハークラー川と書いたが、本書で何度も指摘してきたように、パキスタンの政治状況が不安定なために、ハークラー川の現地調査は難しく、実際にはインド側のガッガル川に絞って現地踏査をおこなってきた。そういう意味ではガッガル川だけが調査対象になっており、ガッガル＝ハークラー川の調査と表記すると正確ではない。

古環境の研究グループはガッガル川流域をデリー方面からパキスタン国境近くまで踏査し、実際のガッガル川の現状を調査した。この実地調査というのがインドではとくに大事だ。それはインド人のカースト意識ともかかわってくる。カーストの高い人は重労働をともなうフィールドワークをあまりやりたがらない。それで、インドではフィールドワークを軽視する傾向がある。というのも、洗濯や掃除といった仕事をする人々が低いカーストに属するというインド社会の現状がある。そうした社会背景では、重労働をともなうフィールドワークは低カーストの仕事だと暗黙のうちに考える研究者が、悲しいかな、圧倒的に多いのだ。もちろん、例外的な研究者もいる。しかし、カースト社会の呪縛から自由になれる人がいかに少ないか。インドに三〇年以上かかわっているとインド社会の現状がみえてくるのだ。

さて、ガッガル川沿いを何回にもわたり踏査してわかってきたことがある。それは現在、ガッガル川は年中水量豊富に流れているのではないということだ。たしかに、雨季にはその年の雨量によっては川が氾濫することもある。ところが、乾季にはところどころ河道が干上がり、ガッガル川が途切れている。つまり、ガッガル川は雨季にだけ水が流れる季節河川なのである。

また、現河道付近には多数の砂丘が発達している。これはなにを意味するのか。ガッガル川が雨季に氾濫することはすでに述べた。その氾濫の規模が大きければ砂丘は水によって浸食され、砂は流されてしまうはずである。砂丘があるのだから、氾濫の規模はきわめて小さいことがわかる。では、ガッガル川がインダス文明期に大河だったと仮定してみよう。すると、このような河道のすぐそばまで発達する砂丘は、大河ならば容易に侵食されるため存在しえないはずである。つまり、インダス文明期に砂丘がなければ、ガッガル川は大河だったことになる。

しかし、こうした砂丘のうえに、いくつかインダス文明遺跡が立地しているのである。じつは、チョーリスターン砂漠の遺跡も砂丘の上に立地しているようにみえた。実地に見ていなければ、文明には文明を支える水が必要であると考え、砂漠の中にはインダス文明遺跡は存在しないと判断してしまう。しかしながら、第3章で指摘したように、タール砂漠は世界で人口密度がもっとも高い砂漠なのである。チョーリスターン砂漠の遺跡めぐりの際にも、遺跡と砂漠の合間に暮らす人々を目にしている。

砂丘の年代をはかる

「サラスヴァティー川が大河か否か」の答えを出すには「砂丘が存在したか否か」を知ればよい。では、目視で捉えた「インダス文明期にはすでに砂丘が存在していた」ことをどのように科学的に証明するのか。じつは証明可能な年代測定法がある。ＯＳＬと略される、光ルミネッセンス年代測定法である。この方法は鉱物結晶、とくに石英に光を照射した際に波長の異なる光が放出されることを利用して年代を測定する。それによって、鉱物が光を浴びなくなってからどれぐらいの年代が経ったのかがわかるのである。

このサンプリングをするためには、光があたっていない砂を採取する必要がある。そこで、日没近くに、あるいは日の出前に、光が入らないように注意を払って、光が入っていない地点の砂、つまり少し掘った部分の砂を採取する。また、携行中も光が入らないように日本に持ち帰り、そこでようやくＯＳＬ法で年代を計る。インドからは物を持ち出すのは難しい。たとえば、植物の種などは許可が必要だし、許可が下りない可能性もあり、持ち出すことがなかなかできない。不法に持ち出して、そのサンプルを使って論文にすると、それが後々問題になることもある。さいわい、砂は持ち出し禁止ではない。

こうしてガッガル川流域の八カ所でサンプリングをおこなった。一番デリーに近いファルマーナー遺跡周辺から、パキスタン国境に近い地点まで、およそ三〇〇キロメートル距離の離れた、いずれもガッガル川沿いの砂丘からサンプリングをおこなっている。そして、それぞれの地点の砂がいつから光にあたっていないのか、年代を測定した。その結果、いずれもインダス文明期（いまから四五〇〇年前）よりも古い年代が出た。一番新しい年代でも五〇〇〇年前で、たいていは一万年以上前の年代だった。つまり、ガッガル川流域の砂丘はインダス文明期以前からあったことになる。したがって、インダス文明期において、ガッガル川は砂丘を浸食するような大河ではなかったのである。このような事実から、インダス文明が栄華を極めた時期に、ガッガル川が現在のヤムナー川やサトルジ川に匹敵するほどの大河であったとする学説には懐疑的であるとの結論にいたったのであった。この結論は、現在ガッガル川周辺に分布するインダス文明遺跡が大河周辺にあったとするこれまでの見解を支持しないことを意味する。なお、この研究成果については、前杢・長友（2013）を参照してほしい。専門的な議論はそちらが詳しい。

学会発表とその反応

こうしたインダス・プロジェクトの研究成果を発表する機会があった。二〇一一年三月、アメリカ地球物理連合（AGU）主催の特別セッション「気候変動、過去の風景、文明」と題するチャップマン会議で発表したである。ニューメキシコ州サンタ・フェでおこなわれた学会には、世界各地から気候学、土壌学、考古学などの研究者が集まった。

「気候変動、過去の風景、文明」をテーマとするこの学会には、インダス文明と気候変動をテーマとする発表が結構目立った。われわれの発表だけではなく、インダス文明遺跡の発掘にかかわってきたハーバード大学のメドゥとニューヨーク市立大学のライトらの考古学者による発表などである。わけても、イギリスのアバディーン大学とケンブリッジ大学の研究プロジェクトはその研究内容がわれわれと似通ったものであった。「インダス文明と環境」というテーマに関心をもつ研究者が世界中にいるのだ。

われわれの研究メンバーは、二つの口頭発表と四つのポスター発表をおこなった。口頭発表のうちの一つとして、わたしが地球研のインダス・プロジェクトの概要と研究成果を発表した。もう一つは、ララ湖の調査結果をまとめたものである。これはネパールにあるララ湖の堆積物を採取してインダス文明期の気候を調査研究したものだ。ポスター発表の一つを前杢がおこなっている。冒頭に「サラスヴァティー川は大河だったか」という質問をあげ、最後には「その答えはノー」と非常にクリアに宣言していた。その理由はすでに述べた通りだ。

この学会では、インダス・プロジェクトの研究発表以外にも、ガッガル＝ハークラーはインダス文明期に大河ではなかったという説が報告されている。この「サラスヴァティー川」問題に取り組んでいるのは、前述のイギリスのアバディーン大学の研究プロジェクトとケンブリッジ大学の研究プロジェクトだ。アバディーン大学はパキスタンで主に調査をおこない、ケンブリッジ大学はインドで調査をおこなっている。

その方法は二つの大学でかなり異なる。この学会の運営者でもあるピーター・クリフ率いるアバディーン大学は土壌学者が中心に研究をおこなっている。かれらはパキスタンのハークラー川やナーラ運河などの涸れた河床の調査をおこなっている。その方法はゲリラ的だ。まず、インターネットのサイトであるグーグルアース（Google Earth）で地点を決め、その地点にヘリコプターで近づいていく。ヘリから降りて土壌サンプルを採取し、それをアバディーン大学に持ち帰って分析する。パキスタンの政情不安で大変ですねと声をかけたら、土壌サンプルを取るには二、三日で済みますからと、そのデータ採集方法をおしえてくれた。その土壌分析によると、紀元前二五〇〇年以降、ハークラー川やナーラ運河にはあまり水が流れていなかったという結論がでた。つまり、インダス文明期に大河サラスヴァティーはなかったことになる。

アバディーン大学の研究成果は二〇一二年に発表された（Giosan et. al. 2012）。それによると、ガッガル川は大河ではなかったとする立場を堅持しながら、モンスーンの強弱がインダス文明の興亡に影響したことを論じている。今から五〇〇〇年前頃から、乾燥化が進み、インダス川流域の水が少なくなって、肥沃な大地があらわれ、農業が盛んになる。それがインダス文明のはじまりであったが、さらに乾燥化が進んで、ガッガル川のような季節河川が干上がったために、モンスーンの水が比較的に手に入りやすい、ハリヤーナー州やウッタル・プラデーシュ州に移動したというものである。この説はわれわれのシナリオ（本書第7章、長田編（2013）終章を参照）に近いものである。しかし、決定的にちがうのはインダス文明の衰退時期には夏モンスーンが強くなったというのが、われわれの研究成果なのに対して、彼らの研究はむしろ乾燥化がひどかったとする。いずれにせよ、インダス平原から遺跡がなくなったことを、移住として理解しようとする立場には変わらない。

一方、ケンブリッジ大学はインダス・プロジェクトと酷似している。遺跡の発掘もやり、インダス文明期の環境調査もおこなう。「土地、水、居住地」と題したこのプロジェクトにおいても、サラスヴァティー川問題に取り組んでいる。その調査はわれわれがＯＳＬのサンプリングを実施した場所の近辺でおこなっている。すなわち、カーリーバンガン遺跡周辺でボーリング調査をしている。サンジーヴ・グプタがその調査を指揮した。見かけも、名前もインド人だが、英語は完全にクイーンズ・イングリッシュで、国籍もイギリスである。ケンブリッジ大学グループのボーリング調査結果による年代は一万四千年前だ。川の堆積物はおよそ一万四千年前までのものしかみつからなかったという。

いずれの調査結果も、インダス文明期にはガッガル＝ハークラー川が大河ではなかったことを示している。この結果はいち早く、アメリカの科学雑誌『サイエンス』に掲載されることになった（Lawler 2011）。また、この学会の発表論文のいくつかはアメリカ地球物理連合から論文集として出版されている（Giosan et. al. eds. 2012）。この論文集には前杢論文はじめ、インダス文明関連の三つの論文が掲載されている（Maemoku et. al. 2012, Berkelhammer et. al. 2012, Lemmen and Khan 2012）。

ヒンドゥー原理主義とインダス文明

ただ、この快挙には後日談がある。この前杢宛に、「聖なるサラスヴァティー川は大河だったことは揺るぎない事実である」と、インド人研究者から脅しに似たメールが来たのだ。このメールをみた彼は「もうインドへは行けなくなるのではないか」と、心配するほどだった。「そんなことで、インドのヴィザが下りなくなることはありません。インドは世界最大の民主主義国家ですから」となぐさめのメールを送り、さらに「サラスヴァティーが大河だとする、インド政府の公式見解はないので心配はありません」と付け加えたのである。

ところで、なぜこんなメールが来るのか、不思議に思われるだろう。じつは、サラスヴァティー川をめぐる議論については、日本人にはうかがい知れぬインドならではの複雑な政治的背景があるのだ。それをここで説明しておこう。

インドはヒンドゥー国家だと主張する人々がいる。この人々をヒンドゥー原理主義者とよんでおく。かれらはインドの歴史解釈に、ヒンドゥー教的潤色を加えようとしている。その一つがインダス文明はヒンドゥー教の故郷であり、インダス文明の担い手はヒンドゥー教を信仰する人々だったと主張する。それがエスカレートすると、インダス文字はサンスクリット語で解読できる、と声高らかに宣言する人々までいる。こういった人々はインダス文明という名称を認めない。シンドゥー＝サラスヴァティー文明とよぶ。シンドゥーはインダスのサンスクリット語の呼び方である。もちろん、かれらにとってはサラスヴァティー川が大河であったことは自明のことなのである。

これまでいわれてきた『リグ・ヴェーダ』の成立年代は、紀元前一二〇〇年頃だ。しかし、このヒンドゥー原理主義者たちの歴史ではそうではない。リグ・ヴェーダはもっと古い紀元前三〇〇〇年頃には成立しているという。だからこそ、インダス文明、いやシンドゥー＝サラスヴァティー文明はヒンドゥー文明であり、インダス文字もサンスクリット語で読めるというわけだ。そういう主張がヒンドゥー教の教義を広める本に書かれているならば、まあ信仰についてとやかくは言えない。しかし、やっかいなのはこれらを科学的に証明したと称する論文が多数みられることである。かれらにとっては、われわれが科学的に証明してみせた、サラスヴァティー川が大河でないとの主張自体が科学的ではないのだ。だから、サラスヴァティー川が大河ではないということに対する抗議のメールが送られてきたのである。

日本でも歴史認識をめぐる論議が盛んに戦わされることがある。こうした論争は現代史が標的になることが多く、政治的な立場のちがいで歴史叙述はまったく相違したものとなる。古代史をめぐっては、かつて皇国史観で神話と歴史を混同したような解釈が横行した時代があったが、いまとなっては皇国史観を堅持する人はほとんどいない。

インドでも、このヒンドゥー原理主義者がインド社会を席捲した時期があった。多くのヒンドゥー原理主義者が支持するインド人民党が政権を取った時代である。この頃、内務大臣だったジャーグ・モーハンは一大サラスヴァティー文明プロジェクトを打ち上げ、ガッガル川流域の発掘調査にかなりの予算をあてた。しかし、インド人民党政権が選挙に敗れたことや、このプロジェクトの推進者であった、考古学の重鎮S・P・グプタが亡くなったこともあって、いまではそのプロジェクトは瓦解してしまった。プロジェクトはなくなったとはいえ、その余波がまだインド社会に残っていることを、抗議のメールがいみじくも示している。

以上、本章では、サラスヴァティー川が大河だったかどうか、最新の研究成果を交えて述べてきた。また、このサラスヴァティー川と比定されるガッガル川流域のインダス文明遺跡について概観した。そのなかには、インドでの最大のインダス文明遺跡、ラーキーガリー遺跡の現状もみた。

この後は、インドのグジャラート州まで一気に飛んで、ドーラーヴィーラー遺跡へとご案内しよう。

第5章……………ドーラーヴィーラー遺跡
――乾燥した「水の要塞都市」

本章ではドーラーヴィーラー遺跡を取り上げる。ドーラーヴィーラーは第1章でみたように、インダス五大都市のひとつである。

ドーラーヴィーラー遺跡はＮＨＫスペシャル「四大文明」プロジェクトによって一躍有名になった。このＮＨＫの番組は四大文明を最新情報によって紹介している。「ＮＨＫスペシャル　インダス文明」はエジプト、メソポタミアに引き続き二〇〇〇年七月二三日に放映された。また、ＤＶＤとして発売もされている。この四大文明プロジェクトと同時に四大文明に関する展覧会も実施された。インダス文明展は二〇〇〇年八月～一二月に東京都美術館で、その後二〇〇一年一月～二月に名古屋市美術館で開催された。また、テレビ放映に基づいた書籍が、ＮＨＫ出版より、「四大文明」シリーズとして出版されている（近藤編　2000）。このＮＨＫスペシャル番組の中で、インダス文明のメインとして紹介されたのがドーラーヴィーラー遺跡である。往時のドーラーヴィーラーが美しいCG映像によって再現されていて、圧倒的な迫力で知られざるインダス文明の魅力を伝えている。

ここでは二〇〇〇年以後の研究成果をもとに、ドーラーヴィーラー遺跡の現状とインダス文明期の実像について述べる。なお、ドーラーヴィーラーの実像は番組CGとはかなりかけ離れたものであることを指摘しておきたい。ちなみに、ドーラーヴィーラーはドーラビーラなどとも表記されるが、本書では現地発音に近いドーラーヴィーラーに統一している。

1 ドーラーヴィーラー遺跡とは

日本ではじめての新聞報道

ドーラーヴィーラー遺跡について、日本ではじめて報道されたのは、このテレビ放映がはじまる直前のことだ。ここに朝日新聞の二〇〇〇年三月四日の一面を飾った記事があるので、それを紹介しておこう（図49）。まず、大きな横見出しに「インダス文明都市発掘」「紀元前三〇〇〇年　インド・ドーラビーラ遺跡」とあり、縦の見出しには「モヘンジョダロ、ハラッパに匹敵」「水道施設や文字板」

インダス文明　都市発掘

紀元前3000年　インド・ドーラビーラ遺跡

モヘンジョダロ、ハラッパに匹敵

【ドーラビーラ（インド・グジャラート州）＝中島泰】インド政府考古局は三日までに、紀元前三〇〇〇年から同一五〇〇年までのインダス文明の都市構造がほぼ完全に残る、西部グジャラート州ドーラビーラ遺跡の主要部を発掘した。東西七百八十一㍍、南北六百三十㍍の外壁の中に城塞や公共広場、住宅街が整然とならび、水道施設が完備している。規模や年代がパキスタンのモヘンジョダロ、ハラッパ両遺跡に匹敵する古代都市で、当時の都市の全体像と発展の様子を初めて解明できると注目されている。インダス文字の解読につながると期待される「看板」や印章二百点以上、土偶、多数の土器も出土した。

（2面に関係記事）

水道施設や文字板

㊤ドーラビーラ遺跡城塞内部の水道設備。雨水を貯水槽に導いたとみられる。内部を人が歩ける部分もある㊦インド政府考古局が作製したドーラビーラ遺跡の復元想像図。中央に「競技場」、その奥に城塞がある。手前は住宅街（上が南）／いずれも写真家・大村次郷氏撮影

遺跡はパキスタン国境近く、カッチ湿原に浮かぶカディール島にある。発掘隊長のR・S・ビシュット博士らによると、街は四十九の区画に区切られている。支配層が住んだとみられる城塞は町の南部にあり、縦百十八㍍、横百五十一㍍。厚い城壁に囲まれている。

城塞の内部は、東西に走る大通りで二分され、南側にインダス文明で最大とされる直径四・一㍍の石組みの井戸がある。上端に足場があり、水をくみ上げれば、足場に開けた穴から水路を経て貯水槽に水が流れる仕組みになっている。

幅〇・五㍍、高さ一・七㍍の石造の上水道が大通りの地下に延びる。貯水槽は十六カ所以上あり、外壁内部の面積の一割を占める。

城塞の北門は、計七つの門のうち最も壮大で、屈曲した石造の階段を下りてゆく。出口近くの地中に、縦三十七㌢、横二十七㌢の白いインダス文字が十字、横に並んでいた。木の板に埋め込まれていたらしく、板の端の跡があった。「世界最古の看板」が門に掲げてあった、とみられている。

約四百種類あるインダス文字は、印章に数文字だけ彫られているのが普通で、意味の推定が難しい。研究者たちは、この文字が都市名か王の名前であったとみて、読み解く有力なかぎにならないかと期待する。

北門の外に幅四十七㍍、長さ二百八十三㍍の広場が姿を現す。両側に観客席らしい段つきの斜面があり、発掘隊は「世界最古の競技場」と呼ぶ。ビシュット博士は「競技や祭り、集会、交易など多目的に使われたのではないか」と話す。

「競技場」の北には、街路で区切られて住宅街が広がる。考古局は、ドーラビーラの建設を、れんがの違いなどから七期に分けている。城塞に埋もれている第一期は、出土した土器を年代測定ずみの他の遺跡と比べ、紀元前三〇〇〇年と推定。

パキスタンのモヘンジョダロ遺跡は、地下水位が高いため掘り下げるのが困難で、都市の全容がわかっていない。ハラッパは一部が破壊されている。

ドーラビーラは日干しれんがをおもな建築材料に、基部や壁の表面、貯水槽に砂岩や大理石が使われ、地下水位も高くないため良好に保存された。一九六七年に発見され、予備調査を経て九〇年から冬季に発掘を続けてきた。

インダス文明　インダス川流域を中心に現在のパキスタンとインド西部に発展した四大文明の一つ。一九二〇年代にハラッパ、モヘンジョダロが相次いで発掘されて明らかになった。モヘンジョダロはほぼ一㌔四方で、ハラッパはやや小さい。縦横の道路や街区、城塞を伴う都市計画を特徴とし、水道設備に優れていた。紀元前二五〇〇年ごろから約五百年間に最盛期を迎えた。インダス文字は、今も解読されていない。

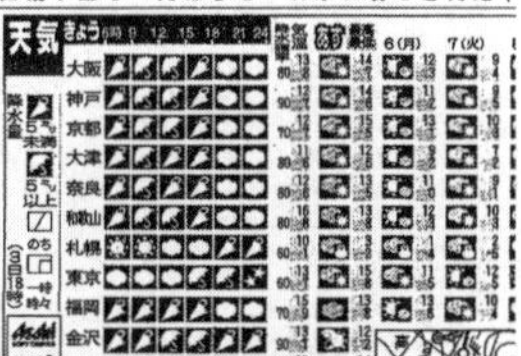

図49●朝日新聞 2000 年 3 月 4 日

とある。その記事の冒頭部分を引用しておく。

【ドーラビーラ（インド・グジャラート州）＝中島泰】インド政府考古局は三日までに、紀元前三〇〇〇年から同一五〇〇年までのインダス文明の都市構造がほぼ完全に残る、西部グジャラート州ドーラビーラー遺跡の主要部を発掘した。東西七百八十一メートル、南北六百三十メートルの外壁の中に城塞や公共広場、住宅街が整然とならび、水道施設が完備している。モヘンジョダロ、ハラッパ両遺跡に匹敵する古代都市で、当時の都市の全体像と発展の様子を初めて解明できると期待されている。インダス文字の大看板や印章二百点以上、土偶や青銅器、多数の土器も出土した。

ドーラーヴィーラー遺跡は、この記事にあるように、インドのグジャラート州カッチ県にある。カッチ県の南はアラビア海、西はパキスタン国境となる。いわばインド西部の辺境の地である。ここには、インダス文明遺跡が数多く存在している。例の幻の川サラスヴァティー川の河口にあたる地域とされているが、このあたりまでの流路復元は確かではない。なお、このドーラーヴィーラー遺跡をのぞく、カッチ県の遺跡については次章でみることにする。

インド考古局によると、ドーラーヴィーラー遺跡は総面積一〇〇ヘクタールを超える、大きな都市遺跡である。この新聞記事の見出しにあるように、規模からはモヘンジョダロ遺跡やハラッパー遺跡に匹敵する。

ドーラーヴィーラー遺跡発見

ドーラーヴィーラー遺跡は一九六八年に発見された。当時、インド考古局のJ・P・ジョーシー率いる遺跡踏査隊はこの辺一帯の遺跡分布調査を行っていた。その際に、このドーラーヴィーラー遺跡を発見したのである。ジョーシーは近年亡くなったが、生前にインダス文明遺跡の分布調査のやり方について、直接聞いたことがある。地元の人を捕まえては「パーンダヴァの砦がどこかにありませんか」と聞いて歩くのだそうだ。

パーンダヴァは『マハーバーラタ』に出てくる城塞の名である。『マハーバーラタ』は世界三大叙事詩にあげられ、インドが誇る文学作品だ。この物語はパーンドゥ王の子供たちであるパーンダヴァ五王子と、パーンドゥ王の兄ドリタラーシュトラの百人の王子たちが、王位継承をめぐって争う話だが、その五王子の城塞がパーンダヴァの砦というわけだ。つまり、たいていの人がこの『マハーバーラタ』のあらすじとその勝利者であるパーンダヴァ五王子の砦を知っている。ちなみに、この『マハーバーラタ』はわたしが留学中の一九八〇年代後半にテレビで放映されていた。その放映日には人通りがなくなるほどの視聴率だった。インドでのテレビ普及にも一役買った番組である。ジョーシーが調査している頃はまだテレビ放映以前だったが、それでも口頭伝承などで人々は『マハーバーラタ』

を知っていたことになる。

ドーラーヴィーラー遺跡への道

ドーラーヴィーラー遺跡はグジャラート州カッチ県の中心都市ブジから車で五〜六時間かかる。直線距離では九〇キロほどしかないが、道なりに行くと二〇〇キロほどある。このブジにはムンバイ(旧名ボンベイ)から航空機が出ているが、軍事空港を民間機は借りている状態なので、便はすごく限られている。じつは地球研のインダス・プロジェクトではドーラーヴィーラー遺跡に比較的近い(といっても一二〇キロほどあるが)、カーンメール遺跡を発掘した。そのため、ドーラーヴィーラー遺跡には都合五回にわたって訪問した。

最初に訪れたのは二〇〇五年一〇月であった。このときには、ドーラーヴィーラー遺跡に入る前に、チェックポストがあって、軍隊による査問をうけた。その後はこうした検問はなくなっている。インド政府はモヘンジョダロやハラッパーを擁するパキスタンと対抗するため、このドーラーヴィーラーを観光の目玉にしたい意向があるからだ。事実、行くたびに遺跡周辺の環境整備が進み、観光客も増えているように思う。最近では、グジャラート州の観光CMがテレビからよく流れている。このCMではインドの有名俳優アミターヴ・バッチャンがドーラーヴィーラー遺跡を紹介している。グジャラート州考古局のラワトによると、日本やアメリカのインド駐在大使もこの遺跡を訪れている。そのと

図50●カッチ湿原。後ろに広がる白いところが塩がふいた湿原。ウダイプルにあるラージャスターン大学のカラクワルさん（右から三人目）と彼の学生たち。右端が筆者。

きはヘリコプターを使用しての訪問だった。その案内をラワト自身がつとめたと語ってくれた。

ドーラーヴィーラー遺跡へ通じる道は、かつてはそうとうな悪路だったようで、新聞記事にも、ＮＨＫの本にも道の悪さが指摘されている。砂利道で、雨季にはあちらこちらに水がたまり、乾季には土埃が舞いあがったという。また、道は雨季のたびにデコボコになると聞いた。というのも、この遺跡がカッチ湿原に浮かぶカーディル島にあるからだ。カッチ湿原は季節的な湿原で、ふだんは水がないが雨季の雨量によっては完全に水没する。島に渡る道路は湿原を越えなくてはならないが、橋を架けるのではなく、盛り土をしてそこに道路を作り湿原を突き抜けるようになっている。雨季に湿原が水没すると、この盛り土をした道路も水の中に沈み、表面がデコボコになるのだ。しかし、われわれが頻繁に訪問するようになった二〇〇五年以降、こうした道路も舗装された。

カッチ湿原は乾季には一面塩の海となる（図50）。みた目には雪原かと見まちがうほどだ。塩で覆われた原野が晴れ渡った青空から降り注ぐ強烈な太陽光線を浴びてキラキラと輝くさまはなかなかのみものである。これは湿原の水が大量の塩分を含み、水が蒸発すると、その塩分が表面に吹き出てきておこる現象だ。人が乗ると沈み込みそうだが、二月三月ならば、カッチ湿原に下りても、ズボッと足が沈み込むことはない。乾燥のため、湿原の水分も少なくなるからだ。インド気象台のデータをみると、カッチ県の県都ブジでは七月八月にまとまって雨が降るだけで、一〇月から四月までにほとんど雨が降らない。しかも、日差しがかなりきつい。これでは湿原が干上がるはずだ。

ドーラーヴィーラー遺跡へはカーディル島を南東からほぼ北西端まで縦断しなくては到着しない。遺跡の眼前に広がるカッチ湿原を越えると、もうそこはパキスタンだ。

2 ドーラーヴィーラー遺跡案内

ドーラーヴィーラー遺跡訪問者センター

最初に訪れた二〇〇五年時点では、ドーラーヴィーラー遺跡には旅行者用の宿泊施設がなかった。ちょうどトラベル・ロッジが建設中だった。二〇一二年一月に行ったときには、そのトラベル・ロッジに滞在した。ここ六年ほどでずいぶんと様変わりした。最初行ったときは宿泊ばかりではなく、食事を取る場所もなかった。そのため、昼食も村人に頼んで作ってもらった。トウジンビエで作ったチャパティーをこのときはじめて食べた。じつのところ、わたしはコムギのチャパティーも苦手なので、トウジンビエのチャパティーも食べあぐねた。しかし、同行のインド人たちはおいしそうに食べていたし、一般的にはなかなか美味の部類に入るようだ。お腹にはずしっとこたえ、すぐ満腹になる。

ドーラーヴィーラー遺跡を発掘する人々のキャンプ地は、遺跡を訪れる際の玄関口になる。そこで車をおりると、訪問者用のセンターがあり、なかには会議室と展示スペースがある。これも最近建てられたもので、二〇〇五年時点にはなかったように記憶している。展示スペースには、ドーラーヴィーラー遺跡の説明と発掘された出土品が並べられているが、まだまだ充実したものとは言えない。イ

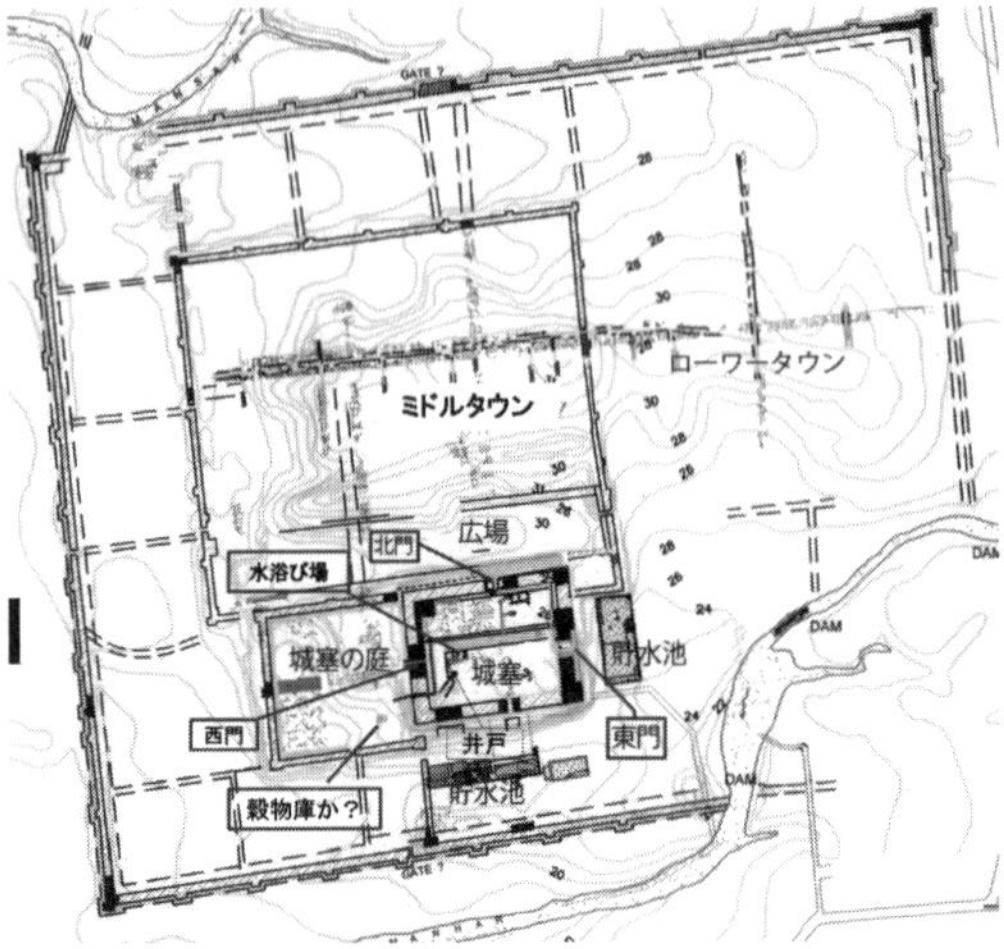

図51●ドーラーヴィーラー遺跡の配置図

ンドが誇るインダス文明遺跡としては寂しいかぎりである。

この訪問者センターの屋上に上がると、北西の方向やや遠景に城塞がみえる。センターはちょうど城塞の南東にあるため、東側と南側が見渡せる（口絵4を参照）。ここにいう城塞とは石垣で高くなった部分をさす。あたりには乾燥地特有の灌木がまばらに生え、赤褐色の石垣をバックに深い緑が目にまぶしい。きれいに積み上げられた石垣が延々と続くさまは圧巻だ。城塞は南北一一八メートル東西一五一メートルにおよぶ。モヘンジョダロ遺跡のようなレンガ造りではなく、四角く切りだした石を積み上げて建設されている。ただし、日干しレンガが城壁などところどころで使われている。城塞には北側と東側に門を有

図52●キャンプ地の宿舎の壁に復元されたインダス文字の看板

しているが、ここからはちょうど東門を望むことができる。後で紹介する貯水池は、残念ながら、ここからはみえない。

この訪問者センターの敷地は発掘当時キャンプ地となっていたが、いまもインド考古局の人たちが補修作業のために常駐している。彼らの宿舎は土壁を円形にめぐらせヤシの葉で屋根を葺いた瀟洒な建物だ。この建物群の一番奥まったところに、立派な建物が一棟ある。こちらは円形ではない。ここが発掘を指揮したビシュト博士用の家だ。その壁にはドーラーヴィーラーの名を一躍有名にしたインダス文字の大看板（と朝日新聞が報じている）が再現されている（図52）。もし、ドーラーヴィーラー遺跡を訪問される機

図53●貯水池。右側下に降りるための階段がある。左下の円形上に石が積まれた場所が井戸である。背景の丘が城塞部となる。

会があれば、インダス文字の看板をコピーした壁をぜひみていただきたい。まっすぐ城塞に向かってしまうと、見過ごしてしまう。

貯水池

キャンプ地を出て少しなだらかな坂を登り、城塞めざして歩いていく。すると、城塞にたどり着かないうちに、貯水池が目に入る（図53）。インダス文明都市の貯水池としては特異なことに、ドーラーヴィーラー遺跡では城塞の外側に貯水池がある。地面に掘られた巨大な貯水池に圧倒される。この貯水池は南北に七〇メートル、東西に二四メートル、そして深さが七・五メートルある。五〇メートルプールよりもはるかに大きく、しかも深い。はじめて訪問したときは、キャンプ地から入った側（南側）が崩れており、崩れた側からのぞき込むと引き込まれそうになった。その大きさに驚愕するとともに、恐怖心すら覚えた。

よくみると、この貯水池に下りるためだろう。北側には階段があり、その数を数えると三一段ある。なぜ階段があるのか、不思議に思っていると、同行していたインド考古局の人が「あそこに井戸があるのです」と指をさす。その方向をみると、この巨大な貯水池の東側の壁沿いに、たしかに井戸がある。言われなければ気がつかない。貯水池の水が干上がると、貯水池の底、地上からは七・五メートル下のさらに深いところから水を汲むのだ。今も頭上に照り輝いている太陽は地上の水分という水分を奪いつくす勢いだ。気候変動を考慮に入れても、かなり水に苦労したためにこうした井戸が作られているのだろう。

この貯水池から城塞の南側にかけて、さらに一六の貯水池があるが、それについては後述する。

城塞

貯水池から城塞へ向かう。城塞にあがる際に、ひょうたん型の建物跡がある。この建物はインダス文明以後に建てられたものだという。インダス文明衰退後にも、ここに人が住んでいたのだ。

なだらかな坂をあがると、東門にたどり着く。東門の位置は城塞を半分ぐらいあがったところにあ

図54●東門。上：城塞から撮影した東門。向こうに井戸のある貯水池がみえる。下：東門から城塞に上がるための階段。同行したラージャスターン大学の一行との記念撮影。

る。東門は二人が並んでやっと通れるほどの広さだ（図54）。ここにたぶん扉があったのだろう。その東門を入った踊り場のようなところに門番用だろうか、小さな部屋がある。また、円柱状になった石が転がっている。これは北門の円柱と同じとみられ、ライムストーン製だ。北門の方はそれとわかるが、東門の円柱は灰色をしていて、一見しただけではライムストーンとはわからない。本来のライムストーンは字義通りライム色つまり黄色あるいは黄土色をしている。門番部屋の前を通り過ぎると階段があり、そこを一四段上がると、城塞のうえに到達する。ここからの見晴らしはすばらしい。さっき見た貯水池が目の前に広がっている。また右手、つまり南の方にやや幅の狭い貯水池が続いているのもわかる。キャンプ地や通ってきた道も眼下に広がっている。

城塞にあがると、奇妙な石柱が立っている。上部がお椀を半分にしたような帽子をかぶっていて、それが二本立っている（図55）。まるでシヴァ神の象徴リンガのようにもみえるが、リンガにしてはずいぶんと背が高い。この二対の石柱は用途も意味も不明だ。四〇〇〇年の歳月が、当時の人々にとっては自明のものを謎の物体に変えてしまっている。こうした謎の解明は、オリエントをはじめとする古代文明から類推することももちろんだが、南アジアというコンテキストも考慮した上で考察したい。というのも、インダス文明はカレー食をはじめ現代南アジア文化の源流と思われる要素をもつからだ。

城塞上部の真ん中にはかなり広い道がある。メインストリートだ。その北側には建築物の跡がいく

図55●城塞にたつ二本の石柱。その目的は今も謎のままだ。

つかある。その一つは人の背丈はゆうにある水路だ（図56）。モヘンジョダロ遺跡でも背丈以上の水路があったが、それに十分匹敵する。ドーラーヴィーラーの水路は歩いてずっと奥まで入ることができ、途中には天井が空いていて、外からも見える。閉所恐怖症のわたしは一度もその奥まで入ったことがない。後で聞いたら、蛇も多いので、むやみに入らない方がいいと発掘に携わった人が教えてくれた。実際わたしも、この水路ではないが、別のところで蛇を二回目撃している。

このメインストリートの南側に、二つの水浴び場がある（図57）。せいぜい三メートル四方のもので、地上からの深さは三メートルほどある。ただし、一カ所

図56●水路。モヘンジョダロの水路と同様、人が立って歩ける。

だけ降り口になっていて、水がたまる部分、浴槽の深さはせいぜい一メートルを少し越えるくらいだ。つまり一人が水浴びをするのにちょうどいい大きさだ。浴槽のうえから地上までの部分には、水が流れこむ水路がうまく石を組んで作られている。その水路と近くの大きな井戸はつながっていて、井戸から汲んだ水が浴槽に流れこむ仕組みになっている。城塞のうえに特定者用の施設が存在する事実から、ある程度の力をもった権力者がいたのではないかと、遺跡を案内してくれた考古局の人が説明してくれた。

オリエント文明から敷衍して、どの古代文明にも権力者は存在したと考えがちだ。第2章ではウィーラーがそうした立場からインダス文明を読み解いたことを詳述した。しかし、

図57●水浴び場。正面の水浴び場側面にあいた穴は井戸に通じていて、そこから水が流れる仕組みとなっている。

インダス文明には目に見える形での権力者像が浮かんでこない。わずか一七センチメートルの神官王像一例をもって、インダス文明を統治する「神官王」（図8）と想定するのはあまりにも論理の飛躍がある。このドーラーヴィーラー城塞の水浴場は権力者の存在を暗示する珍しい例である。こうした細かい事実を一つ一つ積み上げてこそ、だれもが納得できるインダス文明像が提示できるのではなかろうか。

城塞北門

東西に延びるメインストリートの中央から右に折れ曲がり、北側を城塞の端まで行くと北門に下りる階段がある。かなり急な階段を下りていくと、踊り場のようなとこ

図58●インダス文字の大看板（大村次郷氏撮影）

ろにでる。その両側には小さな部屋がある。これも門番部屋だろうか。東門の門番部屋に比べれば広いし、両側にある。その踊り場から階段を下りる。左手側の地面から、例の有名になったインダス文字の大看板がみつかった（図58）。朝日新聞が「インダス文字の大看板」と報じ、ＮＨＫの四大文明では写真を撮ることが許された看板だが、普段は保存のため、土に埋められたままである。インダス文字の多くは、インダス印章、つまりハンコに刻まれている。その印章の大きさはせいぜい四、五センチ四方のもので、しかも一角獣などの動物柄が真ん中にあり、インダス文字はその柄のうえに小さく並んでいるのが普通である。三メートルにもわたる「看板」に、約三〇センチ四方の大きな文字が大書されているような資料が出土したのは、後にも先にもこのドーラーヴィーラー遺跡の北門だけである。この「看板」は彫刻して作られているのではない。木に彫った文字ならば、朽ち果ててわからなかったはずだ。ところが、文字部分を特別な素材で作って、木にはめ込んでいたため、文字部分だけが残ったのである。

では、この「看板」はどのようにして作られたのだろうか。看板の文字部分は石膏でできている。石膏は硫酸カルシウムを主成分とした天然に存在する鉱物である。骨折した際のギプスや彫刻の素材として知られる。ギプスの材料に使われるのは粉末状の半水石膏であり、彫刻用は結晶状の二水石膏である。ここで使われていたのは結晶になった二水石膏である。天然の二水石膏には透明石膏、繊維石膏、雪花石膏（アラバスター）がある。しかしこの看板に使われた二水石膏はそのいずれにも該当しない。じつは、半水石膏を水と反応させると結晶化して二水石膏になる。このインダス文字は天然の二水石膏ではなく、半水石膏を結晶化したもののようだ。つまり、文字の型があり、その型に半水石膏を水で反応させて流し込んで作ったのではないかと推測できる。その文字の型は木でできていて、木の方は朽ち果ててしまい、石膏製の文字が浮き上がったのだろう。

この文字の発掘に実際に携わったのは、当時インド考古局員で現在はグジャラート州考古局局長のラワトだ。これまで、これほど大きなインダス文字で書かれた看板がみつかったことはなかったので、予測のつかない発掘作業だったと推察する。それをどのような判断で文字列とし、看板とみなしたのか。ラワトによると最初は何なのか皆目見当がつかず、一つみつけた時点で掘り下げようとも考えたが、横に広げていくと、どうも連続した文字列にみえてきたので、うまく発掘ができたという。バラバラに石膏部分だけが取り上げられてしまっていたら、文字と気づくこともなかったかもしれない。文字と気がついてからは時間をかけて慎重に掘り出したという。後になって、たいへんな発見をしたと、実感がわいてきたと語ってくれた。

ところで、二〇一二年の暮れから新年にかけて、インド考古局主催の「インド再発見」と題する展示会がデリーで開催された。この展示会に実際行ったわけではないが、その展示会用のパンフレットをインターネット経由で入手した。そのパンフレットによると、この展示会はインド考古局がこれまで発掘した遺物を中心に紹介している。その中に、このドーラーヴィーラー遺跡の看板が写真とともに紹介されている。しかし、そのキャプションをみて驚いた。そこには「貝が象眼されている文字」と紹介されていたのだ。実物を見ていないわれわれはずっと石膏と説明を受けてきた。どちらが正しいのか、判断できなかったので、文字の発掘に実際かかわった人に直接聞くのが一番と思い、ラワトにどちらが正しいのか聞いてみた。すると、貝ではない、石膏であることはまちがいないとの返事だった。インド考古局の展示会で、まちがった情報が流される。こうしたいい加減さがインダス文明の真実に近づくことを難しくしている。

少し本筋から逸れてしまった。北門に戻ろう。

図59●上：城塞部から撮影した北門。手前の門から外の門に至る通路の左手側で看板がみつかった。下：外から撮影した北門。地面の段差があるところに門の開閉システムがあったことを示す溝がある。

この北門のもう一つの特徴はライムストーンを使った柱だ。ライムストーンとはサンゴ等の遺骸が堆積してできた石灰岩の一種である。建築用材として今もよく使われる。日本の大谷石や十和田石もライムストーンの一種である。黄色、あるいは黄土色しているので、すぐにそれとわかる。この柱はライムストーンを切り出して、それぞれの石に凸凹を彫り込んではめ込み積み上げて作られている。また、柱の土台として円柱形のライムストーンが使われているところもある。土台石のライムストーンは真ん中がくぼんでおり、そのくぼみに石材か木材かの柱が立っていたと思われる。

二人が並んで通れるかどうかだった東門に比べると、北門はかなり広い。この北門が正門だったとみなしていいだろう。しかも、北門にはちゃんとした扉があったことがわかっている。扉は踊り場のようなところから、城塞の外に出る場所にあったと考えられる。扉じたいはみつかってはいない。しかし、扉の開閉システムがわかるような溝の跡があり、扉の存在が確認できる（図59下）。ライムストーンの柱といい、扉といい、当時の石工や大工たち職人の技術水準はそうとうに高かったことがうかがえる。こうした技術があったからこそ、大看板も制作できたのだろう。

城塞の庭

この北門をでる前に、城塞の西の方をみておこう。

個人用の水浴び場から西へ行けば、なだらかな坂を下り城塞から外に出る。ここを西門とよんでい

図60●西門

るが、東門や北門のような門番がいるような小部屋もなければ階段もない(図60)。じつは、西門をでた部分は英語でベイリーとよばれている。ベイリーとは西洋の城の中庭を指す。このベイリーは城塞に含まれると考えられる。その理由はベイリーへの降り口である「西門」が階段になっておらず、北門と東門のような防御的役割をもたないことによる。つまり、城塞とベイリーは一体性をもつため、城塞に含まれるのである。また、このベイリーの外側に外壁があることも城塞として一体化されている理由である。ところで、ここまで城塞とよんできた石垣によって高くなっている部分を、発掘者は城とよんでいる。ただし、日本人にとっては城といえば立派な天守閣や西洋の城を想像するので、本書では発掘者が城とよぶ場所を城塞と、ベイリーとよんでいるところを城塞の庭とよぶことにする。

この城塞の庭には、城塞の北側や南側から集められた排水路が交わっている。この庭の北側に行くと、そこにも門がある。こちらは北門のような立派な造りではない。なだらかな坂に、ところどころ段差がついた石段があるが、門番が泊まるような家は見あたらない。この門付近には工芸品を作るときに使われたのか、砥石になるような石がおいてある。石の表面にいくつもの線が入っていて、それが砥石の役目を果たすのだという。次の章でみるように、カッチ県の小さな遺跡は工芸品、おもに装身具の工房であった可能性が高いが、このドーラーヴィーラー遺跡の遺物にも、作りかけのビーズや貴石を削るようなドリルとなるような石が多数みつかっている。

一方、庭の南の方には四つのほぼ正方形の石積みの穴がある。そのうちの二つは壊れていて、半分埋まっているが、二つはきれいに残っている。その穴のそこからは炭化した穀物がみつかっていて、大きくはないが、これぞ穀物倉ならぬ穀物を貯蔵する役目を果たしていたようだ（図61）。また、そのうちの一つの穴からは三つのインダス文字が刻まれた石が発見されている。石積みの下の方に、この文字があったという。しかし、このことが発表された論文はまだみたことがない。

城塞の庭から西をのぞむと、遺跡のすぐ際が耕作地になっていた。こんな乾燥した場所でも、灌漑によって農業がおこなわれている。一〇月だったので、冬作物の準備だろうか、耕されてはいたがま

図61●穀物貯蔵庫。こうした四角形の穴が四つあり、下の方にインダス文字が刻まれた石がみつかったという。下からは穀物が発見されている。

だ作物は伸びてきてはいなかった。この耕作地は明らかに私有地だ。つまり遺跡として、インド考古局が管理しているのはこの城塞の庭までなのである。

墓地

城塞の庭の西側には墓地がある。

このドーラーヴィーラー遺跡の墓地は一般的には、ファルマーナー遺跡の墓地と同様、土坑墓である。頭を北、足を南にして埋められたものが多いが、なかには方位がずれている墓も見られる。長方形に土を掘って、そのまま埋めたものもあるが、なかには石棺に納められたものもある。副葬品としてはこれまたファルマーナー遺跡と同じように、土器が主体となっている。これ

図62●「古墳」とよばれる円形墳（Indian Archaeology Review 1997-98 p. 21 Plate 15から引用）

らはインダス文明の一般的な墓だ。しかし、このドーラーヴィーラー遺跡だけにみられる特徴的な墓がある。それは古墳（Tumulus）とよばれる、半球形をした日干しレンガを積み上げた墓である（図62）。

このタイプの墓はぜんぶで六基みつかっている。そのうちの二基について、発掘がおこなわれた。一基は直径三〇メートル、高さが三メートルあり、真ん中に南北三・六メートル、東西、一・九メートルの棺が納められていて、そのなかには貴石なども副葬品として納められていた。その棺の周りを取り囲んで日干しレンガが槨（棺の外囲い）のように円筒形に積み上げられていた。この槨からは車輪のように壁が放射状にしつらえてあり、半ドーム状の墓の内部を仕切ってあった。その壁は一〇列あり、こちらの壁もすべて日干しレンガでできている。発見時は半ドーム状の墓の上には石も積んであったが、石を除くと泥が漆喰のように塗り固めてあった。もう一つの墓は直径二二メートル、高さ三メートルある。真ん中の棺が埋められた部分は南北四・六メートル、東西三メートルだ。この墓の特徴は、墓の大きさに比べて、棺が納められた部分が大きいことだ。こちらには放射状の壁はないが、円筒などの構造物は日干しレンガ製である。

墓地の研究はその当時の権力者や権力体制を知る上で重要だ。墓や墓をめぐる記念の建物は、古代文明の謎を解く大きな鍵を握っている。とくに、副葬品はその当時の権力構造を知るうえでも重要な手がかりを与えてくれる。ドーラーヴィーラー遺跡の墓は他のインダス文明にはみられない構造をもつ。つまり「古墳」の存在だ。この「古墳」の中の副葬品については発表されていないので、はっきりしないが、土器を主体とする副葬品とは明らかに異なる。

このグジャラート州のインダス文明遺跡は、交易によって、ペルシア湾岸やメソポタミアとつながっており、そちらからの影響を受けた蓋然性が高いようだ。円形で、石積みの墓の「古墳」ということでは、ペルシア湾岸地域のオマーンやバーレーンにもみられる。しかし、ここまで大きなものはないし、内部構造はだいぶ異なる。西アジアに詳しい考古学者に聞いてみたところ、似ているようにもみえるが、だいぶちがうようでもあると、微妙な答えだった。ただし、ペルシア湾岸方面の影響とみることは否定しなかった。このタイプの墓は六基ある。発掘した二基についても、詳細な報告はなく、

図63●北門前広場。正面にみえるゲートが北門。

『インド考古学レビュー』に写真が掲載されているだけだ。これまでの発掘結果をなるべく早く刊行するとともに、残り四基の発掘もぜひやってほしいものである。ここにはペルシア湾岸との関連を示す決定的証拠が眠っているかもしれない。楔形文字とインダス文字の併用された印章や粘土板がみつかれば、いっぺんにインダス文明の謎が解明されるはずなのだが、インドの考古学者たちは墓を暴くことには消極的である。

広場

さて、もう一度、北門に戻る。北門の外にはかなり低いところに広場がある（図63）。この広場は東西に二八三メートル、南北に四五メートル、つまり城塞に沿って細長い空間だ。スタジアムとよんでいる。冒頭であげた朝日新聞の記事では「世界最古の競技場」と銘打っている。そこでどんな競技がおこなわれていたのか。知る術もないが、競技場とよぶにはそれなりの理由がある。北門を出たところの城塞側には人が見学するためなのか、観覧席のような座るスペースがあるのだ。

ただし、「世界最古の競技場」という言い方を鵜呑みにしてはいけない。この広場では競技がおこなわれたかもしれないし、お祭りのような出し物をみんなが見たのかもしれない。この広場は何のために使用されていたのか。誰も決定的な証拠をもっているわけではない。

わたしは、市の立つ場所だったとみている。というのは、現在、南アジア各地にそういった場所があるからだ。メーラーとよばれる祭りは年に一回おこなわれ、牛や山羊などの家畜の売買もおこなわれる。一方、ハートとよばれる市はウィークリー・マーケットで、週一回、少し大きめの町で開催される。インドでは、村々からこのマーケットがおこなわれる場所をめざして人々が集まってくる。なかには、三、四時間歩いてやってきて、村でとれる果物などをもってきてそれを売り、売った金で油や香辛料など、村で手に入らないものを購入してかえる。こうした日常が南アジアの各地で生きている。

図64●水路。中央の手前から奥に敷き詰められた石がみえるが、その下が水路となっている。

水路

この広場の西側には大きな石が敷き詰められている場所がある（図64）。一見しただけでは何なのか、まったく見当もつかない。墓石ほどの大きな石がともかくずらっと敷き並べてある。石積みに上がって石の隙間から下をのぞきこんでみると、中は四角い空洞になっていて、水路であることがわかる。城塞のうえにも、中を歩けるほど大きな水路があったが、この石の配列の下も水路なのである。モヘンジョダロやハラッパーでみたのは、レンガで蓋がしてある排水溝だった。こんな大きな石が水路（排水溝というには大きい。やはり水路というべきだろう）の蓋だとは想像もできない。

この水路からすこし北側に、奇妙な石柱の土台が五つあった。何の目的で作られたのか、まだよくわかっていないらしい。

上下水道が整った都市というイメージは、教科書にも登場するインダス文明の一つの特徴だ。ドーラーヴィーラー遺跡の水管理システムはそれをたしかに実感させてくれる。その水へのこだわりは執念とさえ思える。この広場西側の水路は城塞のなかの水路から水が流れてくる。また、石垣を伝って落ちる雨水ももちろん取り込む。つまり城塞に落ちる雨はすべてこの水路にたまるようになっている。また、この広場の水路は城塞の庭にある排水路から続いているのだ。この城塞北側の排水システムは南側から西側にかけても同様のものがみつかっている。城塞に降った雨は一滴も無駄にしないで水路に流す。水への執念を芸術の域にまで高めた作品が、ドーラーヴィーラーの水管理システムだ。水がどのように流れていくのか。一度雨季のときに訪問してみたいものだ。

貯水池の役割

ここで貯水池に話をもどす。ドーラーヴィーラー遺跡では城塞東側の大きな貯水池を最初にみている。この他に、貯水池は城塞の南側にもある。この南側の貯水池の中には細長く連続したものがみられる。幅は一〇メートルとそう広くないが、長さは九五メートルにおよぶ。これらの貯水池は西から

図65●貯水池。こちらは自然石を利用している。

東へと傾斜がついていて、水があふれると隣に流れるオーバーフローのシステムでつながっている。その西端の貯水池は石を切り出して作っている。そのため深さが一定ではなく、深いところでは四メートル、浅いところでは一・九五メートルある。また、幅が上部では一一・四メートルあるのに対し、底の方では一〇・八メートルのややすぼまった台形になっている（図65）。

ところで、このように集積した水を何に利用したのだろうか。発掘者のビシュト博士は次の三点を指摘している（Bisht 1999）。（一）雨季が終わった時期に、家や公共の施設を補修する泥を作るため、（二）夏作物のための灌漑水、（三）豊かな地下水を守るため、をあげている。（二）と（三）は現代の貯水池にも共通する目的といえる。ただし、ここには水浴びはあげられていない。インドの貯水池といえばまず連想するのは水浴びだ。インドでは保険衛生上の観点というより、宗教的観点から水浴は欠かせない習慣だ。ビシュト博士が水浴びをあげないのはなぜだろう。当たり前すぎて、あげていないのだろうか。ともかく、貯水池もまたドーラーヴィーラー遺跡の全体像を把握するために、非常に重要な施設である。

二つの市街地

城塞の北門から見ると、目の前に広場がある。さらに視線をあげると、この広場の向こうに小高い丘がみえる。その丘を登っていくと、そこにミドルタウンとよばれる市街地が広がっている。

ドーラーヴィーラーのミドルタウンは、たとえばモヘンジョダロ遺跡と比べてみれば、それ自体に圧倒されることはない。モヘンジョダロでは高くそびえた壁が目に入り、身長よりも高い壁に囲まれると、それだけで圧倒されてしまう。ところが、ドーラーヴィーラー遺跡ではこうした高い壁は残っていない。しかし、それぞれの家の土台は残っている。また、水浴び用なのか、炊事用なのか、ともかく水の流れる小さな水路が完備している。だいたい一つの家は同じような構造をしていて、わたしの観察では三部屋になっているようにみえる。東西と南北にそれぞれ大通りがあり、交差する十字路がある（図66）。その交差点に立っていると、モヘンジョダロのような高い壁はないものの、古い昔の街がよみがえるような錯覚を覚える。

図66●ミドルタウンの中の十字路。東から西に向けて撮影されたもので、東西の道は城塞の東西ラインと平行に走っている。

ミドルタウンの東側にも市街地が広がる。こちらはローワータウンとよばれる。ミドルタウンとローワータウンとのちがいはとくにない。ただ、ミドルタウンが若干高台にあり、入り口には、城塞の北門と同じような構造をもった門がある。また、発掘者によると、ミドルタウンは広場部分を除くと、東西三四〇・五メートル、南北二四二メートルの規模なのに対し、ローワータウンは東西三三〇メートル、南北三〇〇メートルの規模で、ミドルタウンの方が少し小さい。ただし、ミドルタウンに広場を含めると、広さはそれほど変わらなくなる。

3 はたして「ドーラーヴィーラーは「水の要塞都市」なのか

水の要塞都市ドーラーヴィーラー

さて、最後にテレビ放映された「インダス文明」について言及しておきたい。番組ではコンピューター・グラフィック（ＣＧ）を駆使して、とうとうと水の流れる「水の要塞都市ドーラーヴィーラー」を紹介していた。ここで、クローズアップされたのはいくつも続く貯水池である。前述したように、一番大きな貯水池は城塞の東側にある。また、細長い貯水池が城塞の南側に連なっていて、それぞれの貯水池がオーバーフローのシステムでつながっている。こうした貯水池はすべて石で造られていた。水管理システムとして、これが今から四〇〇〇年以上前に作られていたかと思うと驚愕するばかりである。

番組のクライマックスに登場した「水の要塞都市ドーラーヴィーラー」は、この貯水池に注目して、番組スタッフが作成したものだ。監修はビシュト博士である。ビシュト博士はインドの発掘責任者であり、当時のインド考古局長であった。あの番組を見た人ならば、水がとうとうと流れていくＣＧに圧倒されたことと思う。番組を見ていない人は、その番組に基づいて作られたＮＨＫ出版刊行の『四大文明インダス文明』を手に取ってみてもらいたい。その本の冒頭にも、このCGが写真で再現されている。このとうとうと流れる水をみた方は、ドーラーヴィーラー遺跡が水の豊富な地にあったと感じるとともに、やはりインダス文明は大河文明なのだと思ったのではないだろうか。

しかし、このCGはイメージとして魅力的であるが、現実味を欠いている。まず、カッチ県は半乾燥地帯である。発掘者ビシュト博士によると、年間降水量は平均二六二ミリである（Bisht 1991）。この雨量は、日本なら集中豪雨が降れば一日で達してしまう量である。水の乏しさはすぐに理解できるだろう。そうなると、これほどとうとうと水が流れる時期がはたしてあるのかどうか。しかも、ドーラーヴィーラー遺跡はカーディル島という島にある。周りはランとよばれる湿原だ。ランに囲まれた島にどこからあれほどの水がやってくるというのか。

地球研のインダス・プロジェクトにはさまざまな分野の専門家が参加している。雑草を専門とする植物学者と一緒にドーラーヴィーラー遺跡を訪問したことがある。遺跡の建物跡にみんなが注目しているとき、ふだん、われわれが絶対写真を撮ることがない、ドーラーヴィーラー遺跡にはえる雑草をかれは一所懸命撮影していた。それをみて、人によって関心の対象がいかにちがうか、改めて驚くとともに、植物学者はこうあるべきだと妙に感心したものである。そのとき、かれがポツリとこういった。「ほとんど植物のにおいがしないこの地に、どうやってこのような都市が生まれたのでしょうかね」と。つまり、植物学者の目には乾燥地にしかはえない植物に覆われた地に、これほどの都市が生まれたことが不思議でしかたがなかったのだ。

いまから四〇〇〇年以上前の気候が現在とは比べものにならないほど湿潤だったとみなされないかぎり、あのCGは絵空事である。しかし、ここでひとこと、監修者の名誉のために言っておく。ビシュトは自身の論文のなかで、このドーラーヴィーラー遺跡では年間降水量が少ないことも、大きな川が流れてこないことも指摘している。本書で取り上げた、数字などの基本的なデータはビシュトの論文に依拠している。つまり、あんなにとうとうと流れるCGがあり得ないということは、監修者自身がよくご存じだったのではなかろうか。では、なぜあの水の要塞都市が出現したのだろうか。一つ、ビシュトに問題があったとすると、「もっとも最盛期には、町全体が湖の都市とか、水の要塞のようにみえたかもしれない」(Bisht 2000) と水の要塞というアイデアを提示していることである。そのアイデアに飛びついた制作者側が大河文明という印象にあった、あのCGによる「水の要塞都市ドーラーヴィーラー」を演出してしまったのではなかろうか。そして、監修者もその演出にあえて異議を唱えなかった。あくまでも推測の域を出ないが、そんなところが、この「水の要塞都市」ができた経緯ではなかろうか。

モンスーンの水

では、あの貯水池はなんのためにあったのか。それは雨の少ない地域で、水を一滴も無駄にするまいとするシステムと考えるのが妥当だ。ビシュトも「水刈り込みシステム」とよんでいるが（Bisht 1999）、なかなかいいネーミングだと思う。水を一滴も無駄にしない——その水管理システムと水がとうとうと流れる「水の要塞都市」の間にははるかな距離がある。冒頭に、貯水池の底にある井戸を紹介した。そのときにまずCGへの違和感が頭をよぎった。水がなかなか得られないからこそ、貯水池のさらに下に井戸を掘ったと考えるのがふつうだろう。

この「水の要塞都市」をめぐって、もう一点指摘しておこう。ドーラーヴィーラー遺跡は第4章で述べたサラスヴァティー川の河口のそばにあった。だから、水はサラスヴァティー川から流れてきたにちがいない、といった推論をたてる方もいるかもしれない。しかし、この説は成り立たない。というのは、ドーラーヴィーラー遺跡はカッチ湿原のなかの島にある。しかも、インダス・プロジェクトの研究成果によれば、このカッチ湿原はインダス文明期には海だった（第6章参照）。たとえ、サラスヴァティー川がかつて大河として、カッチあたりまで流れていたとしても、現在のカッチ湿原に流れ込むだけであって、島にあるドーラーヴィーラー遺跡には流れ込まない。

では、ドーラーヴィーラー遺跡の水は、大河ではなければ何を水源としたのだろうか。それはモンスーンがもたらす水だ。すでに述べたように、ドーラーヴィーラー遺跡の年間降水量は平均二六二ミリだ。しかし、その雨は降る時期が決まっている。つまり、六月から九月にかけてのモンスーンの時期だけに雨が降り、後はほとんど降らない。この雨をいかに蓄えておくか。そこで作り出されたのがこの水管理システムというわけだ。しかし、貯水池の水がなくなればどうするのか。わたしは、水がなくなれば水のあるところへと移動したのではないかと考えている。次章で、グジャラート州カッチ県のインダス文明遺跡を概観するが、じつはこれらの遺跡は海岸沿いに広がっている。インダス文明期に海岸沿いに住んだ人々は、海上交通による流動性がきわめて高かったのではないか。流動性と海上交通というキーワードによって、なぜ海岸沿いに住んでいたのかが理解できると考えている。しかし、これは唯一の答えではない。あらゆる可能性を検討して、ある程度コンセンサスが得られる仮説により、真のインダス文明像が確立するのである。

インダス文明が繁栄したいくつかの地域では明らかに降水量が少ない。第3章でみてきた、チョーリスターン砂漠やタール砂漠のなかにある遺跡をみても、水をどうして手に入れていたのか不思議だ。だからこそ大河が流れていたと考えたくもなる。しかし、サラスヴァティー川は大河ではなかったという結論が出たなかで、こうした砂漠のなかになぜ都市を建設したのか、また降水量の少ない地域では、どのようにしてインダス文明の繁栄を維持していったのか。その答えを見出すことはわれわれに課せられた大きな課題である。

第6章 カッチ県とその周辺の遺跡
——海岸沿いのインダス文明遺跡と流通

第5章ではドーラーヴィーラー遺跡を取り上げた。本章はグジャラート州カッチ県および周辺に広がるその他のインダス文明遺跡を紹介したい。そのなかには、地球研インダス・プロジェクトが発掘したカーンメール遺跡も含まれる。

さて、インド・グジャラート州はインド亜大陸西部、パキスタンと国境を接する位置にある。首都ニューデリーと西インド最大の都市ムンバイを結ぶ幹線鉄道が州の東部を縦断する。また、アラビア海に南面しスーラトなどの港湾都市もある。交通の要衝であることから、インド有数の工業地帯となっており、外国企業誘致もさかんだ。日本企業も進出している。州都はガンディー・ナガルである。この名からもわかるように、グジャラート州はインド独立の父、マハートマー・ガンディーの出身地である。

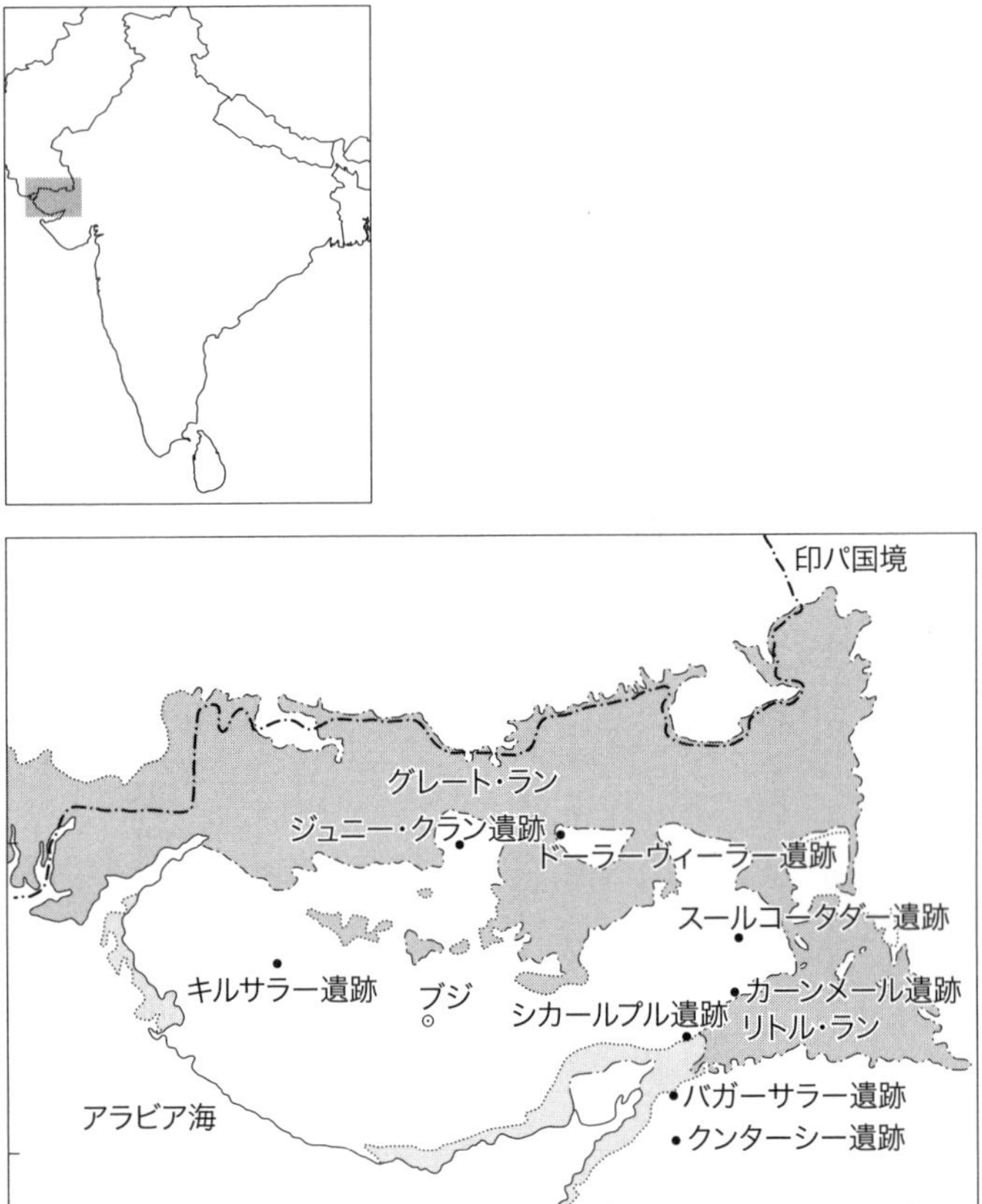

図67●カッチ県周辺の遺跡分布

このグジャラート州のもっともパキスタンに近い県がカッチ県だ。前章でも述べているように、カッチ県にはインダス文明遺跡が多数存在する。大小とりまぜて、その数は六〇以上もある。また、インダス文明遺跡はカッチ県の東側にあるサウラーシュトラ半島にも多い。サウラーシュトラ半島の遺跡としてはロータル遺跡が有名だろう。ロータル遺跡は一九六〇年代に発掘がおこなわれている。これらの遺跡はいずれも海岸沿いに分布している。この第6章では、海洋と深く関係したインダス文明都市を概観したい。

1 カーンメール遺跡

発掘までの経緯

インダス・プロジェクトは二〇〇六年四月から二〇一二年三月まで研究活動を行った。その間、インドにおいて二カ所のインダス文明遺跡を発掘している。その一つはハリヤーナー州のファルマーナー遺跡で、第4章で詳述した。もう一カ所がグジャラート州カッチ県にあるカーンメール遺跡である。このカーンメール遺跡はプレ・リサーチの前段階で発掘を開始した。すなわち、研究プロジェクトが正式に立ち上がる三カ月前、二〇〇六年一月から発掘をはじめたのである。日本隊が参加したインダス文明遺跡の発掘はインドおよびパキスタンを通じて、インダス・プロジェクトがはじめてのことだ。今後、新たにインダス文明遺跡を発掘したいと考える人のためにも、発掘にいたる経緯から述べておきたい。

ところで、インドは一九〇六年から独立達成の一環として、スワデーシー運動を展開した。イギリス資本の排斥とインド民族資本の発展を促す運動である。独立後も国産品優遇の政策はかわらず、インド市場は長い間きわめて閉鎖的であった。この傾向は文化方面、つまりは学問研究にもおよんでいた。したがって、インドで遺跡の発掘をおこなうには今でもインド人考古学者の協力が不可欠なのである。インド当局は外国隊の発掘許可申請に対して非常に消極的だからである。

わたしは留学時にもこうした「鎖国」的なインドの国風に苦労した経験があった。そこで、この研究をはじめる際に、インド人考古学者のだれに協力を依頼するか熟慮をかさねた。第一の条件は日本の学問風土や学者について知識と理解をもっていることだ。第二にインド当局とわれわれプロジェクトの調整役ができる我慢づよくて円満な性格の人物がのぞましい。むろん、前提として考古学者としての資質も問われよう。なかなか難しい条件だが、ここで人選を誤るとプロジェクトの成功はまずのぞめない。

よくよく考えた結果、カラクワル博士に依頼することにした。カラクワルはラージャスターン州ウダイプルにあるラージャスターン大学の考古学者だ。彼は国際日本文化研究センター（日文研）で研究活動を行ったことがあった。わたしは、その頃日文研唯一のヒンディー語の使い手だったので、親しく話をすることになった。カラクワルは研究者として日本に滞在経験があるため、日本の学問や学者への理解がある。また、慎重で円満な性格だ。まだ若いため考古学者としての実績に多少不安はある。しかし、それは当プロジェクトでなんとかバックアップすることは可能だ。

こうして、カラクワルは地球研の客員助教授として来日した。まずは発掘すべき遺跡の選定である。彼は独断専行に走るようなことはしない。よくいえば慎重、悪くいえば優柔不断だ。それで、カラクワルとわたしは日印を何度も往復しながら、遺跡選定に関する相談を重ねた。こうした事前相談のなかで、親身に相談相手になってくれたのがビシュト博士とラワト博士だ。ビシュトは前章で述べたドーラーヴィーラー遺跡の発掘者である。また、ラワトはインダス文字の大看板を発掘した考古学者で、現在はグジャラート州考古局にいる。二人ともグジャラート州のインダス遺跡にはたいへん詳しく、われわれに的確な助言をくれた。この交渉段階ではなかなかものごとが決定せずにやきもきする局面もあったが、結局、カラクワルの慎重さがプロジェクトにとってはよい結果をもたらしたのである。

ちなみに、ビシュトやラワトが親身になって相談に乗ってくれたのは、カラクワルと同じくインドヒマラヤのあるウッタラカンド州の出身で、同郷のよしみということもあったようだ。

さまざまな可能性を検討した結果、発掘候補地はグジャラート州カッチ県の未発掘遺跡に絞られた。

最終的には、二〇〇五年一月にカーンメール村を発掘場所と決定した。カーンメール遺跡はほぼ正四角形の遺丘（マウンド）をもつ。マウンドの発掘は経験の浅い発掘者でも取り組みやすいだろうと判断したからだと聞く。実際に発掘をおこなうためにはインド考古局（ＡＳＩ）の許可が必要だ。すでに指摘したように、外国隊と共同でおこなう発掘には許可がなかなか下りない。それで、この申請にはたいへん気をつかった。ＡＳＩへの発掘申請は六月末までにおこなった。そして、その年の一〇月にヒアリングを含めた審査があった。カーンメール遺跡の許可にあたってはインド側の考古学者たちが万全をつくし、わたしもデリーまで足を運んで選挙運動並みに挨拶してまわった。それが功を奏したのか、二〇〇五年の審査会で無事発掘許可を得ることができた。こうして、二〇〇六年一月にカーンメール遺跡の発掘は開始された。二〇〇五年度にはじまった発掘は二〇〇八年度まで続けられ、二〇一〇年度に発掘報告書も無事発刊された（kharakwal et.al. 2010）。以下、発掘報告書とわたしの見聞をもとに、カーンメール遺跡について述べる。

城塞

カーンメール遺跡はまるで要塞のようだ。城塞は石垣で囲まれていて、その石垣も場所によっては二重三重になっている（図68）。城塞は東西約一一四メートル、南北約一一〇メートルで、ほぼ正方形をしている。石垣は幅約一八メートルもあり、現存する高さは六メートルある。これだけの石垣が

図68●カーンメール遺跡の城塞。城塞部の北東の角（上）と東側の石垣（下）。

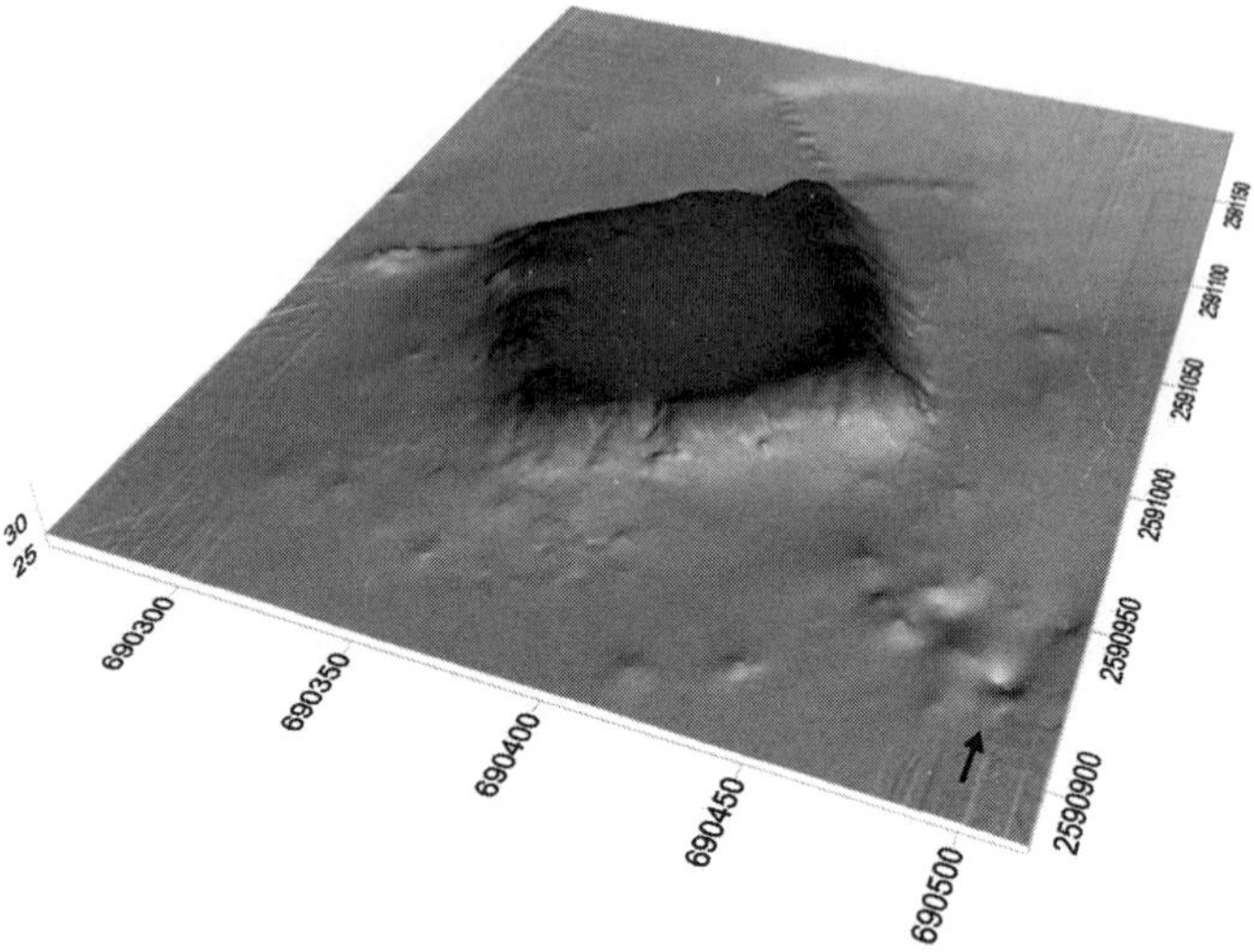

図69●城塞の復元図

あるので、城塞内部は一〇〇メートル四方にみたない。石垣に使われている石はカーンメール産のものだ。実際に、現在もカーンメールでは石が切り出されている。グジャラート州カッチ県のインダス文明遺跡は現地調達の石が多く使われているが、カーンメール遺跡の城塞も同様である。日本隊のメンバー寺村裕史によって、立体的画像が作られている（図69）。それをみると、実際に、発掘現場でみるよりも城塞の様子がわかる。

その石垣に囲まれた内部には、インダス文明期から中世にいたるまで、人々が住んでいた痕跡がある。そのため、発掘ではインダス文明期のものとそれ以後のものがかなり混在していて、考古学者泣かせの遺跡である。とくに、インドにおいては、インダス文明期以後の建物が最初に出てきても、それを壊してさらに深く掘ることが禁じられているため、発掘は大変だった。また、発掘を主導したカラクワルが経験不足のため、発掘のやり方やどこにトレンチ（発掘調査のために掘る溝）を開けるのか、どこから発掘していくのか、等々、プロジェクト内部からの注文も多かった。発掘者の発掘技術は素人目にもとても上手だといえなかったが、発掘者の人柄は申し分なく円満だった。だから、キャンプ地の運営や村人との関係などはとても良好だった。

城塞は石垣に囲まれている。当然、どこかに出入り口があるはずだ。それで、出入り口を探す発掘がおこなわれた。しかし、四シーズン掘っても、出入り口はみつからなかった。城塞の一部には、現在ヒンドゥー教のお堂があり、その場所は発掘できない。そこに出入り口があるとなると、みつけるのは無理だろう。

この城塞内部には、道路が走り家屋が密集している。その道路の方位は周壁の方位と一致する。このため、あらかじめ都市計画プランをもって、家屋が建てられたものと考えられる（宇野・寺村 2013）。また、凍石製のマイクロビーズが土器の壺いっぱいの状態でみつかった。さらに、未完成のアクセサリー類も出土している。カッチ湿原にはメノウの原石があることから、そうした原石を加工するアクセサリー工房として機能していたのかもしれない。

カーンメール遺跡の最大の謎は、城塞の規模が小さいにもかかわらず、なぜ厚い壁に覆われているのかという点である。今の段階では理由は不明というしかない。ただ、この要塞のような城塞部には戦争があった形跡はうかがえない。遺物の中に、武器を想起させるようなものは一切ない。また、現在は海岸線から遠いが、すぐ南にはカッチ湿原のリトル・ランがある。（アメーバー状に広がるカッチ湿原は西側の大きい方をグレート・ラン、東側の小さい方をリトル・ランとよび分ける。）いずれにしても、インダス文明期には今より海水面が二メートル高かったといわれるので、カッチ湿原は海だったようだ。とすれば、城塞部は海がもたらす高潮や大雨時の浸水の避難場所を兼ねていたのかもしれない。避難を想定すれば、壁の厚さも納得できる。なお、後述するシカールプルにも厚い壁が確認されている。

出土遺物

カーンメール遺跡の出土品のなかで、もっともセンセーショナルなものはテラコッタ（陶器）製のペンダントである（図70）。ペンダントと判断したのは、真ん中に穴があき、ひもを通して首から下げるとちょうどいいように制作されていたからだ。出土した三個のペンダントは、表におなじ一角獣のインダス印章が押印され、裏に別々のインダス文字が彫られていた。つまり、表の押印は出身地をあらわし、裏面の文字は個人なり、氏族なりをあらわしたパスポートではないかとわれわれは考えている。このペンダントについては読売新聞の記事となり、科学雑誌『サイエンス』にも掲載された

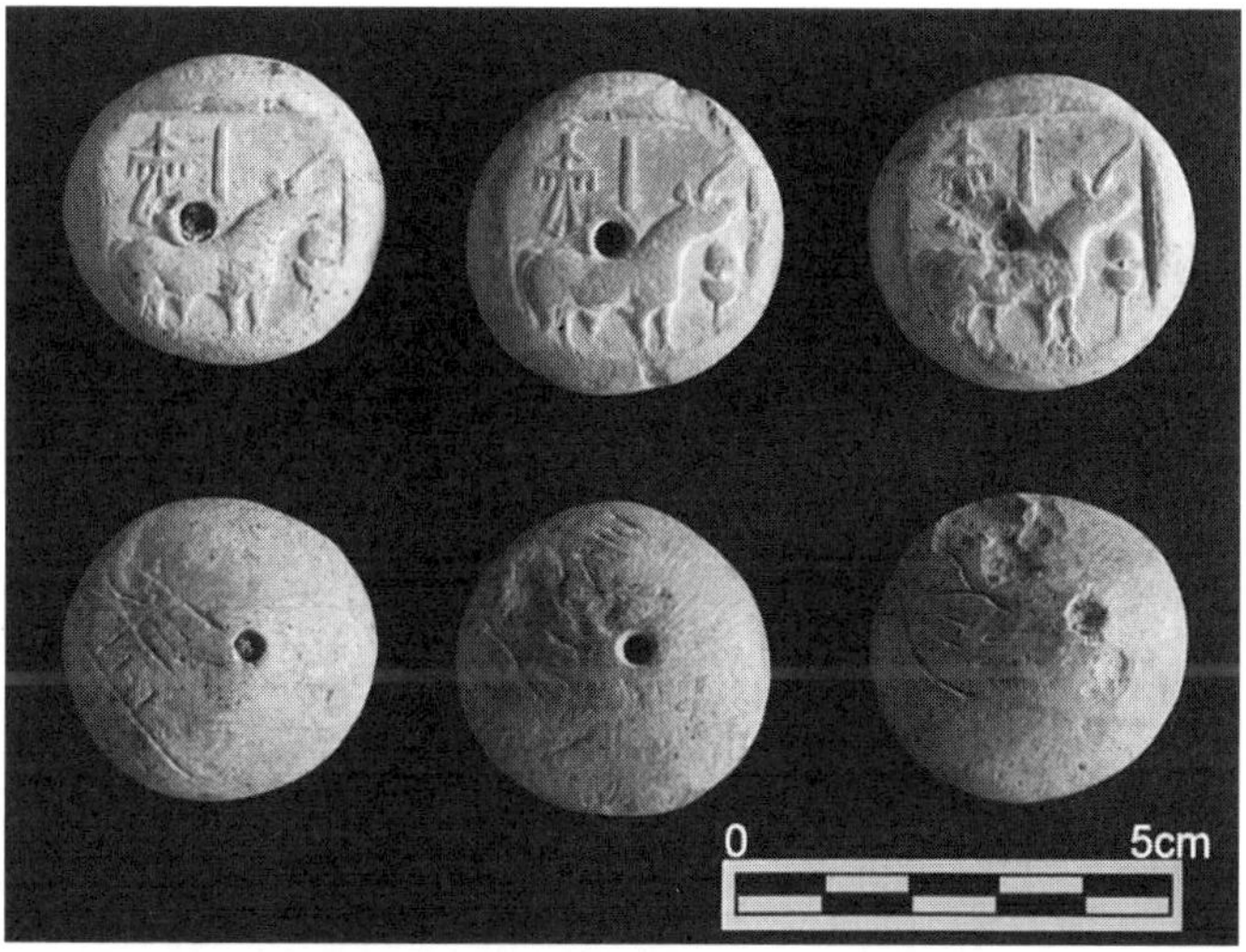

図70●カーンメール遺跡出土のペンダント。インダス文明期にパスポートの役割を果たしたのではないかとみている。

(Lawler 2010)。ここに、その写真を掲載しておく。

三次元スキャンができるスキャナーを使い、これらペンダントを三次元モデルにして、分析を試みる研究も進められた（宇野・寺村 2013）。三次元モデルにより、この三つのペンダントの表の一角獣が同一の印章を押印して制作されたか否かわかるのではないかと期待したのである。しかし、残念ながら、いまの時点では三次元モデルの精度の問題があって難しいようで、今後の研究に期待したい。

この三つのペンダント以外にも、珍しい印章がみつかっている（図71）。それはインドノロバの図柄が入った印章である。インドノロバは野生種のロバであり、

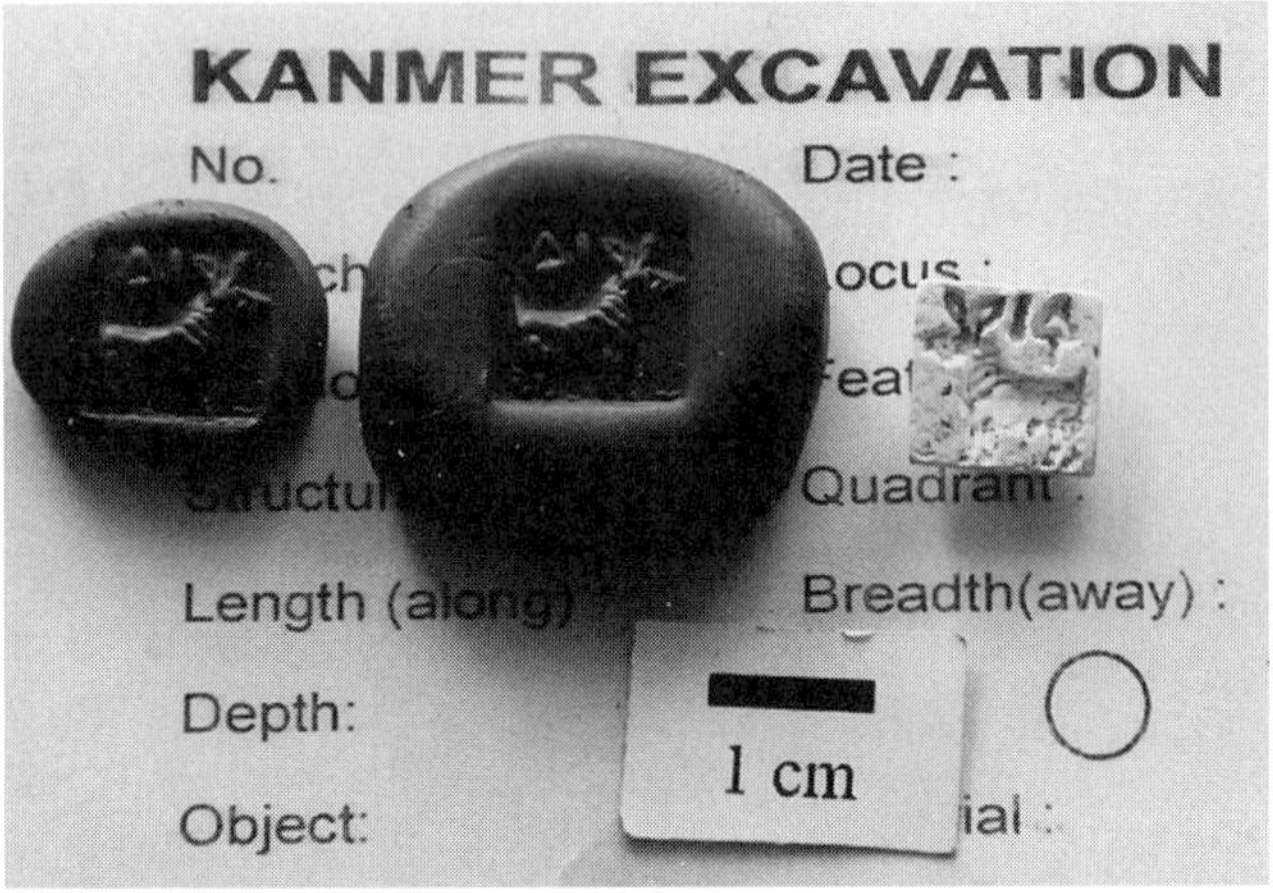

図71●カーンメール遺跡出土の印章。右がインダス印章で、左の二つはこれを粘土に押印したものである。ほとんど1cmに満たない小さな印章だ。
図72●カーンメール遺跡出土の錘

家畜のロバと比較すると非常に俊敏だ。インドノロバの研究者である木村李花子によると（木村2013）、このカッチ県は世界唯一のインドノロバの保護区に指定されている。しかも、飼育されているロバ（アフリカノロバを起源とする）の雌をインドノロバの群れに放ち、足の速い種間雑種のロバを作る慣習がある。この慣習はいつごろからはじまったものかはわかっていない。しかし、インドノロバのインダス印章が見つかったことから、起源はインダス文明期にさかのぼれるかもしれない。木村の指摘によると、この印章の図柄をみるかぎりでは、インドノロバよりも肩のラインがはっきりと強調されているので、種間雑種のロバの可能性もあるという。また、この交配したロバを陸上輸送に使用した可能性もある。最近の研究ではインダス文明地域内での交易の発達が注目されている。交易の際、荷物の運搬として牛車を使用していたことがミニチュアのテラコッタなどからわかっている。さらに、ロバの使用ということになれば、輸送能力の水準も見直す必要が出てこよう。一つの印章の発見によって、いろんな可能性を考察できるのである。

カーンメール遺跡からは錘もみつかっている（図72）。一番大きな錘は縦、横、高さが四・〇一×四・二×三・三一（センチメートル）で、重さは一三五・二グラム、次の錘は二・三九×二・四二×二・〇四（センチメートル）で、重さは二八・一グラム、一番小さいのは一・六九×一・七三×一・〇（センチメートル）で、重さは六・九グラムである。第1章ではハラッパー遺跡から出土した錘を分析したケノイヤーの論文を紹介した（Kenoyer 2010）。〇・八六グラムを一として、一：二：四：

八：一六：三二：六四の比率をしめす小さめの錘と、一六〇：三二〇：六四〇：一六〇〇となる大きな錘である。一三五・二グラム、二八・一グラム、六・九グラムをそれぞれ〇・八六で割ると一五七・二＝約一六〇（ケノイヤーの基準のJ）、三二・七＝約三二（同じくG）、八（同じくG）となりケノイヤーの基準とほぼ合致する。カーンメールからみつかった錘も、インダス文明の度量衡基準に合致することがわかる。

その他、壺いっぱいのマイクロビーズがみつかったし、工芸品の制作用なのか、炉もみつかっている。小さな遺跡だが、出土物は豊富だった。まだ城塞の出入り口である門がわかっていない。今後機会があれば、また続けて発掘をやってみたいと考えている。

2 カッチ県とサウラーシュトラ半島に分布するインダス文明遺跡

カーンメール遺跡の発掘は四年間続いた。その発掘のあいまをぬって、あるいは発掘をおこなわない時期に、カッチ県やサウラーシュトラ半島のインダス文明遺跡の踏査を何度かおこなった。これらの遺跡はカッチ県のジュニー・クラン、スールコータダー、シカールプル、そしてサウラーシュトラ半島のバガーサラー、クンタシーである。また、カッチ県での最新の発掘成果として、キルサラー遺跡を紹介する。では、順番にこれらの遺跡をみていくことにしよう。

ジュニー・クラン遺跡

この遺跡はインド・パキスタン国境からわずか二、三キロメートルの至近距離にある。なにしろ、ジュニー・クラン遺跡からのぞむと国境にかかるインド橋が手にとるようにみえるほどだ。こうした辺境の地にあるこの遺跡に、わたしは二〇〇五年と二〇一〇年の二回訪れた。

二〇〇五年当時、まだ外国人にはカッチ県の旅行許可証が必要だった。まず県庁所在地のブジ市に着いたところで、オフィスを二カ所まわって許可証を取得した。このときには市の中心にいたので、いかにもインドの地方都市といった印象しかもたなかった。ところが、翌日、ブジ市街の様子に仰天した。ジュニー・クランに出発するためブジの街を車で通過したのであるが、あちらこちらで建物が崩れているのだ。この惨状は二〇〇三年一月二六日の朝におこった地震のせいだった。その日はインドの共和国記念日で、国をあげて祝おうとしていた朝だったそうだ。その大地震はブジをはじめ、このカッチ県にたいへんな被害をもたらした。地震から二年半が過ぎていたにもかかわらず、ブジ市内にある病院は、まるで空襲を受けたような壊れかたで、地震の爪痕をそのまま残したままだった。地震は東日本大震災の記憶も生々しく、われわれ日本人には他人ごととは思えない。考えてみれば、インダス文明期にも地震はあったはずだが、その影響についてはまだ研究が進んでいない。

ブジからジュニー・クランまでは約九〇キロメートルだ。カッチ県は雨が少なく乾燥しているが、砂丘が広がるようなところはない。最初にみたジュニー・クラン遺跡は草も生えておらず、石垣の城塞がはっきりとみえた（図73上）。もっとも、この石垣は発掘が終了した後に、本当の石垣を保存するために積みあげられたものだという。そのため、残念ながら、本当の石垣はみえない。カッチ県の多くの遺跡が石積みだったように、ここもレンガではなく、石積みによって城塞が築かれている。それゆえ、この遺跡はミニ・ドーラーヴィーラー遺跡ともよばれている。じつは、ドーラーヴィーラーとこのジュニー・クランとの距離はそう遠くない。車で移動すると道路の関係で五、六時間かかるが、カッチ湿原をつっきると意外に近い。グーグルアースで距離を計ってみると四〇キロメートルほどの距離だ。つまり、カッチ湿原が海だった頃、船でジュニー・クランからドーラーヴィーラーまで行くのはそう難しくはなかったと思える。

次にいった二〇一〇年はパキスタンでインダス川が大洪水をおこした年である。日本でもその様子がテレビなどで放映されていたので、ご記憶の方も多いと思う。インダス川だけが洪水になったのではない。南アジア各地で雨が多く、デリー市内を流れるヤムナー川もあちこちであふれだしていた。ちょうど、このカッチ県に踏査に行く前にデリーにしばらく滞在していたが、連日ヤムナー川がいつあふれ出すか、その洪水の話で持ちきりだった。結局、最後には雨季があがり、ヤムナー川の洪水は事なきを得た。むろん、カッチ県でも雨がかなり降った。デリーにいるときに、雨がひどいので踏査は中止になるかもしれないと電話でいわれたほどだ。しかし、さいわいにも、わたしがグジャラート州の都市バローダに行くまでには雨もなんとかやみ、踏査がおこなわれることになった。

ジュニー・クラン遺跡に到着して一驚した。遺跡は青々とした植物に覆われていたのである（図73下）。あの草もない、乾燥した大地の面影はまったくない。雨が降ると降らないとでは景色が一変してしまう。城塞のうえには草が生えていて、地面もみえないほどだ。前回来たときは、カッチ湿原が干上がって白くなっていたが、今回、湿原は一面の水で湖か海のようにみえた。この景色を見たとき、一年を通した遺跡の風景を知らないと、とんでもない仮説をたてかねないと、反省しきりだった。それほど、雨季のジュニー・クラン遺跡はまったくちがった顔をみせてくれた。

このジュニー・クラン遺跡から目の前のカッチ湿原を越えると対岸はパキスタン・シンド州である。カッチ県にこれだけのインダス文明遺跡があるのに、シンド州南東部にはインダス文明遺跡が報告されていない。インダス文明時代には国境などなかったので、当然ながら、対岸のパキスタン側にもインダス文明遺跡はあるはずだ。パキスタン側でも、インダス文明遺跡踏査を是非やってみたい。しかし、残念ながら、インダス・プロジェクトは終わってしまった。また、新しいプロジェクトをはじめたいとは思っているが、それがいつ実現するのか、見通しもたっていない。新しい世代の方がこうした踏査を実施して、第二第三のドーラーヴィーラー遺跡を発見する日が来ることを強く願っている。

図73●ジュニー・クラン遺跡。乾燥した時期の遺跡風景（上）。奥にみえる石垣が城塞にあたる。一方、雨季あけの緑あふれる遺跡風景（下）。写真中の人はMS大学アジットプラサードさん。

スールコータダー遺跡

スールコータダー遺跡はカーンメール遺跡から直線距離で二〇キロほどのところにある。カーンメール遺跡からドーラーヴィーラー遺跡へは車で一五〇キロ、直線距離にすると九十キロほどなのだが、スールコータダー遺跡はその途上にある。この遺跡はJ・P・ジョーシーが一九六〇年代に発掘をおこなっている。J・P・ジョーシーは第5章に述べたドーラーヴィーラー遺跡の発見者である。わたしに「パーンタヴァの砦はいずこ？」というインダス文明遺跡発見方法を伝授してくれた考古学者だ。このスールコータダー遺跡は日本でも、一九七七年に「インダス文明第五の都市」として、『考古学ジャーナル』に紹介されたことがある（小西 1977）。しかし、遺跡をみまわしてみると、どう見ても都市という規模には達していない。

スールコータダー遺跡は舗装道路からすこし村のなかに入ったところにある。遺跡の入り口には看板もなくなんども人に聞いてやっとたどりついた。この遺跡にはちゃんと鉄条網が張りめぐらされていて、一応保護はされている。村人の一人がインド考古局からかぎを預かっていて、彼が遺跡の管理者のようだ。カッチ県の他のインダス文明遺跡のように、この遺跡にも石積み城塞がある（図74）。しかし、ここの石はカーンメール遺跡の城塞に比べると、ややこぶりである。城塞のうえには、日干しレンガ積みの建物跡もあるし、幅の狭い道路もある。排水溝もみられ、インダス文明遺跡のイメー

図74●スールコータダー遺跡の前に立って記念撮影する筆者。後方に見えるのが石積みの城塞。

ジを十分にみたしている。城塞にくわえて、市街地もあるが、こちらは草が生い茂っていて、よく見えない。なお、墓が四基みつかっている。

スールコータダー遺跡の出土物でもっとも有名なのが馬の骨である（Sharma 1974, Bökönyi 1997）。インダス文明期に、馬がいたのかどうか。この問題はインド・アーリヤ語を話す人々とのかかわりで論じられる傾向にある。というのも、インド・アーリヤ語を話す人々は騎馬民族であったと考えられているからである。つまり、馬問題はサラスヴァティー川問題と同じく、ヒンドゥー原理主義者たちにとって、非常に重要な問題なのだ。かれらはスールコータダー遺跡に馬の骨がみつかったのだから、インダス文明期にはすでに馬の文化をもったインド・アーリヤ語を話す人々、つまりアーリヤ人がインダス文明地域にいたと主張する。したがって、インダス文明はアーリヤ人の築いた文明だと結論づけるのである。第1章と第4章では、アーリヤ人がインダス文明崩壊の原因ですらなく、文明崩壊後に渡来してきたという歴史学の常識を記述した。しかし、政治的な主張が真実を駆逐する例はままある。しかも、そこで生まれる幻想は政治的な暴力の起爆ともなりうる。学問は真理の上に立ってこそ、人類への貢献をなしうるのである。

さて、スールコータダー遺跡出土の馬に話をもどそう。ハーバード大学のメドゥらによると、その骨を馬とみなすのは難しいという（Meadow and Patel 1997）。メドゥは動物考古学者で、ハラッパー遺跡の発掘者でもある。専門家によると、ウマとロバの骨はなかなか区別がつきにくいという。カッチ県は野生種のロバであるインドノロバの生息地である。インダス文明期にも当地にはインドノロバがいたことは、カーンメール遺跡で発見した印章が物語っている。その辺が問題をとく鍵になりそうである。

シカールプル遺跡

カッチ県にはランとよばれる湿原が広がっている。前にも述べたが、ランはグレート・ランとリトル・ランの二つ湿原に分けられる。ドーラーヴィーラー遺跡に近い湿原がグレート・ランで、カーンメール遺跡のすぐ東側にある湿原をリトル・ランという。グジャラート州最大の都市アーメダバード方面からカッチ県に入るときには、このリトル・ランを橋で越える。この橋は海岸に沿ったところと、もう少し北側の場所との二カ所にかかる。この二本の橋を車でわたるか、汽車に乗って鉄橋をわたる以外、カッチ県に行く手だてはない。さて、この辺境のカッチ県であるが、じつはアラビア海に面して大きな港湾施設があり、工業化が進展している。そのため、リトル・ランにかかる二本の橋を大型のトラックがひっきりなしに走っている。大型トラックは重量制限をはるか超えた荷物を搭載しているし、インドの道路は大型トラックに耐えられるほど丈夫とはいえない。したがって、道路は常に補修中で、交通渋滞を絶えずひきおこしている。

シカールプル遺跡は海岸に沿った橋でリトル・ランを越え、七キロメートルほど入ったところにある。このシカールプル遺跡に降りたった時の衝撃は忘れがたい。遺跡のまわりに風力発電用の風車が林立していたからだ。この章の冒頭で述べたように、グジャラート州は企業誘致に熱心だ。工場ができると電気も必要となる。最近、再生可能エネルギーとして注目を浴びるようになった風力発電に力を入れていて、あちらこちらにこの風車が立ち並んでいる。風力発電とインダス文明遺跡が共生している場所。そこがシカールプル遺跡なのである（図75）。

風力発電用の風車は近くでみるとかなり大きい。その羽がビュンビュン音を立てて回っている。風車に目が奪われてしまって、ここが遺跡だといわれても一向にピンと来ない。しかしたしかに遺物が

図75●シカールプル遺跡。後方に林立するのが風力発電用の風車。

表面採集でみつかるので、遺跡であることはまちがいない。

シカールプル遺跡はカーンメール遺跡からは直線距離で二八キロほどである。車で一時間かからない距離だ。最初の訪問時点ではまだ発掘がおこなわれていなかった。しかし、二〇〇八年からマハーラージャ・サヤジラーオ（ＭＳ）大学が発掘をはじめ、現在も継続中だ。発掘責任者はアジットプラサード教授である。発掘がはじまってから、発掘者に誘われて、遺跡の発掘現場になんどか足をはこんだ。ここの遺跡は石積みの遺丘（マウンド）がない。ただ、家などは石積みになっている。この辺は海岸までそう遠くはない。だから、砂地が目立つ。そうした場所では石積みは難しい。周りに石を切り出すようなところがないせいか、シカールプルの石は非常に貧弱である。

ところで、カーンメール遺跡の石垣に使われた石とスールコータダー遺跡の石積みに使用された石はずいぶんちがっていた。このことを考え合わせると、カッチ県では近くにある石で城塞を築いたのだろう。石がなければ、遠くから石を運んでまでは石積みにこだわらない。いわば現地調達を原則としたのだろう。もちろん、大都市ドーラーヴィーラーはこのかぎりではない。ライムストーンなどは遠くから運ばれたものである。

さて、シカールプル遺跡の城塞は石積みではなく、日干しレンガを積んでいる。この城塞は一〇三・五メートル×一〇三・三メートルのほぼ正方形をしている（図76）。約一〇〇メートル四方だったカーンメール遺跡の城塞と大きさはほぼ一緒だ。城塞の外壁は日干しレンガを一〇メートル以上の厚さに積んでいる。したがって、城塞は石積みと変わらない強固な壁に囲まれている。出土物をみると、やはり貴石を使った加工品が多い。こうした貴石類の加工に使うようなチャート（堆積岩の一種）製のドリルも多数みつかっている。基本的に、工芸品を生産する工房だったのではないか。アジットプラサード教授はそう考えている。

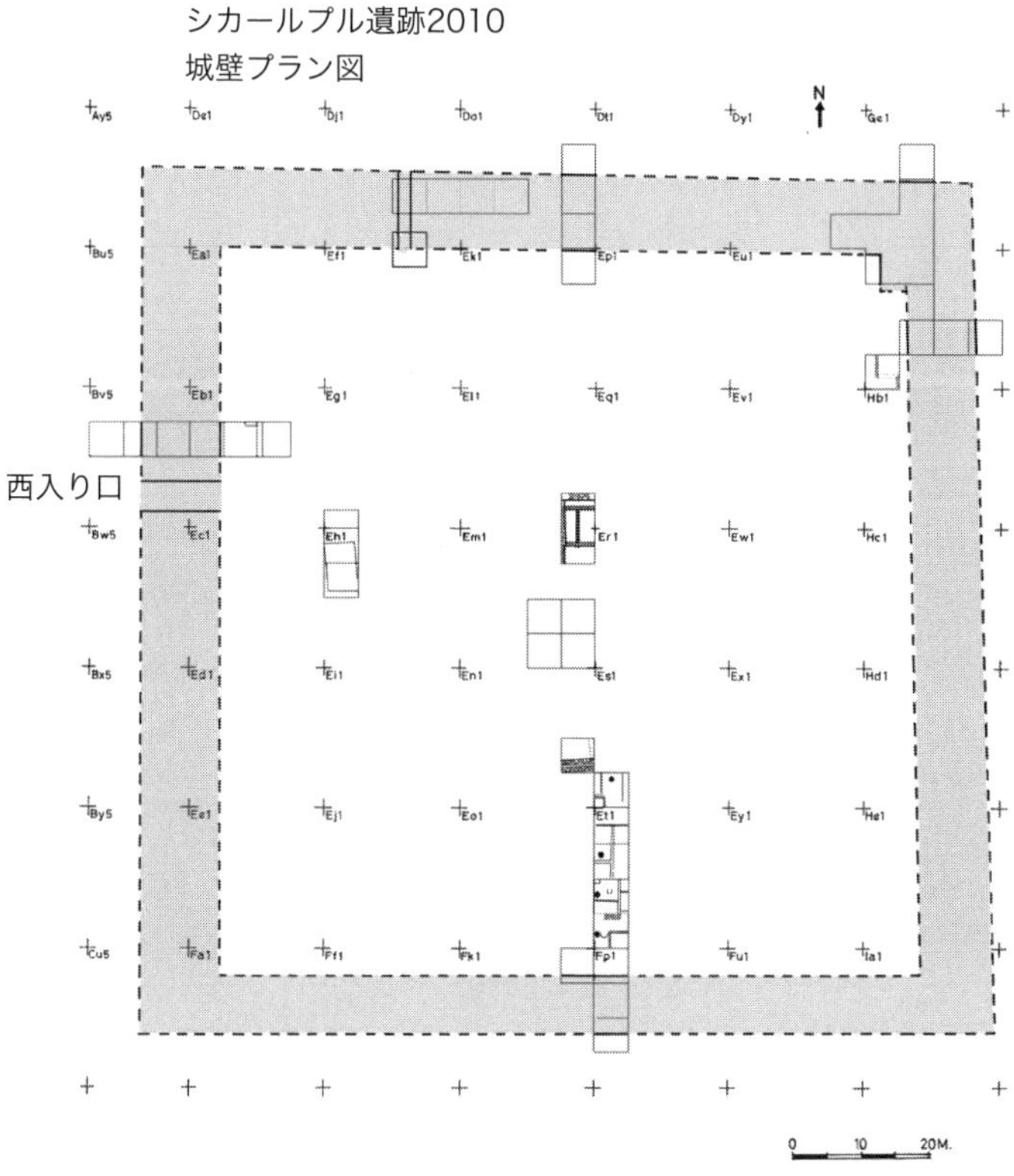

図76●シカールプル遺跡の城塞の構造。点線部が城塞の外壁。小さい四角部分がトレンチ（堀削部分）。（アジットプラサード教授提供）

カッチ対岸の遺跡：バガーサラー遺跡、クンタシー遺跡

シカールプル遺跡はリトル・ランの西にあるが、東のサウラーシュトラ半島側にもインダス文明遺跡がある。バガーサラー遺跡とクンタシー遺跡である。バガーサラー遺跡はマハーラージャ・サヤジラーオ（MS）大学が一九九五年から二〇〇二年までの八シーズン発掘をおこなった。また、クンタシー遺跡はプネーにあるデカン大学が一九八七年から三シーズン発掘をおこなっている。それぞれを簡単にみていこう。

バガーサラー遺跡はシカールプル遺跡から二〇キロメートルの距離にある。また、リトル・ランからは一・八キロである。インダス文明期には海水準が今より二メートルほど高かったとされるので、海岸沿いに立地していたとみられる。この遺跡は別名ゴーラー・ドーローともよばれているが、近くのバガーサラー村の名をとったバガーサラー遺跡に統一しておきたい。シカールプルから直線距離は近いが、車で行くとかなり遠回りをする。シカープルを出てリトル・ランを橋で越えた後、かなり南まで行ってから再び北上するのである。この遺跡は、カーンメールやシカールプルよりも小さく、五〇メートル四方の城塞に囲まれている。城塞の壁はシカールプル遺跡よりは薄いものの、それでも七メートルほどある。この遺跡では、貝を数千の単位でまとめた束が三つみつかっていて、さらに、加工中の貝も発掘されている（図77）。つまり、腕輪として使われる貝製品を制作する工房が存在した。

図77●バガーサラー遺跡で出土した加工用の貝。真ん中の山には作りかけの腕輪が見える。

また、ビーズ加工もおこなわれていた形跡があり、装身具の生産地であった。

ところで、アメリカ人のチェイスがバガーサラー遺跡の発掘調査に参加して、興味深い研究をおこなっている（Chase 2010）。それは城塞内部の人々の食事に関する研究だ。この城塞内部とその周辺の動物の骨の出土状況を丁寧に取り上げて、食事内容をリサーチしたのである。とくに家畜として飼われていたと思われる、牛、山羊、豚の骨の消費状況を詳細に検討した。チェイスによると、バガーサラーの人々はビーフ、マトン、ポークをさかんに食べていたという。つまり、彼らの食事は牧畜民のそれに近く、農耕民のものとは異なるという結果を得たこ

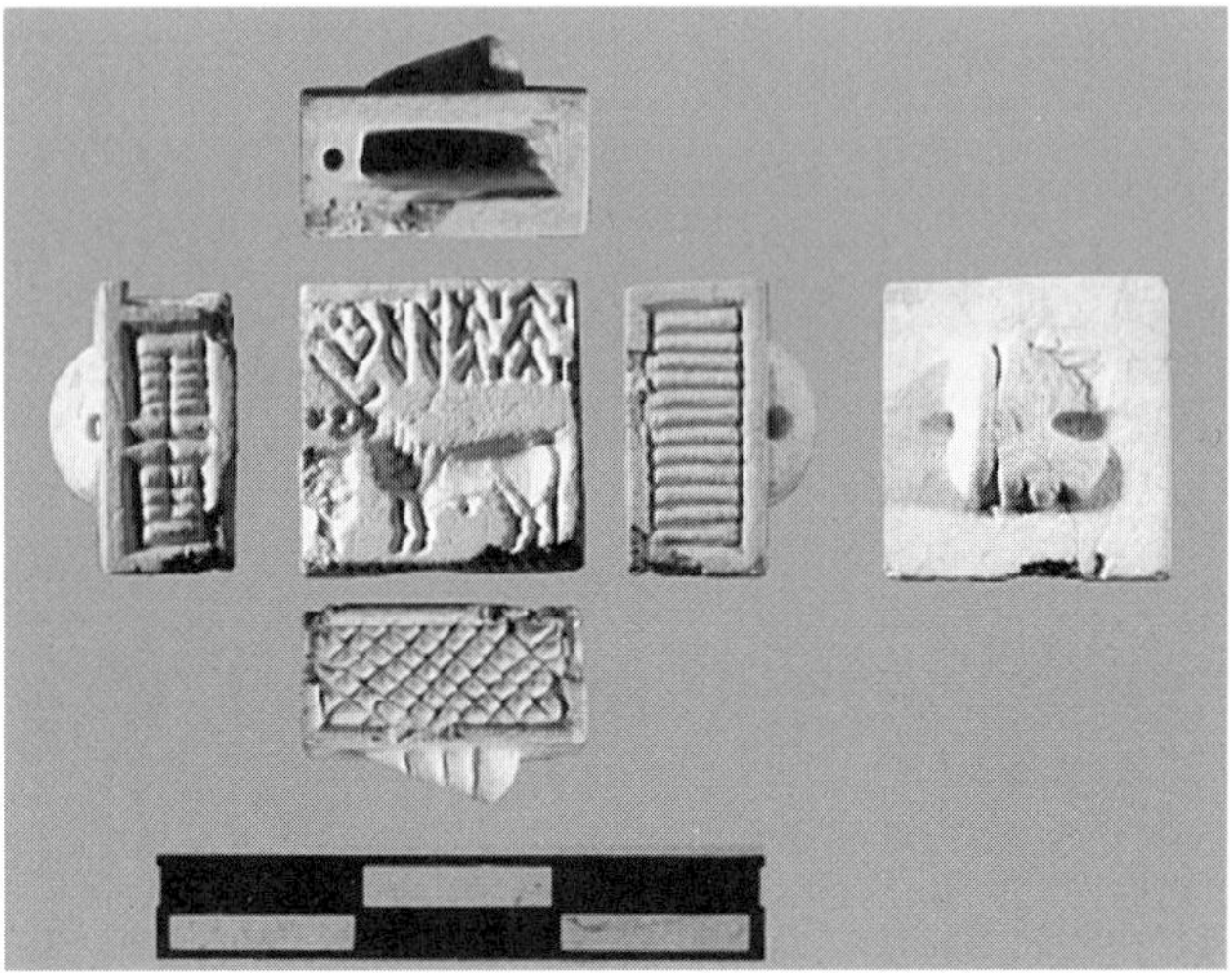

図78●バガーサラー遺跡出土の箱形印章。一角獣の印章の四辺横に配置してあるのが側面を示す。印章の側面が一カ所開いている。(アジットプラサード教授提供)

となる。しかも、城塞の周辺に住む人々はそれほど食肉をおこなっていないことから、かれらをかなり異質の人々だとみなしている。チェイスは指摘していないが、職能によって食べるものがちがうのは、カースト制度の特質なのだ。ブラーミンが徹底したヴェジタリアンであることはよく知られている。

もう一点、バガーサラー遺跡では箱形をした珍しい印章が出土している(図78)。上面に一角獣とインダス文字があしらわれている。この構成は典型的な凍石製のインダス印章である。しかし、普通のインダス印章とちがい、厚みがある。その厚みのある側面のうち、三面には模様があるものの、インダス文字はみられない。側面の一カ所を開け閉めしたようだが、この蓋の部分はみつかっていない。アジットプラサードによれば、同様の印章がモヘンジョダロから出土している（Ajithprasad 2011）。この箱には何かを入れて、交易に使われた可能性が高い。

一方、クンタシー遺跡はバガーサラー遺跡より、さらに南に一六キロメートルほどいった場所に位置する。こちらも二ヘクタールほどの小さな遺跡だ。目の前をプラキー川が流れている。クンタシー遺跡からプラキー川をくだると、一五キロほどでカッチ湾に到達する。じつはクンタシー遺跡からは桟橋状の基壇と船の碇がみつかっている。すなわち、プラキー川に面して桟橋のような長方形の基壇があり、船の碇と思われる円筒形をした重石が発掘された。つまり、船で交易をおこなっていたと考えられる（Shinde 2004）。

また、石積みの家の中からは、炉が発見されている。この炉では銅を精錬した跡がみられた。桟橋と思われる基壇近くには日干しレンガ積みの家屋があり、その近くに貯蔵用の穴があった。こうした遺跡の状況から、ここでは銅製品を生産、貯蔵、交易したのではないかと発掘者たちは考えている。

クンタシー遺跡もまた工芸製品を製造し、船による海上交易をおこなっていたことになる。ただ、バガーサラー、シカールプル、カーンメールのような四方を壁で囲んだ城塞はクンタシーにはみられない。小高い見晴らしのよい丘に遺跡が広がっている。しかし、同じように工芸製品の生産と交易を生業としていたことはまちがいない。なお、クンタシー遺跡に城塞が見られない理由については、最後の節で私見を述べる。

新しい発掘：キルサラー遺跡

本書執筆中に、カッチ県のキルサラー遺跡について、新たな発掘成果を知ることとなった。インドの隔週刊誌『フロントライン』（二〇一三年六月二八日号）に、カッチ県にあるインダス文明遺跡の新しい発掘成果が大特集されていたのである。キルサラー遺跡については、わたしも二度ほど訪れたことがある。本書は最新の成果を紹介する立場で執筆しているので、もっとも新しい発掘遺跡を紹介しておこう。

このキルサラー遺跡は、カッチ県の県都ブジから西へ八五キロメートル離れたところに位置する。石積みの城塞は三一〇メートル×二九〇メートルとかなり大きい。また城塞を囲む周壁も残っている。遺跡総面積は五ヘクタールほどでそう大きくはない。城塞のうえは耕作地になっていたが、土地所有者と掛け合って、発掘に同意してもらったという。その周壁の外にも遺跡らしき痕跡があるが、そこには耕作地が広がっている。

二〇一〇年にスタートした発掘は現在、四シーズン目になる。周壁に囲まれたエリアが城塞と工房にわかれるようだ。城塞の近くに、工芸品の保管庫としての役割を果たす倉庫がある。倉庫は二八メートル×一二メートルの大きさがあり、細長い土台が一四並んでいて、その土台の上に木で作った倉庫があったと説明している。遺跡の写真を見ると、大きな壺などの土器も発掘されている（図79上）。目をひくのは、貝製品が入った瓶である。また、土器を焼くかなり大きな窯も発見されている。発掘者は「これだけの狭い場所に、これだけ大きな壺や瓶がみつかったのはなぜなのか。これからの発掘で明らかにしたい」と意気込んでいる。

また、金のビーズが二六個も入った小さな壺や金でできた円形のディスクを一〇個つないだアクセサリーが発見されている（図79下）。金製品がこれほど大量にみつかるのは珍しい。金製品以外では、ビーズや貝製品の加工品、加工前の貴石や貝などがみられ、またビーズ制作に欠かせないドリルもみつかっている。インダス印章は一個みつかっているが、なかには円形をした印章も発見されている。円形の印章は湾岸式印章とよばれ、ペルシア湾岸に多く、ドーラーヴィーラー遺跡でも、ロータル遺跡でもみつかっている。こうしたことから、キルサラー遺跡はカッチ県特有の工芸製品生産拠点であり、交易センターであった可能性が高い。

インダス文明遺跡の発掘は毎年おこなわれ、新しい発見がある。第4章でみたラーキーガリー遺跡は今後新しく発掘がおこなわれ、その発掘成果如何ではインダス文明像が塗り替えられる可能性もある。この章でみてきたカッチ県とその周辺のインダス文明遺跡も、キルサラー遺跡のように新しい発掘が継続しておこなわれている。湾岸地域との交易関係などを考慮すると、インダス文字と楔形文字がバイリンガルで書かれた印章、あるいは粘土板がみつかる期待もいだかせる。

図79●キルサラー遺跡出土品。大きな壺（上）と金のネックレス（下）（『フロントライン』2013年6月27日号より引用）

こうしたインダス文明研究の進展にもかかわらず、日本では旧態然とした情報しかない。閉鎖的だったインド考古局も、かわりつつある。情報を死蔵せずに、インドの新聞や週刊誌などを通じて、新しい情報を発信している。本書をきっかけにして、新しいインダス文明遺跡の発掘成果にも関心をもたれるよう切に願っている。

3　インダス文明におけるグジャラート州海岸沿い遺跡の位置づけ

カッチ県とその周辺の小さな遺跡

シカールプル遺跡、カーンメール遺跡、バガーサラー遺跡の共通点は強固な城壁をもつ城塞である。この城塞の解釈としては、戦闘用の砦という見解がまず頭に浮かぶ。しかし、戦いの砦ということならば、もっと武器になるような出土品があってしかるべきだ。ところが、そうした出土品はみあたらない。また、戦争の跡を裏付けるような人骨もないし、戦いをモチーフとしたような印章や絵画もない。

では、この城塞に対して、どのような解釈が妥当なのか。一例として、洪水の際の避難場所という見解をカーンメール遺跡の項にあげた。しかし、城塞が平常時に果たした役割としては適切な解釈とはいいがたい。

ところで、カッチ県では一〇から一五キロメートルぐらいの間隔でインダス文明遺跡がみつかるという。この事実を私に教えてくれたのはラワト博士だ。例のドーラーヴィーラー遺跡のインダス文字看板を発掘した考古学者である。ラワトはグジャラート州の役人として、州をくまなく歩いた。とくに、カッチ県には数えきれないほど足を運び、遺跡のかずかずを実地にみてきた。そのラワトが現地踏査の経験則により、三〜四時間の歩行間隔でインダス文明遺跡が存在するというのである。

ラワトは自説の証明のために、われわれの知らないインダス文明遺跡をあげてみせた。ラッパルという町がカーンメールからスールコータダーにいく途中にある。そのラッパルにもインダス文明遺跡があるというのである。町の人々が生活している場所のため遺跡かどうか確認できなかったが、二〇〇三年の地震の際に建物が崩壊し、遺跡だと確信したのだそうだ。ラワトはわたしをその場所に案内してくれたが、建物が再建されていて、確認はできなかった。しかし、ラワトの説明により、遺跡のある程度の様子を知ることができた。たしかにカーンメールとラッパル、そしてスールコータダーの三遺跡は一〇〜一五キロ程度離れており、距離原則が当てはまることになる。

さて、高い城塞と等距離に点在する遺跡をどう解釈するのか。まず、一〇〜一五キロ程度の距離なら、目視できる範囲ということになる。アメリカ先住民のように狼煙をあげれば、隣の町に十分に連絡可能だろう。また、城塞部の周壁が厚いのは高くするためとも考えられよう。というのも、城塞を高くした方がお互いの連絡は取りやすくなるからである。クンタシー遺跡では厚い周壁はみられないが、見晴らしのいい高台にあった。隣町を目視できる場所があるなら、高い城塞は必要なかったのだろう。

では、なぜお互いに連絡を取る必要があったのか。これについては、南アジアの文化伝統に根ざして考えてみたい。南アジア社会はカースト制度によって統制されてきた。たしかに、カースト制度の負の側面は看過しがたい。しかし、多くの職能集団が依存しあって社会を構成しているしくみには評価すべき部分もある。チェイスの研究にあるように、城塞内部に住む人たちと市街地の住民はちがう職能集団に所属していた。城塞に住む人々は装身具を制作する職人の職能集団だった。職人たちは定住ではなく、制作した装身具を大都市に売るため季節移動をした。移動手段は海洋や河川は船で、陸上では牛車やロバが使われた。こうした交易にはさまざまな情報を必要とする。城塞に住む職人たちが隣の町の職人たちに交易船の発着などの情報を狼煙といった手段で連絡したことは十分に考えられる。また、こうした職能集団は氏族集団を母体とするもので、氏族ごとに居住地と制作する装身具が決まっていたのではないか。これがカッチ県のインダス文明遺跡についての私見である。

カッチ県のインダス文明遺跡を踏査すると、以上の私見がある程度妥当ではないかと思えてならない。カーンメール遺跡の城塞のなかに、多数の人が住めるとは思えない。せいぜい氏族単位の一〇〇名程度だろう。また、等距離原則がなりたつとすれば、城塞を高く築き交易の便宜等の連絡を取りやすくしたと考えるのが自然だ。さらに、職能集団が生産する貴石や貝類の装身具をめぐっては、ネットワークが形成されていたことが次章で紹介するローの研究などで明らかになっている。

交易センターとしてのロータル遺跡

ここまではカッチ県とその周辺の比較的小さなインダス文明遺跡をみてきた。工芸製品の製作が共通の特徴だった。また、その工芸製品は交易品として、インダス文明地域内はいうにおよばず、遠くペルシア湾岸やメソポタミアにまで運ばれていったとみられる。その交易センターがロータルである。ロータル遺跡は一九五五年から六二年にかけて、S・R・ラーオ率いるインド考古局が発掘をおこなった。同じグジャラート州にあるが、カッチ県からはだいぶ東に位置し、サウラーシュトラ半島の付け根にある。州都ガンディー・ナガルからも車で一時間半ほどの距離である。ここが有名になったのは船着き場（ドック）の跡が発掘されたからだ（Rao 1979・1985）。

船着き場は焼成レンガを積んで作られており、縦二一四メートル×横三六メートルの大きさに深さ四・五メートルあり、大量に水を蓄える構造になっている（図80）。これをラーオは船着き場とした。しかし、「船着き場説」には異論もある。最近のインダス文明の研究者はおおむねこの「船着き場説」に否定的である（Possehl 2002, Kenoyer 1998）。ただし、ライトが指摘するように、「船着き場説」に対抗

図80●ロータル遺跡の船着き場

するような説がないこともまた事実だ（Wright 2010）。インダス文明遺跡は大量に水を蓄える施設をもっており、それは貯水池だったり（ドーラーヴィーラー遺跡）、大浴場だったり（モヘンジョダロ遺跡）する。では、なぜラーオは船着き場とみなしたのだろうか。水深が深いことや水をためる部分が大きいことに加え、メソポタミアやペルシア湾岸諸国との交易を思わせる出土品がみつかっているからだ。

ロータルの交易については、イタリアのフレネッツの研究が詳しい（Frenez 2006）。フレネッツはロータルの交易実態を解明するために、ロータル特有のインダス印章に注目した。ロータルではハンコであるインダス印章より、封泥が多く出土している

（図81）。封泥とは荷物を梱包してから泥で封印し、インダス印章を押印したものである。ロータルでは九三にもおよぶ封泥がみつかっているのだ。しかも、封泥だけではない。ある封泥の印章側と反対の面には、ロープの跡や荷物を縛った跡がついていた。また、封泥には二つの印章が押印されたものもあった。これは送り主と荷物を運ぶものとが確認のために押し合うと考えられる。さらには、同じゾウの動物柄に同じインダス文字が入った印章が押印された封泥が一二個もみつかっている。インダス印章はヴァラエティーに富んでおり、こんなに同一のものがみつかることはめったにない。同じ荷なのか、同じ送り主なのか、特定はできないが、荷物の運搬にかかわって、同一の印章が使われているのだろう。これらをすべて考慮すると、交易の証拠に十分なるとフレネッツは考えている。なかには、アラビア半島の南東部に位置し、ペルシア湾入口にあるオマーンのラス・アル・ジンツ遺跡でみつかった印章と照合できる封泥もあり、ペルシア湾岸との交易も盛んだった。その証拠に、円形をしたペルシア湾岸印章もロータルから出土している（図82）。

こうした交易センターとしての役割に注目して、イタリア隊がロータル遺跡の再発掘調査を二〇一〇年からはじめた。しかし、一年間発掘をおこなっただけで、それ以降、発掘許可が下りなくなってしまった。その理由はよくわからない。かつてインダス文明研究を引っ張っていたポーセルも、インドでの発掘がうまく行ったとはいいがたい。インドにおいては、意思疎通がうまく行かず、外国隊の発掘が暗礁に乗り上げるケースが多い。そういう意味で、われわれはラッキーだった。カーンメール

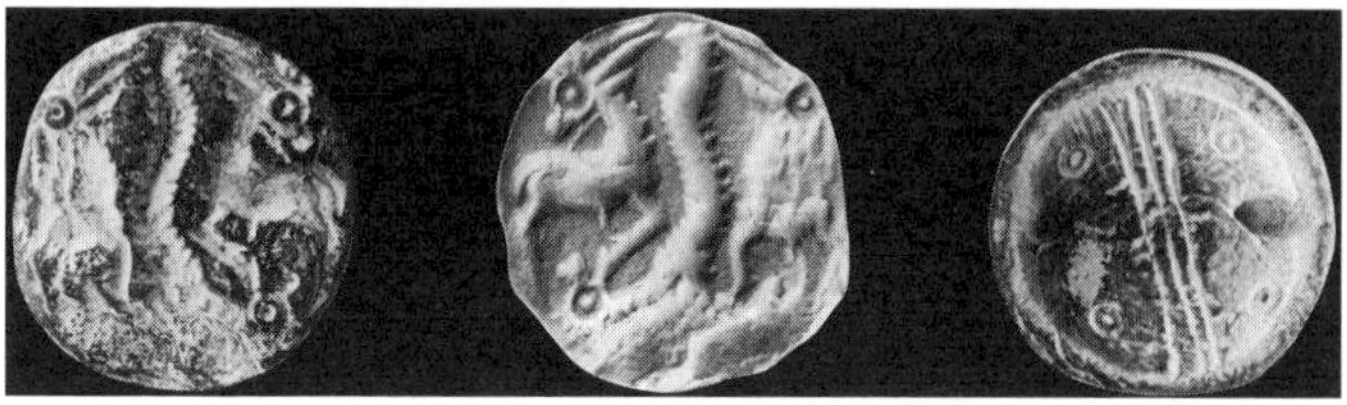

図81●ロータル遺跡から出土したインダス印章を押印した封泥。右のものには縄でしばったあとが確認できる。（L-190. photo Erja Lahdenperä for CISI 1 (1987) p. 282. courtesy Archaeological Survey of India）

図82●ロータル遺跡から出土したペルシア湾岸印章（L-123. photo Erja Lahdenperä for CISI 1 (1987) p. 268. courtesy Archaeological Survey of India）

遺跡では、インダス「パスポート」を発見し、ファルマーナー遺跡では墓地がみつかった。これもインド人カウンターパートとの意思疎通がうまく行った成果だと自負している。ロータル遺跡の再発掘が認められ、交易の実態が解明されることを心から望んでいる。

インダス文明期の海水準

ここで、もう一つ、地球研インダス・プロジェクトの研究成果を紹介しておく。それはインダス文明期における海水準に関する研究である。インダス文明期には二メートル高かったことはすでに第5章や本章で何度か指摘したが、その根拠となる研究をここで紹介したい（宮内・奥野 2013）。

海水準とは陸地に対する海面の相対的な高さをいう。過去の海水準に関しては、重力の変化などを考慮に入れたアイソスタシーの計算値によってわかる。アイソスタシーとは地殻均衡のことで、地球内部の深い場所では大陸下でも海洋下でも圧力がほぼ釣り合っている状態をいう。アイソスタシーを計算すれば、海水準がわかるのである。これによれば、インダス文明が栄えていた頃は、いまの海水準よりも二メートル高かったという数値がでている。この計算値は国立極地研究所の奥野淳一博士が出したものである。

これはあくまでも計算値の結果で、地質学的調査の裏付けが必要となる。それで、千葉大学の宮内崇裕教授が裏付けとする地質調査をおこなった。主な調査地はカーンメール遺跡とロータル遺跡である。

まず、ロータル遺跡で実地に地形を調べ、また、ラーオが出版した地質情報などにあたった。その結果、以下のような地形変化が推測できることがわかった。まず、七〇〇〇年前はいまよりも海水準が七メートルほど高かったと考えられ、ランは海だったことがわかった。そして、ロータル遺跡の付近は干潟になっていた。いまから二〇〇〇年前までには、海水準が下がり、干潟から水が引き完全な陸地になった。そしていまではさらに海水準が下がり、海岸からは遠くなってしまった。それがロータル遺跡付近での調査結果である。そうなると、船着き場説はかなり有力な証拠を得たことになる。

この海水準変動はカーンメールでも同様なことがいえる。つまり、計算値が地形学・地質学上、証明されたことになる。海面がいまよりも高いとどうなるのか。われわれプロジェクトでは、緯度経度情報を三次元地図モデルに落とすことで、海水面をいまより二メートルあがった場合、遺跡がどこに位置するのか、シュミレーションした（図83）。すると、いまは海岸線からかなり奥に位置している遺跡の多くが、海岸線に近いことがわかった。これはおどろくべき事実である。つまり、カッチ県のインダス人は海に依拠して暮らしていたことになる。カッチ県とその周辺のインダス文明は海洋文明だったのである。

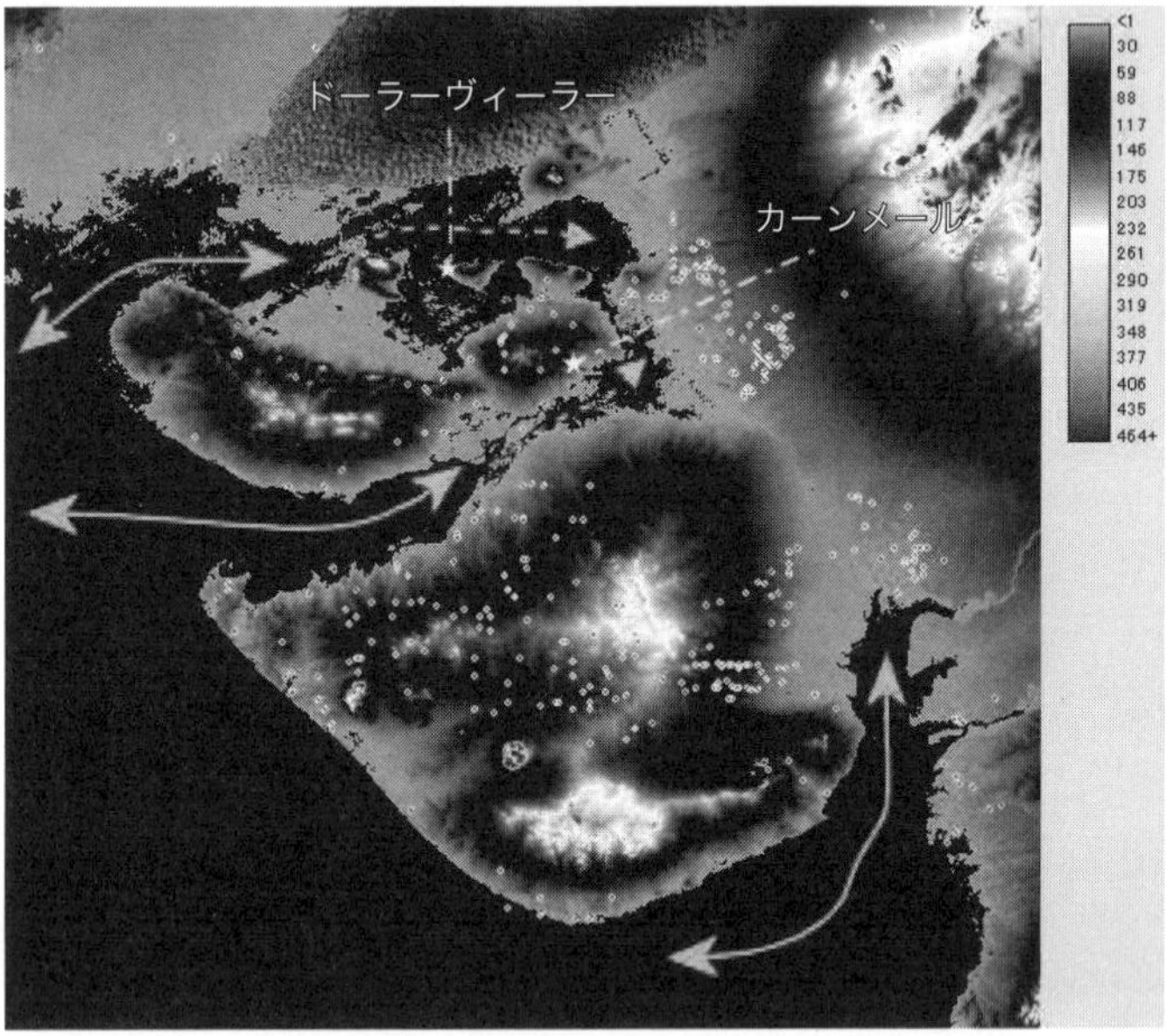

図83●海水準シミュレーション。今の海水面を1m上げた図。丸い点が遺跡を示す。

第7章……新しいインダス文明像を求めて

「エジプトの地域は、いわば（ナイル）河の賜物ともいうべきもの」

ヘロドトス『歴史』上　松平千秋訳　岩波文庫版　164頁

これは歴史の父ヘロドトスのあまりにも有名な文言である。古代文明を考える際には、常にこの文言が頭をよぎる。第1章の冒頭で述べたように、世界の四大文明は大河に依存して成立したとされている。事実、わたしも本格的な研究をはじめるまでは、インダス文明は大河文明であると信じて疑わなかった。「インダス文明は、いわば（インダスないしはサラスヴァティー）河の賜物」と考えていたのである。しかし、インダス文明を研究していくにつれ、インダス文明は大河文明とはいえないと確信するようになった。

1　インダス文明ははたして大河文明か

さて、ある文明が大河文明だと判断する要件を上げてみよう。一つはその文明が大河に依存していることである。二つ目は文明を支える農業が大河に依拠していることだろう。三つ目は中央集権的統治システムの存在だ。これは、エジプトやメソポタミアにみるように、大河の管理は中央集権的統治システムを生み出すことによる。この章ではこの三点から、インダス文明は果たして大河文明だったのかを論じたい。すなわち、(一) インダス文明は大河に依存していたか (二) インダス文明の農業形態 (三) インダス文明の統治システムの三点である。論の展開には、インダス・プロジェクトにおける多彩な研究成果を多面的に取り入れている。

(一) インダス文明は大河に依存していたか

大河に依存するとは、具体的に何を意味するのか。ヘロドトスの『歴史』にはエジプトのアンモン神の神託が載っている。「ナイルの水が溢れ出て潤おす限りの土地がすなわちエジプトであり、(中略) この河の水を飲むものはすべてエジプト人である」(172〜3頁) というものである。つまり、大河文明の遺跡は「大河の水で潤う土地」に立地することになる。ところが、インダス文明遺跡をみていくと、すべての遺跡が大河の近辺に分布しているわけではない。ここまでインダス文明の遺跡を数多く紹介してきた。ここで、インダス文明遺跡を再検討して、大河とのかかわりについてまとめてみよう。

インダス文明遺跡の集中地域は、①インダス平原、②ガッガル＝ハークラー川流域、③グジャラート州、④マクラーン海岸の四地域である（口絵1を参照）。この四地域をもう一度大河とのかかわりという点で概観したい。

まず、①インダス平原をみよう。第2章のモヘンジョダロ遺跡やハラッパー遺跡がインダス平原にある。この二遺跡はたしかに大河の近くに位置する。とくに、モヘンジョダロがインダス川に依存していたことは容易に想像がつく。グーグルアースで、モヘンジョダロ遺跡の衛星写真みれば、インダス川に近接していることがよくわかる。ハラッパー遺跡の近くにも、ラーヴィー川が流れている。このラーヴィー川は下流でインダス川と合流する。つまり、インダス水系であることには変わりがない。ただ、降水量という点では、この二つの遺跡にはちがいがある。モヘンジョダロ遺跡の年間雨量は一〇〇ミリ以下なのに対し、ハラッパー遺跡は三〇〇ミリほどの年間雨量がある。このことから、モヘンジョダロでは川に依存するしかなかったのに対し、ハラッパーはモンスーンの雨がある程度期待できることがわかる。後で農業を考えるとき、そのちがいは大きいので、留意しておいてほしい。

次に②ガッガル＝ハークラー川流域のインダス文明遺跡である。これらの遺跡については、第3章や第4章に紹介している。こうした遺跡が幻の大河サラスヴァティー川に依存していたとすれば、大河文明とよんでもおかしくないだろう。しかし、第4章でみたように、最新の研究結果からはサラスヴァティー川は大河ではなかったと考えられる。つまり、この地域は夏のモンスーンによる雨に依存していた。

③グジャラート州はどうだろう。この地域も大河の流域とは言えない。たとえば、ドーラーヴィーラー遺跡である。第5章でみたように、島にあったドーラーヴィーラー遺跡はどう考えても大河に依存していない。他のグジャラート州のインダス文明遺跡は海岸沿いに立地していて、海に依存していたことも第6章で詳細に述べている。

④マクラーン海岸については、本書で取り上げていない。治安の問題があって、実地踏査できていないからである。しかし、ここにはソトカーゲン・ドール遺跡など多数のインダス文明遺跡がある。このマクラーン海岸のインダス文明遺跡についても、少し情報をくわえておこう。マクラーン海岸はパキスタンの南西部、イランとの国境付近のアラビア海に面する海岸である。マクラーン海岸の遺跡の踏査は、一九六〇年にジョージ・デール率いるアメリカ隊が、また一九九〇年代にはフランス隊がおこなっている。そのフランス隊のマクラーン踏査を率いたベセンヴァル博士の研究がある（Besenval 2011）。それによると、現在ソトカーゲン・ドール遺跡やソトカー・コー遺跡は海岸からかなり入ったところにあるが、インダス文明期には海岸沿いにあった（図84）。こちらもグジャラート州の海

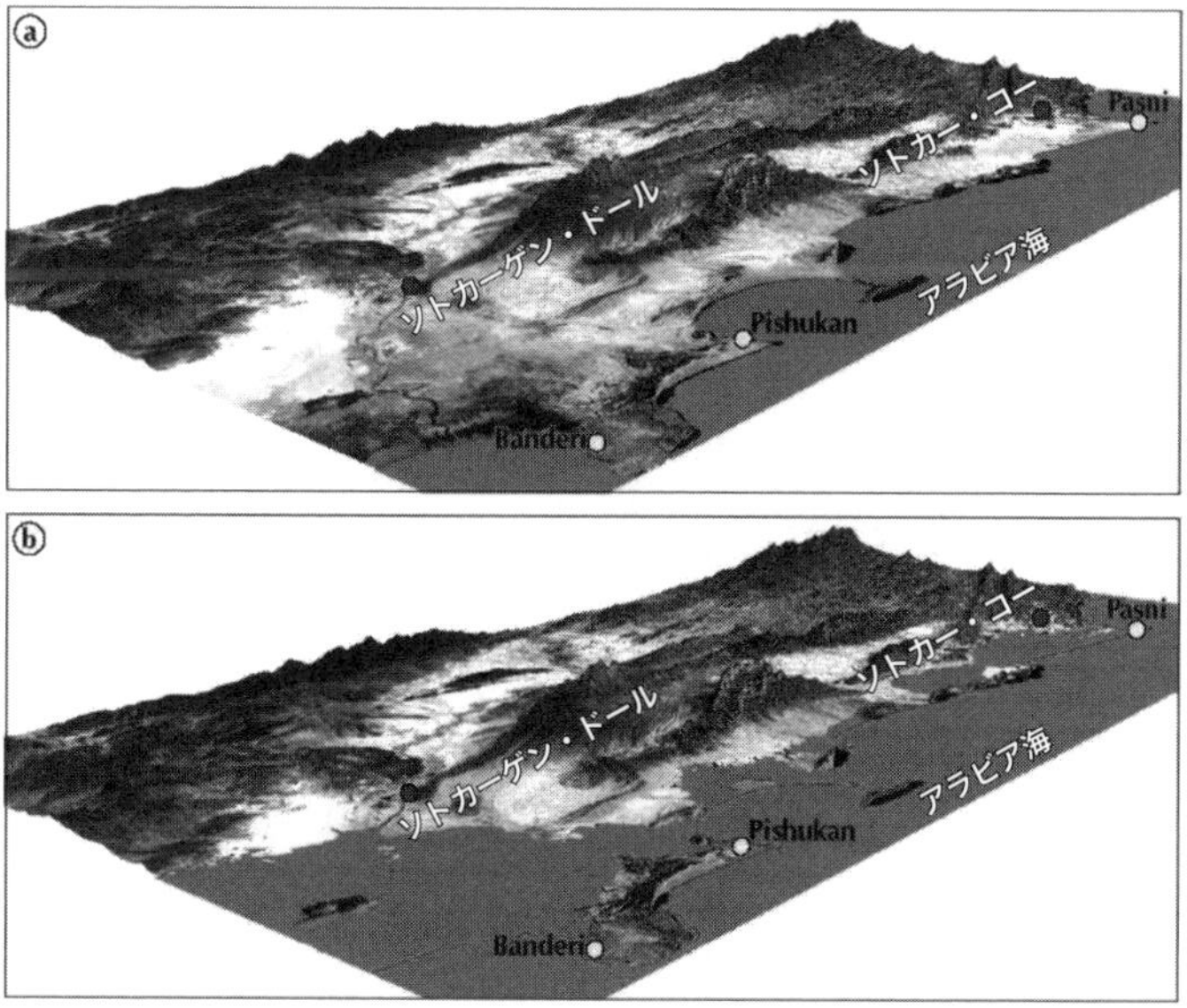

図84●マクラーン海岸の地形モデル図。上が現在の図で下が紀元前三千年紀の図。（ベセンヴァル博士提供）

岸と同じく、海水準変動によって、海面が下がり、陸地も隆起したため、その当時の海水面とは九・五メートルもちがい、現在は海岸から離れた位置になってしまった。つまり、マクラーン海岸の遺跡は大河に依存していたわけではなく、海に依存していたことになる。

もっとも北にあるショールトゥガイ遺跡にもふれておこう。ショールトゥガイ遺跡は現在紛争地帯のアフガニスタンにあり、なかなか行くことができない。ショールトゥガイ遺跡を発掘したベセンヴァルから写真を見せてもらったことがある。その写真では、ショールトゥガイ遺跡の周りには草原が広がっていた。中央アジアの馬が疾走しているようなステップ地帯の草原だ。一枚の写真で判断はできないが、これまでみてきたインダス文明遺跡の風景とは異なっていた。その印象を確認するためにも、ぜひ一度行ってみたい。報告書などによると、この遺跡はアムダリヤ川の岸辺にある。いずれにせよ、インダス植民都市とよばれるショールトゥガイは、一つだけ北にはずれた位置にあり、この遺跡が大河に依存していたかどうかはあまり重要とは言えまい。

以上、①インダス平原のみが大河に依存し、②ガッガル＝ハークラー川流域、③グジャラート州、④マクラーン海岸では大河への依存はみられない。つまり、インダス川に依存しているインダス平原の遺跡（モヘンジョダロ遺跡など）は例外なのだ。

これまで語られてきたインダス文明観は、モヘンジョダロ遺跡とハラッパー遺跡に多くを依拠してきた。実際に二つの遺跡を訪れると、依拠したくなる気持ちはよくわかる。とくに、モヘンジョダロ遺跡はあらゆる意味で別格だ。焼成レンガによる整然とした街区を歩けば、四〇〇〇年前の都市だとはだれも思わない。現代の都市といっても十分に通用する。それほど見る者を圧倒してしまい、古代都市のイメージを一新させてしまう。しかし、そのこととインダス文明全体をどう捉えるかを混同させてしまっては、インダス文明の実態を見誤ることになる。

インダス文明のイメージはこの二つの遺跡に依拠している。したがって、どうしてもモヘンジョダロとハラッパーを重要視する傾向にある。しかし、インダス文明遺跡が次々と発見され、さらには発掘されていくにつれて、これまでの定説がぬりかえられていっているのだ。第2章であげた二大首都論もその一つだった。また、アーリヤ人によるインダス文明破壊説にいたっては、いまでは教科書にすら掲載されていない。インダス文明が大河に依存していた説もまた、否定されてしかるべきなのだ。

(二) インダス文明の農業形態

次に、農業を取り上げて、インダス文明が大河文明ではない事実を論じよう。

インダス文明が大河文明であるなら、食糧の生産を大河が支えることになる。たとえば、エジプトの農業はナイル川が運ぶ肥沃な堆積土を利用しているし、メソポタミアの農業はティグリス・ユーフラテス川に依存した灌漑に頼っている。インダス文明においても、当然、こうした大河に依存した農業形態が推定できなければならない。

では、インダス文明を支えた農業はいかなるものだったのだろうか。

遺跡から出土する遺物の中で、植物と同定できるものを植物遺存体とよぶ。この植物遺存体を検討すれば農業の実態が解明できる。すでに、第4章でインダス文明期の植物遺存体を抽出する方法について紹介した。たとえば、インダス文明期の地層のなかから植物の炭化した種子を集めるフローティングという方法がある。もっと小さな花粉を顕微鏡で分析する方法もある。なかには歯に残った歯石を分析する方法などもあった。こうした植物遺存体の研究分野は植物考古学とよばれる。近年、インダス文明に関連した植物考古学の成果はめざましいものがある。

そのインダス植物考古学を牽引する研究者が、ワシントン州立大学のウェーバー准教授だ。第4章で述べたように、彼はファルマーナー遺跡から出土した人骨の歯石を分析して、カレーの起源について論文を発表している。ウェーバーはペンシルヴァニア大学のポーセルの弟子で、ポーセルのおこなったロージディー遺跡（グジャラート州）の発掘に参加している。また、ハーバード大学のメドゥとウィスコンシン大学のケノイヤーが率いるハラッパー遺跡の発掘にも参加した。彼はパキスタンのハラッパー遺跡の植物遺存体データも、インド・グジャラート州の遺跡から出た植物遺存体データも集めている。

植物考古学にとって、一番重要なのは植物の同定である。すなわち、遺跡で集められた植物遺存体を分析して、植物の同定をおこなうのである。同定とは分類上の所属を決定することだ。つまり、遺存体の分析から「オオムギ」といった品種名を類推するわけだ。遺存体の残存状態が良ければ問題ないが、半分しかなかったり、保存状況が悪かったりすると、なかなか結論を出しにくいケースもあるという。植物の同定を誤ってしまうと、データそれ自体の意味がなくなってしまう。植物同定にはかなり気を使うという。

遺跡から発見された植物遺存体だけでは、農業の実態はなかなか復元できない。そんなときに、民族考古学の研究が役立つ。つまり、その地域に居住する現代の人々がどのように植物を栽培し、それをどう利用しているかを調べることで、過去の農業実態をさぐる方法である。アメリカの考古学者はこの文化人類学的手法をよく使う。アメリカの大学では人類学と考古学が同じ学科にあることもめずらしくない。

では、南アジアの農業はどのように具体的に展開されているのだろうか。まず、南アジアでは夏のモンスーンがもたらす雨が重要な意味をもつ。夏のモンスーンは年によって変化はあるものの、六月半ばからはじまり、九月半ばにはおわる。現在、南アジアの農作物は一般的に、二つの種類に分けられている。雨季の雨に支えられた夏作（カリーフ）と灌漑による冬作（ラビ）の二つである。夏作の栽培作物としてはイネや雑穀類（モロコシ、アワ、キビ、シコクビエ）、それに豆類のうち、リョクトウ、ケツルアズキ、そしてゴマやワタがあげられる。いっぽう、冬作物にはオオムギ、コムギなどの麦類と豆類のうち、エンドウ、レンズマメ、ヒヨコマメなどがある。夏作物は雨季によって育ち、冬作物は灌漑によって育つのである。

インダス文明期の農業研究者たちは、インダス文明期にも、夏作と冬作がおこなわれていたと推測した。モンスーンの雨がみこめた地域では夏作が、灌漑による農業がおこなわれた地域には冬作がみられると考えたのである。つまり、インダス文明の農業形態に地域差を想定したことになる。ウェーバーがおこなった植物遺存体の分析結果はたしかにその地域差をしめすことになった。ハラッパー遺跡を中心としたパンジャーブ州（パキスタン）、モヘンジョダロ遺跡を中心としたシンド州（パキスタン）、そしてグジャラート州（インド）では、その栽培作物のちがいがきわだっているからだ。以下、ウェーバーの研究にもとづき、インダス文明期の各地域で展開された農業形態について述べよう（図85）。

シンド州では冬作物が七五％以上を占め、とくにオオムギとコムギだけで五〇パーセントをかるくこした。パンジャーブ州は冬作物が六〇パーセントほどを占めるが、オオムギとコムギの占める割合は二五パーセント程度で、レンズマメやエンドウなどの豆類の栽培が多かった。つまり、これらインダス川流域では明らかに、インダス川の水位がさがる冬の時期に灌漑を利用してムギ類などが栽培されていたことになる。いいかえると、これらの地域は明らかにインダス川の水に依存した農業がおこなわれていたといえよう。これに対し、グジャラート州では、冬作物（四〇パーセント）よりも夏作物（六〇パーセント）の方が多かった。とくに、冬作物のコムギとオオムギは一〇パーセントほどな

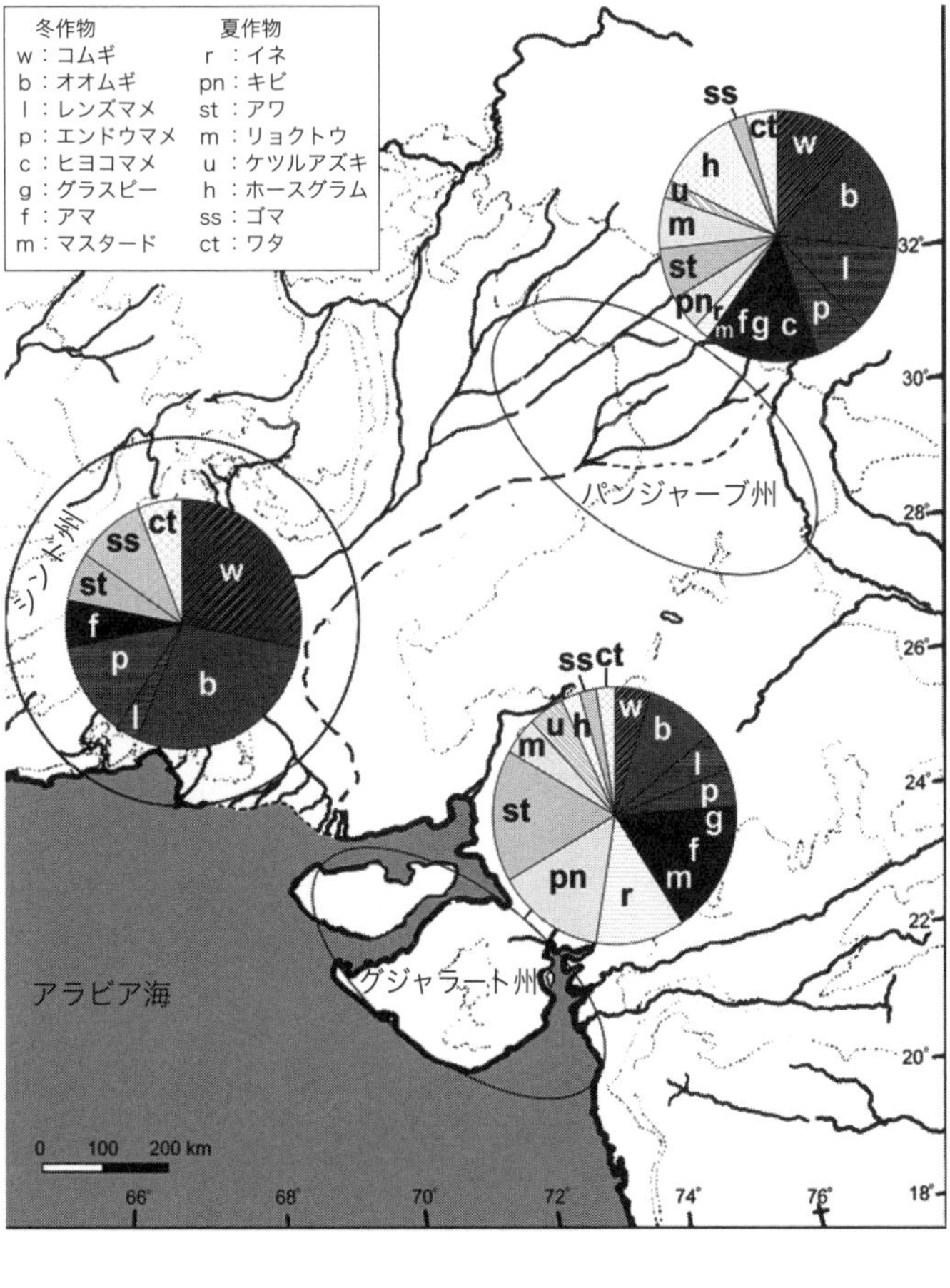

図85●農業形態。黒系統が冬作物、白系統が夏作物を示す。（ウェーバー博士提供）

のに対し、夏作物のイネ、キビ、アワで四〇パーセントほどを占めていた。つまり、グジャラート州では灌漑よりも夏のモンスーンに依存した農業がおこなわれていたのである。

インダス文明を支えた作物はオオムギ、コムギである、というのが従来の説だった。しかし、この研究はこれまでの概念を打ち破る画期的なものである。最近の論文では、インダス文明期には主食であった可能性さえある雑穀が、現在ではほんとんど食べられなくなっている現状を報告している(Weber and Kashyap 2013)。

また、ウェーバーはこのデータから、次のような図を作成している(図86)。それによると、インダス文明地域を、冬作物地域、夏作物地域、冬作物と夏作物が混在している混合作物地域の三つにわけている。この図と南アジアの年間降水量をあらわした図を比べてみてほしい(図87)。降水量が少ないところは冬作物が、ある程度の降水量があるところは混合作物が、そして夏のモンスーンによって、十分雨が降る地域は夏作物が、それぞれ卓越していることがわかる。降水量と農作物が明らかに相関関係をもっている。

ただし、ここでこの図が完全にかさなるわけではないことに注意すべきだろう。つまり、パンジャーブ州からハリヤーナー州にかけて、雨が少ないにもかかわらず、混合作物地域となっている。これは上流で降った雨水がサトルジ川やガッガル川に流れ込むためである。直接、雨が降るかどうかはそれほど重要ではない。むしろ、雨は降らないが、上流から水が流れてくる方が、川の水を管理さえす

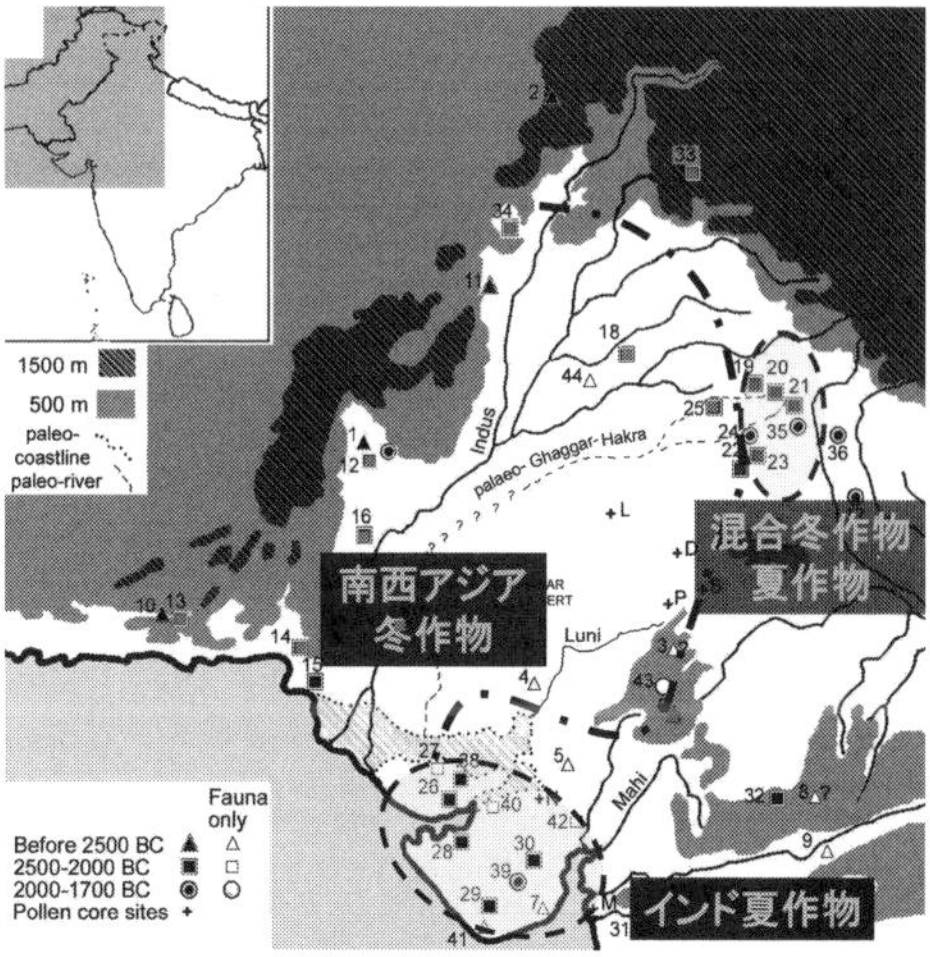

(Fuller 2006)

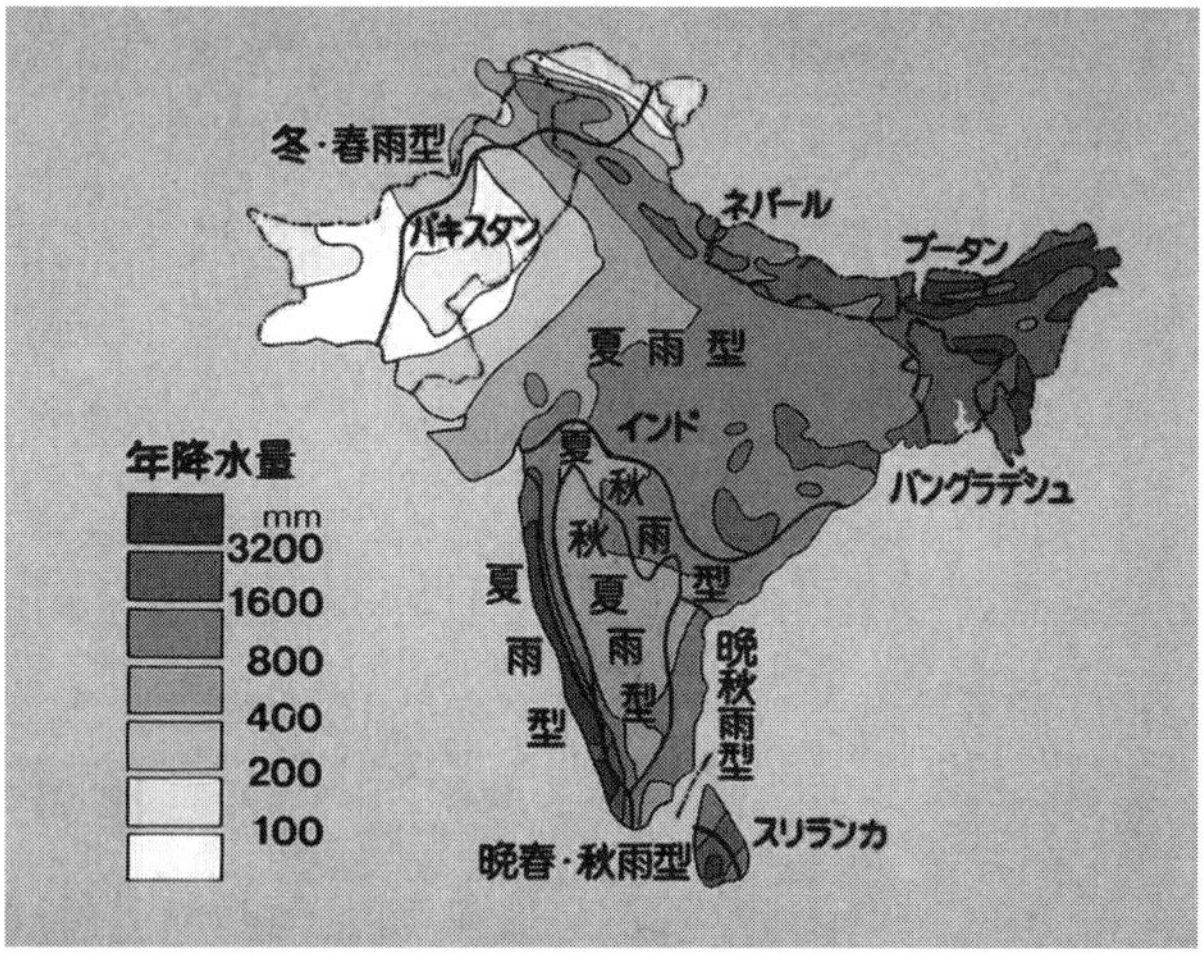

図86●インダス文明期の冬作物と夏作物の分布（ウェーバー博士提供）
図87●南アジアの年間降水量（理科年表より）

れば雨による害を避けられる点で有利である。

この作物分布からいえることはなにか。大河に依存した冬作物を生産しているのはインダス川流域、とりわけモヘンジョダロ遺跡周辺のインダス平原など、かなり限定的である。それに対し、夏のモンスーンによる雨に依存する夏作物を生産している地域の方が、混合作物地域を含めるとはるかに広い。このことから、インダス文明のほとんどの地域では、大河に依存する生産システムではなく、夏のモンスーンによる降雨に依存する生産システムだったと考えられるのである。つまり、ここでもまた、結論は同じだ。インダス文明は大河文明ではない。あえていえば、モンスーン文明といえる。

(三) インダス文明の統治システム

インダス文明の統治システムが論じられる際には、オリエント文明が必ずといっていいほど比較の対象になる。それはオリエント文明が同時代の文明であり、地域的にも近いことが理由であった。ここでは、まず、インダス文明がオリエント文明とどのように比較されてきたのかを述べよう。

インダス文明が発見された当初は、メソポタミアのシュメール文明がインダス地域まで伝播してきたものと考えられていた。そのため、インド＝シュメール文明という名称が使われていた。それをマーシャルがインダス文明という名称に変えて今日にいたる。しかし、発掘当初からインダス文字とイランから出土している原エラム文字との類似性が指摘され、シュメール語でインダス文字が読めると主張する研究者もいた。

ウィーラーはかつてインダス文明研究を両肩で背負っているといわれるほどの、自他共に認める第一人者であった。そのウィーラーの文明観は第2章ですでに詳細にみてきたが、ここでもう一度確認しておこう。ウィーラーに、「アイデアには翼がある」という有名な文言がある。メソポタミア文明を築いた人たちが直接移住してきてインダス文明を築いたわけではないが、メソポタミア文明のアイデアを借りてきた。それがウィーラーの意味するところである。ウィーラーはインダス文明とメソポタミア文明の類似点を「〈もとになったある一つ〉の社会的段階から、固有のものを保ちながらわかれ出たいとこ同志という関係」（ウィーラー　1966）とみている。こうした考えにもとづいて、穀物倉、労働者の宿舎、円形作業場など、重要な建物の役割を提示してきた。しかし、すでにみてきたように、ウィーラーの学説は後世の学者たちに否定されたのである。

では、インダス文明はオリエント文明とどこがちがうのか。たとえば、エジプト文明におけるピラミッドやメソポタミア文明におけるジッグラトといった王墓や記念碑といった建築物が、インダス文明にはみられない。こうした記念物にはエジプトではヒエログリフ、メソポタミアでは楔形文字で、建立した王の名前が刻まれている。このような建築物の壁や銅像に刻まれた碑文は、解読のために大きな役割を果たした。シャンポリオンがロゼッタ・ストーンのヒエログリフを解読する際にも、ローリンソンがイランにあるベヒストゥンの楔形文字碑文を読み解く際にも、王の名前が重要なカギとなった。

インダス文明にはこうした記念碑的建造物がない。モヘンジョダロ遺跡の仏塔だとみなされている建物が記念碑的意味をもつ可能性がないわけではない。しかし、いまのところ、ピラミッドに匹敵するものはない。また、文字が人目につくような碑文として刻まれた例は、第6章であげたドーラーヴィーラー遺跡の看板だけである。こうした事実から、インダス文明には王権の存在を匂わせるものが希薄だといえる。もちろん、ドーラーヴィーラー遺跡の城塞のうえにあった、少数の者だけが水を浴びるための場所が、権力を示唆するかもしれないが、インダス文明全体の権力者を推測する決定的な遺物はみつかってはいない。かつて、モヘンジョダロから出土した神官王を権力者とする説もあった。しかし、一七センチメートルの小さな像に権力を想像するのは無理がある。それより、強固な王権はなかったと考える方が自然だろう。

インダス文明にはたしかに共通要素がある。たとえば、インダス印章、インダス文字がある。また上下水道が整った都市があげられよう。だからこそ、インダス文明を一つの文明システムと捉えることができる。しかし、その一方で地域差も歴然とある。われわれはインダス文明といえば焼成レンガと連想するが、じつはこれも地域差があった。第6章でみた、グジャラート州カッチ県のインダス文明遺跡は石造りだった。第5章のドーラーヴィーラー遺跡の城塞も立派な石垣である。さらに、ウェーバーの研究によって、栽培作物にもかなりの地域差があったことがわかってきている。この地域差は強力な権力者の存在がみえないことと関連するように思われる。

じつは、ウィーラー的見解は一九八〇年代から、見直されるようになった。シェーファーがその口火を切り、インダス文明を「世襲のエリート、中央集権的政府（国家、帝国）、戦争に基づく社会組織とは結びつかないで、技術的に進んだ、都市機能をもった、文字をもった文化を達成させた」（Shaffer 1982: 49）とみなした。なぜ、こうした見解に到達したのか。それはインダス文明期の墓の研究において、副葬品などに、特定のエリートたちへの富の集中がみられないところにある。従来の古代文明イデオロギーとは明らかに異なった、インダス文明を支えるイデオロギーの研究はその後も続いたが（Miller 1985, Rissman 1988, Coningham and Manuel 2009, Eltsov 2013）、世襲のエリート、中央集権的国家、戦争の三つの要素を欠いたものというのが共通した理解なのである。[10] つまり、今では中央集権的な権力が存在しなかったことは、現代のインダス文明研究者であるケノイヤーはじめ、ポーセルやライトからも共通の認識として認められている（Kenoyer 2013, Possehl 1998, 2002, Wright 2010）。

オリエント文明には強力な権力が存在し、その富の象徴である穀物倉もかならず存在した。しかし、インダス文明像にはそうした古代文明イメージは当てはまらない。ピゴットやウィーラーが提唱した

(10) ただし、Cork (2005) や Petersen (2012) などはインダス文明期に戦争、あるいは小さな武力紛争がおこった可能性を何とか探ろうとしている。

インダス文明観から自由になるべきなのだ。

結論を言おう。「(三) インダス文明の統治システム」は中央集権的ではありえない。以上三点から、インダス文明は大河文明ではない。

2 インダス文明ネットワーク

では、インダス文明の社会システムとはどういったものだったのか。インダス印章を仲介としたネットワークを想定することで、新しいインダス文明像が立ち上がってくるのである。ランデル・ローの研究にもとづいて、インダス文明ネットワークを紹介したい。

鉱物をめぐる産地・生産・流通ネットワーク

ローはケノイヤーの指導のもとウィスコンシン大学で博士号を取得した。ケノイヤーはローの博士論文を激賞した。われわれにとっても大いに参考にすべき内容だったので、インダス・プロジェクトから二〇一一年三月に出版している。また、インドのマノハル出版社から二巻本としてインド版が出版されていて、だれでも手に取ることができる（Law 2011）。

ランデル・ローの研究は、ハラッパー遺跡から出土したアクセサリー類など、貴石や鉱物の産地を同定するものだ。つまり、インダス文明遺跡から出土した貴石類の五六、三五〇個を対象に、その原料となる石や鉱物を四〇種類に分け、それらがどこから運ばれてきたのか、その流通経路を丹念に追いかけている。産地同定というと、実験室にこもって、分析をおこなった研究と思われるかもしれない。もちろん、そうした分析も必要であるが、彼はそれで終わらない。それぞれの原料となる石を採取したと考えられる場所に、すべて足を運んでいる。それがどれほど大変なものか。地域はパキスタン、インドにまたがって拡散し、交通網は未発達なうえ、時刻表はあってなきがごときものであるし、切符の取得もままならない。インドで長く暮らしたわたしなどにも想像を絶するものだ。

インダス文明遺跡の分布自体がかなりひろい。その石や鉱物の産地となると、この遺跡よりもさらにひろくなる。ランデル・ローが行ったところは紛争地帯も多い。あるときは銃をもった兵隊のかたわらで、石の産地を調査していたという。パキスタンの調査地としては、アフガニスタン国境に近いバローチスターン州スライメーン山脈、イラン国境にも近い核実験場のあるチャーガイ山地、北部のスワート渓谷などがある。また、インド側はタール砂漠、カッチ県のランなど、ありとあらゆる石の産地を歩いて、原石を集めたのである。

では、産地の同定はどうするのか。ごく簡単にいえば、成分分析による同定である。成分分析の方法はそれぞれの鉱物によってちがう。鉱物によっては、機械をかけると、それぞれの産地に特徴的な分布をしめす値がある。それを利用して、産地同定をおこなうのである。

たとえば、凍石を取り上げてみよう。多くのインダス印章は凍石という比較的やわらかい石に彫られている。その凍石はどこからきたのか。ローの研究によると、ハラッパー遺跡の凍石はほとんどが北部のハザラ地方からきている。このハザラ地方の凍石産地からは、モヘンジョダロ遺跡やラーキーガリー遺跡にも運ばれている。また、ドーラーヴィーラー遺跡の凍石の多くもハザラ地方のものである。ただし、ドーラーヴィーラーの凍石にはグジャラート近辺産のものもある。

逆に、メノウはグジャラート州に産地がある。そのグジャラート産のメノウがハラッパー遺跡やモヘンジョダロ遺跡などに運ばれている。このローの研究によって、原料の供給地とビーズなどの加工生産地とがなんらかの交通手段でむすばれていたことが実証的に証明されたことになる。しかも、その移動は一方的なものではなく、双方向的である。というのも、グジャラート州で取れるメノウもあれば、パキスタン北部ハザラ地方で取れる凍石もある。また、石刃の材料となるチャートはシンド州のローフリーから各地に運ばれる。

原料の鉱物資源がどのように運ばれていったのかを地図にしたのが（図88）である。こうしたネットワークが、原料になる鉱物とその加工品だけの移動で終わらないことは容易に想像できる。鉱物を運んだ人が帰りにはなんらかの荷物をもって帰ったことだろう。つまり、流動性をもった人々がネットワークを支えていた。インダス文明とは、インダス川流域地域やグジャラート州カッチ県周辺地域

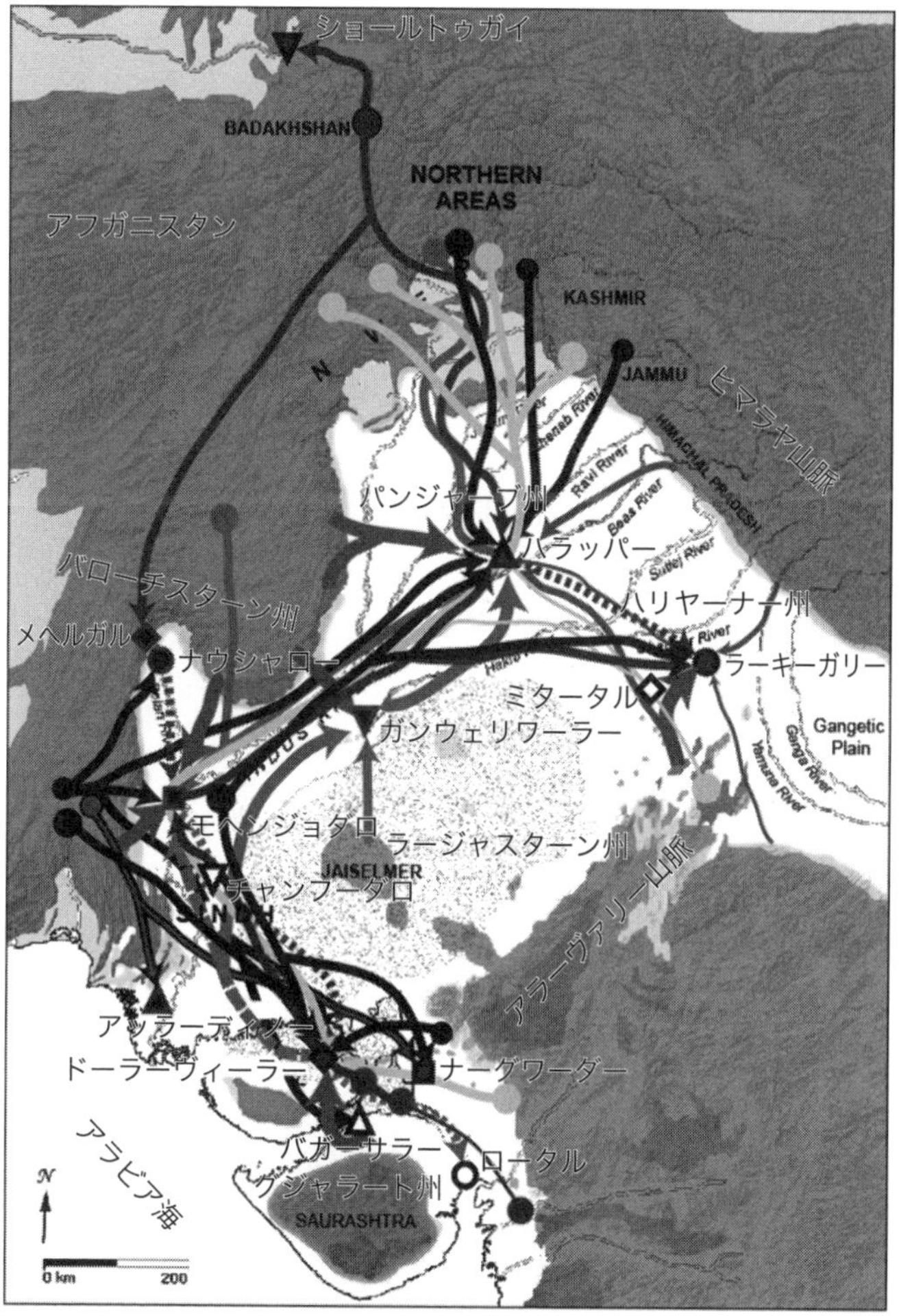

図88●鉱物ルート。Law（2011）による。それぞれの線がことなった鉱物を示すが、ここでは煩雑になるので省く。詳細は長田編（2013）の終章図4を参照のこと。なお、カラー図が口絵6に掲載。

などの地域共同体が交易などを通じて作り上げた、ゆるやかなネットワーク共同体なのである。なお、鉱物資源のネットワークについて、遠藤仁の研究が日本語で読める（遠藤　2013）。

流動性と遊牧民

このネットワーク共同体を支えた人々はどのような集団だったのだろう。それは、交易をおこなう、かなり流動性をもった人々ということになる。

第3章や第4章で、砂漠地帯に広がるインダス文明遺跡をみた。かなり小さな遺跡も多かったが、とくに小規模の遺跡はキャンプサイトだったのではないかと指摘した。つまり、砂漠を移動する民が、キャンプサイトを転々としながら、鉱物資源、あるいはグジャラート州産の工芸品を大都市に運んでいたという構図が浮かび上がる。こうした砂漠の民は基本的に牧畜を生業とする遊牧民であっただろう。彼らとともに、牛や山羊も移動する。家畜に荷物を積んで運んだことになる。

また、牛車がインダス文明期からあったことは、遺跡から牛車を模したミニチュアが多数発見されていることから明らかである（図89）。モヘンジョダロ遺跡の博物館にも、ミニチュアは飾られていたし、ファルマーナー遺跡でも、ミニチュアの車輪などが発見されている。こうしたミニチュアは設計図の役目を果たしていたのかもしれない。さらに、タブレット型印章のなかには船を描いたものがあり、船も輸送の重要な手段である（図90）。

図89●牛車のミニチュア模型（ケノイヤー教授提供）
図90●ボートを描いたタブレット型印章（HARP 提供）

もう一つ、運搬の手段としてロバがある。第6章のカーンメール遺跡のところで紹介したように、野生のインドノロバが描かれた印章が発掘されている。（第6章図71）そのカッチ県ではインドノロバと家畜化されているアフリカノロバを掛け合わせた種間雑種ロバが生産されているが、この伝統がインダス文明期からあったとしたら、強くて早い種間雑種ロバが運送の役目を担っていたのかもしれない。いずれにせよ、牛やロバを飼育していた人々、つまり遊牧民がインダス文明の流通ネットワークを支えていたことはまちがいない。

こうした流動性が高い人々の存在は、現代インドでもみられる。わたしが住んでいたインド東部にも、ラージャスターン州から伝統薬を売りに来る社会集団がいた。彼らはテント生活をしながら移動するノマド（遊牧民）で、ある日突然にやって来て、ある日突然いなくなる。彼らが大学のグランドで寝泊まりしていても、別に追い出そうとする人もいない。また、こうしたさまざまの社会集団が集まる場がある。それがウィークリーマーケットであり、年に一度しかないメーラとよばれる市だ。ドーラーヴィーラー遺跡の広場がかつてそんな役割を果たしていたとしてもまったく不思議はない。

ランデル・ローが鉱物資源とアクセサリーの研究から描いてみせたネットワークは、これまでのインダス文明観からは想定できない側面をみせてくれる。流動性が高く、インダス文明地域内を自由に往来する人々の存在である。インダス文明は、地域と地域がネットワークで結びつき、ネットワーク内を流動する人々によって支えられていたのである。

インダス文明と交易とメソポタミア

インダス文明と交易ということで言えば、インダス文明地域内だけでおこなわれてきたわけではない。メソポタミアやペルシア湾岸地域との交易もおこなわれていた。そこで、まずメソポタミアとの交易についてみておこう。

メソポタミア文明では、楔形文字が広く使用されていた。その楔形文字はすでに解読されていて、多くの粘土板文書が知られている。では、インダス文明地域は楔形文献において、どのように記載されているのだろうか。森若葉らの研究によれば（Maekawa and Mori 2011, 森若葉 2013）、インダス文明地域はメルハとよばれている。このメルハがはじめて文献に登場するのは紀元前二四世紀で、紀元前二千年期のはじめにはこの名が消える。つまり、この年代はちょうどインダス文明期と一致している。森によると、「メルハ人の到来は、アッカド期の行政経済文書に、『メルハ船』に乗船していた『メルハ人』に食料を支給した記録」があるので、船に乗ってやってきたことはまちがいない。また、メルハ人を図像として表した資料もある。それがメソポタミアの円筒印章だ。円筒印章は円筒に彫られており、粘土などに転がすと図像や楔形文字があらわれる。円筒印章のなかに、楔形文字で「メルハの通訳」と記載され、メルハ人と思われる人が登場している[11]。メルハからの交易品としては金、銀、ラピスラズリ、紅玉髄、青銅などが上げられるほか、クジャクなどの珍しい動物も献上されている。

インダスとメソポタミアの交易についていえば、楔形文字文献だけがその証拠となるわけではない。メソポタミア文明遺跡から出土した遺物の中に、明らかにインダス起源のものがみられる。たとえば、インダス印章はメソポタミアの大都市ウルから16個みつかっている。そのことは、インダス文明発見から間のない一九三〇年代にガットが発表し（Gadd 1932）、一九七〇年代までインダス文明研究の第一人者だったウィーラーも指摘している（ウィーラー 1966）。それから、第1章でみたインダス標準の錘もメソポタミア文明地域で発掘されている。これらに加えて、最近の研究によると（Kenoyer 2008）、メソポタミア文明遺跡から発掘された貝を使った腕輪があるが、南アジアにしか生息していない貝を原料としていることからインダス文明地域産の腕輪であることが明らかになった。また、メソポタミアでは紅玉髄（カーネリアン）ビーズがみつかっている。このビーズはインダス地域の原材料で、インダス地域での技術によって加工されたものであることもわかっている。

インダス文明と湾岸地域

楔形文献では、メルハ以外にも、マガンとディルムンの名前が交易相手の国として登場する。マガンはアラビア半島東部に位置する、現在のオマーンをさし、ディルムンはペルシア湾岸のバーレーンをさしている。当時の技術では、メソポタミアからインダスの地まで、ノンストップで航海したとは考えにくい。マガンやディルムンといった中継地に寄ってから、メルハに向かった可能性が高い。また、マガンやディルムンで交易品を新たに仕入れたかもしれない。

第6章でみた、グジャラート州カッチ県とその周辺のインダス文明遺跡では、オマーンやバーレーンなどの湾岸諸国との交易があったことを指摘した。ロータル遺跡では交易にインダス印章が使われていた。つまり、器物の梱包にインダス印章を押印した封泥がみつかっているのである。このロータルの封泥と対応する印章がオマーン湾に面したラス・アル・ジンツで発掘されている。またそこでは、四角い形のインダス印章とは異なる、円形をしたペルシア湾岸印章がみつかっている。この円形をした印章はロータル遺跡以外でも、ドーラーヴィーラー遺跡やキルサラー遺跡でも発見されている。さらに、ドーラーヴィーラー遺跡の三〇メートルを超える古墳は湾岸諸国との関連を示唆している。このことから、湾岸諸国を介した海上交通があったことはまちがいない。

かつて、ポーセルは中央アジア交流圏（Middle Asian Interaction Sphere = MAIS）を提唱した（Possehl 2002, 2007）。この交流圏にはインダス地域はもちろんのこと、メソポタミアからペルシア湾岸、イラン、バクトリア・マルギアナ（現在のトルクメニスタン）などが含まれている。この交流圏自体は、いままで述べたような楔形文献や各地で発見されるインダス印章などを例にとった、実証的な研究に基づいている。ロータル遺跡からみつかった封泥の研究も、このＭＡＩＳを実証することを目的とし

（11） 森（2013）にこの印章が掲載されている。

ており、交流圏を証明するための有力な証拠である。

ところが、ポーセルはこうした学問的な実証研究だけでは満足しなかった。彼は、この交流についてはシルクロードのように陸上に交易ロードがあった可能性も十分あるが、主なルートは海上交通だったと考えていた。というのも、インダス印章にボートを描いたものがあるからだ。そこで、実際に船を作って、オマーンからインダス地域まで、古い時代の船を復元して、渡る計画をたてたのである。最初の計画は一九九五年に立てられ、葦を編んだものに、瀝青（天然アスファルト）を塗って水漏れを防ぐ構造をもった船を建造した。この古代船による航海は、古代ポリネシア人の航海を証明するためにインカ時代の船を模したコンティキ号で南太平洋に挑んだヘイエルダール（一九一四〜二〇〇二）にならって考えられたのだろう。オマーンの楔形文献に出てくる地名、マガンと名付けられた船は二〇〇五年九月にオマーンからインドに向けて出航した。ところが、出航して数時間で船はあえなく沈没してしまった。船は沈没してしまったが、ＭＡＩＳは否定されたわけではない。この地域の交流が盛んだったことはまちがいない。

ポーセルは二〇一一年一〇月に七〇歳で亡くなった。没後出版された論文では（Kennedy and Possehl 2012）、チャンフーダロ遺跡から出土した頭蓋骨の分析によって、アフリカ人がインダス文明地域にやってきた可能性が指摘されている。彼がＭＡＩＳの範囲をアフリカまで広げようと意欲的に活動してきたことがわかる。晩年には、インダス文明地域内での研究よりもインダス文明と他の文明との交流圏（ＭＡＩＳ）確立に力を注いだ。

新しい研究：多言語多文化社会

二〇一三年四月に、『ナショナル・ジオグラフィック』にこんな記事が掲載された。

アメリカ、ウィスコンシン大学マディソン校のマーク・ケノイヤー（Mark Kenoyer）氏を中心とする研究グループは、インダス文明の中心都市の一つ、ハラッパーを調査対象に定めた。当時、約八万人の人口を抱えるインダス文明最大かつ最強の都市で、紀元前二五五〇年から二〇三〇年頃の墓地遺跡から人骨を発掘、歯の化学組成を分析した。埋葬者の多くが他の土地で育った人々で、各地から来た複数の民族が混在する都市の様子が明らかになった。

インダス地方は広範囲におよび、各地から商売などを目的に多数の人々が訪れた可能性は高い。外来者の多くは男性で、中には伴侶を求める人もいたらしく、ハラッパーの先住民女性の隣に埋葬されている例も多いという。調査は予備段階にすぎないが、妻の家への婿入りを示唆するには十分な結果である。南アジアでは古くから妻が夫の家に嫁ぐ風習が一般的だが、女系優位の社会制度が存在した可能性があるとケノイヤー氏は話す。

ここで書かれている「各地から来た複数の民族が混在」とか、「各地から商売などを目的に多数の人々が訪れた可能性が高い」とかは本書で示すインダス文明像と何ら変わるところはない。しかし、この記事によると「女性優位の社会制度」が強調されているが、この記事の元になった論文では「女性優位」だけが主張されているわけではない。むしろ、インダスとメソポタミアの比較を中心として書かれている。そこで、元になった論文を取り上げる。

この論文は「インダス渓谷とメソポタミアとの交流を跡づける新しいアプローチ：ハラッパー遺跡とウル遺跡出土の歯からのストロンチウム同位体分析の最初の結果」(Kenoyer et. al. 2013) と題して、『考古科学雑誌』に掲載された。ハラッパー遺跡から出土した歯とメソポタミアのウル遺跡から出土した歯を比較するというのがメインテーマで、その方法は歯のエナメル質を使ってストロンチウムと酸素、炭素のそれぞれ同位体分析をおこなうというものである。このような同位体比を使った研究は、ここ二〇年で急に発展した。というのは、同位体比によって、その個体が生まれた場所がある程度特定できるからである。また、出身地が同じならばどの動物でも同じ同位対比をしめすので、この分析には牛や豚の歯も使用されている。ただし、ハラッパー遺跡の歯は四〇サンプルなのに対し、ウル遺跡の歯は二サンプルと、分析に供されたサンプル数にはばらつきがある。この研究が予備研究といわれるゆえんはそこにある。

分析結果からはストロンチウム同位体比から面白い研究成果がでた。サンプル数の問題はあるが、ウルの結果は人間の骨でも動物の骨でも同じストロンチウム同位体比を示したのに対し、ハラッパーでは非常なばらつきがあった。ストロンチウム同位体比によって出身地がわかることから、ハラッパーにはいろんな地方から人が集まってきて、その地で亡くなり埋葬されていたことになる。さらに、ハラッパーの分析結果をみるとたいへん興味深い。女性の墓の隣に埋葬されている男性の歯を分析すると、明らかにハラッパー以外の土地から来たことを示している。つまり、よその土地からハラッパーにやってきて、ハラッパーの女性と結婚し、ハラッパーで亡くなって、ハラッパーの墓地に埋められた男性がかなり多くいたことがわかったのである。このことから、ハラッパーでは女性が力をもっていて、地方から来た男性を婿に迎えたのではないかという推測が成り立つ。それがひいてはインダス社会は女性優位だったのではないかという推論を生んだのだ。そして、女性優位だけがクローズアップした形で、ニュースとして世界を駆けめぐったのである。

この「女性優位」については今後の研究成果を待つべきだろう。四〇サンプルだけで結論を急ぐことはない。この論文を読んで、わたしが注目したのは「女性優位」ではない。ハラッパーには地方の出身者が多く住んでいるという分析結果である。このことは、本章の最後に述べる、インダス文明社会を多言語多文化社会であるとする説を積極的に支持していることになる。

なお、ここではウルのサンプルが少なく、ウルに滞在したと思われるハラッパーからの移住者の存在を証明できなかったが、この研究によって、生まれたときからハラッパーに在住していた人々の同位体比データが明らかになった。そこで、今後メソポタミアやペルシア湾岸地域の同時代の墓から発掘された人の歯を使って、ストロンチウム同位体比を調べると、ハラッパーからの移住者がいたかどうかが、確認できることになる。この研究のさらなる成果を期待したい。

新しいインダス文明像

インダス文明においては、流動性の高い人々がネットワークによって文明を担ってきた。本書をここまで読んでこられた読者には、流動性とネットワークが新しいインダス文明のキイワードであることを理解していただけたのではないかと思う。では、さらにふみこんで、インダス文明社会は具体的にどんな社会だったのかを考えてみよう。

これまで何度も述べてきたように、オリエント文明を規範とした奴隷制古代社会を想定しないのならば、どんなモデルをもってインダス文明社会を考えればいいのだろうか。本書のいたるところで指摘してきたように、同じ地域の伝統文化をモデルにインダス文明を考えればよい。つまり、南アジア、とりわけインド社会をモデルにインダス文明を考察すれば、その像がより鮮明になるのではないか。事実、インダス印章にはインドで神聖視される牛を刻んだものや、シヴァ神の原型と思われる神像を刻んだものもある。インダス文明とインド社会の連続性をもっと考慮に入れた考察があってしかるべきだろう。

現代インドの社会は多民族多言語社会である。また、多くの職能集団が存在するカースト社会でもある。たしかに、カースト社会は不平等で、否定的な側面をもっている。しかし、異なった職能集団が、お互い干渉することなく、支えながら共存するための社会システムといった側面もある。近代的価値観でそういった側面をも否定してしまっては、カースト社会が延々と続いてきたことを理解できなくなる。ビーズだけを作っている職能集団が生きていくためには、彼ら集団を支える社会システムがなければならない。それを支えるのがカースト社会なのだ。

インド社会は多様な社会だ。その多様性ゆえに、インド社会は古い伝統文化を保持し続けている。巨大な権力が一つの価値観や文化を打ち立ててしまうと、多様性が排除される。多様性を駆逐した国家は時代の変化について行けず、腐敗する。すると、新たな権力が新しい国家を打ち立てる。これが権力闘争史観の基本である。しかし、多様な価値観と多様な文化が共存する社会では権力闘争が生じにくい。

地球研のインダス・プロジェクトの一つの成果に、インド社会の古い伝統を保持する特質を明らかにしたことがある。生業研究グループがおこなったコムギの品種をめぐる調査である。インド矮性コムギとよばれる品種がある。これはインダス文明遺跡からも発見されている古い品種だ。緑の革命といわれる大規模農業化と品種改良の結果、いまはもう栽培されなくなったと思われていた。ところが、生業研究グループが、インドのカルナータカ州でインド矮性コムギがいまでも栽培されていることを確認したのである（森直樹　2013）。

インダス文明社会を理解するために、インド社会に残存する伝統文化をモデルとする——この方法を支えるひとつの考え方がある。ニコルズが提案した残存地帯と拡散地帯という考え方だ（Nichols 1992)。これは言語の類型論的特徴に関する研究によるものだ。言語学を専門としないものには難しい内容を含んでいるが、ごく簡潔に言えば、類型論的特徴が残存しやすい地帯と、拡散してしまって残らない地帯があり、前者を残存地帯、後者を拡散地帯とよんでいる。この用語を言語学に限って使用するのではなく、広く文化的特徴に当てはめてもいいのではないかとわたしは考えている。インド矮性コムギのように、インドは古い文化特徴を残存させる地帯といえる。こうした残存地帯では、より古い文化や社会をその後の時代から類推して考えることも十分許される。

インドは残存地帯にあるという前提に基づいて、インダス文明社会がどんな社会だったか、考察を提示しておきたい。

インダス文明社会は多民族多言語共生社会であった。また、多数の職能集団が独自の社会を形成し、それぞれがお互いを補完しながら社会を支えてきた。そこには、農民もいたし、牧畜民もいたし、狩猟採集民もいた。商人もいれば、職人もいた。かれらは流動性も高く、雨季や乾季にあわせて移動もした。その移動を円滑にするために、お互いインダス印章を保持し、言葉が通じないところでは、インダス印章が互いの出身や職業を認識しあいコミュニケーションをとるための一助となった。大都市はこうした移動民が一同に会する場所で、常時都市に住んでいる人よりも季節にあわせて移動する人々が多かった。

以上が、これまでの実証的研究に基づいて、インダス文明社会を描き出したシナリオである。しかし、インダス文明遺跡の発掘や環境調査などは現在も進行中である。明日には、これまでのシナリオを一変させる発見があるかもしれない。その一つはインダス文字と楔形文字が併記された粘土板文書あるいはインダス印章の発見で、それによってインダス文字が解読されると、社会の実態はもう少しはっきりとするだろう。

本書は二〇一三年現在の研究に基づき、筆者自身のインド経験を加味して、インダス文明像を築き上げている。先行研究をかなり痛切に批判したが、本書で示されたインダス文明像も時代的な要請から自由ではない。本書で描いたインダス文明像を金科玉条のごとく堅持するのではなく、本書をきっかけにインダス文明に注目し、インダス文明研究を本格的におこなうことを決意し、本書で提示したインダス文明像を乗り越えていく、若い研究者が出現してくれることの方がはるかに重要だ。本書が意欲的な若い研究者の踏み台となってくれれば、望外の喜びである。

おわりに

二〇一一年の夏、大英博物館に行く機会があった。大英博物館には世界各地から集められたコレクションがところせましと展示されている。とくに、古代文明のコレクションは大英博物館が自他共に認める世界一の規模を誇る。

その大英博物館に、インダス文明関連の展示物がどれほどあるか、ご存じだろうか。行ったことがある方でも、すぐに即答できないはずだ。それほど少ない。その展示物は南アジアと東南アジアのヒンドゥー教や仏教関連の展示物フロアーにある。フロアーには全部で五五のショーケースが設置されている。そのうち、たった一つのショーケースの、さらに四分の一ほどのスペースだけがインダス文明関連の展示物だ。インダス印章が七つ、その印章とともに押印されたものが並べられている。それと四角形の錘が大小取り合わせて八つ、女神像が二体、首飾り用のカーネリアンが二個、ハラッパー式土器とよばれる、葉文様のついたものの破片が一つ、大きなホラ貝が一つ、そして石刃が三枚、以上がインダス文明関連の展示物すべてである。

一方、エジプト文明やメソポタミア文明はというと、ショーケースレベルではない。フロアー全体を展示に使っている。中国文明についても、玉の歴史などを入れれば、かなりのスペースが割かれている。また、南北アメリカのマヤ文明やアズテカ文明なども、エジプトやメソポタミアと比べると小さいものの、インダス文明に比べるとはるかに充実している。これでは四大古代文明などとは、とてもおこがましくて言えない。

大英博物館はいわば西洋人の標準的古代文明観を代表している。つまり、西洋人にとっては、インダス文明が重要な文明だとみなされていないことを図らずも露呈している。わたしなどはそう考えてしまうのだが、皆さんはどう思うだろうか。

本書が明らかにしてきたのは、未発掘のインダス文明遺跡がまだまだ発見され続けていることである。しかし、発掘がおこなわれているにもかかわらず、インダス文明の情報は一向に増えていかない。情報が増えていかないと、人々の関心もおよばない。日本の『新版南アジアを知る事典』(二〇一二年刊行)には三〇年前の情報がそのまま掲載されている。そんな状況では、ますますインダス文明への関心を遠ざけてしまう。

その一方で、インドでは、ドーラーヴィーラー遺跡が観光の目玉として紹介されたり、誰も目をむけなかったラーキーガリー遺跡が注目されるようになったり、徐々にだが、インダス文明への関心が大きくなっている。図らずも、西洋的古代文明観がインダス文明を歪めていた事実を本書で明らかにしたが、今後は南アジア的視点からインダス文明が見直されていくことを期待してやまない。

インダス文明はまだまだ謎の部分が大きい。わからないなら研究をやる価値がない。そういう後ろ向きの思考をもつ人がだんだん増えてきている。もっとポジティブに物事を考えてほしい。インダス文明を研究すれば、これからどんどん新しいことが発見できるのだ。インダス文明の未来を切り開くことができるのは、インダス文明研究をこころざす君の両肩にかかっている。本書がそういう若い人たちのインダス文明研究の入り口となってくれればと、切に願うしだいである。また、アーリヤ人侵入によるインダス文明破壊説を覚えておられる年配の方々には、新しいインダス文明観が生まれつつあることを実感していただければ、本書のねらいは十二分に達成されるだろう。

本書と並行して、地球研のインダス・プロジェクト成果本として、『インダス　南アジア基層世界を探る』も上梓される予定である。わたしはその成果本では編集を担当した以外に、序章と終章などを執筆している。インダス文明の衰退に関しては、そちらで詳しく述べているので、本書では割愛した。また、本書と重複する部分がみられるが、必要最低限にとどめ、それぞれが独立して読んでも、二つ同時に読んでもいいように書き分けたつもりだ。ぜひ、あわせてお読み下さいますよう、お願いするしだいである。

本書執筆にあたっては、多くのインダス文明研究者からご支援ご尽力を賜った。

インド・バローダにあるMS大学のアジットプラサードさんからは論文を送ってもらったほか、バガーサラー遺跡やシカールプル遺跡の写真や図の本書への転載許可をいただいた。また、執筆中に疑問がわいたときにはメールで、ときには電話でお尋ねしたところ、懇切丁寧に答えてくださった。

また、インド、ウダイプルにあるラージャスターン大学のカラクワルさんは、本書のために、お持ちの写真を提供してくださった。一番古くからの友人であり、本書執筆を勧めてくれたのも他ならぬ彼である。

ウィスコンシン大学のケノイヤーさんはお忙しいなか、まだ出版されていない論文をご恵送くださったほか、写真や図の転載を快諾してくださった。ヘルシンキ大学のパルポラさんはインダス印章の出版を快く許可され、本書での印章写真が掲載可能となった。また、インダス印章の転載許可のため、インド考古局マニ博士、パキスタン考古局のカーカル博士に許可手続きを取っていただいた。

グジャラート州考古局のラワトさんはドーラーヴィーラー遺跡のことで、わからない点や疑問点を質問したら、即座にご返答くださり、本書に反映することができた。

ワシントン州立大学のウェーバーさんは最新の論文を送って下さったほか、図などの転載を快諾してくださった。

写真家の大村次郷さんは貴重なドーラーヴィーラー遺跡の大看板の写真を本書で使用することを許可して下さった。

寺村裕史国際日本文化研究センター特任准教授には草稿の段階で読んでいただき、コメントをいただいた。また、津村宏臣同志社大学准教授には、西アジア、とりわけオマーンの考古学についてご教示いただいた。

以上の方々には、とくに名前をあげて感謝したい。

本書は地球研のインダス・プロジェクトにかかわるすべての方々のご協力があってはじめて成立したものである。とくに、名前をあげないが、プロジェクト上級研究員、プロジェクト研究員、プロジェクト研究支援員、プロジェクト事務員の方々、またプロジェクトのコアメンバーやメンバーの方々には感謝の意を表しておく。

本書を出版するにあたっては、京都大学学術出版会の永野祥子さんにたいへんお世話になった。

なお、私事で恐縮だが、インダス・プロジェクトの期間中に、亡くなった両親の霊前に謹んで本書を捧げる。

二〇一三年八月八日母の九回目の命日に

長田　俊樹

※なお、本書に使用した写真、図版は断らない限り、「インダス・プロジェクト」によるものである。
また、地名などの表記は『新版南アジアを知る事典』に準拠する。

参考文献

はじめに

上杉彰紀（2010）『インダス考古学の展望：インダス文明関連発掘遺跡集成』．総合地球環境学研究所．

長田俊樹編（2013）『インダス　南アジア基層世界を探る』京都大学学術出版会．

辛島昇・桑山正進・小西正捷・山崎元一（1980）『インダス文明―インド文化の源流をなすもの』日本放送出版協会．

近藤英夫編（2000）『四大文明［インダス文明］』ＮＨＫ出版．

Kenoyer, J. M.（2013）The Indus civilisation, Colin Renfrew and Paul Bahn（eds.）*The Cambridge World Prehistory*, Cambridge University Press, Cambridge. pp. 407–432.

Possehl, G. L.（1999）*Indus Age : The Beginnings*. Oxford & IBH, Delhi.

第1章

ウィーラー、モーティマー．小谷仲男訳．（1971）『インダス文明の流れ』創元社．

上杉彰紀（2010）『インダス考古学の展望：インダス文明関連発掘遺跡集成』．総合地球環境学研究所．

上杉彰紀（2013）「ガッガル平原におけるインダス文明期の諸相―文明社会の成立と衰退―」『西アジア考古学』14：1–24頁．

桑山正進（2012）「インダス文明」辛島昇・前田専学・江島惠教・応地利明・小西正捷・坂田貞二・重松伸司・清水学・成沢光・山崎元一監修『新版南アジアを知る事典』平凡社．65–68頁．

児玉望（2013）「インダス文明に文字文化はあったのか」長田俊樹編『インダス　南アジア基層世界を探る』京都大学学術出版会．275–294頁．

近藤英夫編（2000）『四大文明［インダス文明］』ＮＨＫ出版．

近藤英夫（2002）「インダス文明の年代についての一考察」東海大学考古学教室開設20周年記念論文集編集委員会編『日々の考古学：東海大学考古学教室開設20周年記念論文集』東海大学考古学教室開設20周年記念論文集編集員会．381–392頁．

近藤英夫（2011）『インダスの考古学』同成社．

西村直子（2013）「牛を伴侶とした人々―古代インドの牧畜と乳製品」長田俊樹編『インダス　南アジア基層世界を探る』京都大学学術出版会．260–274頁．

濱田青陵（1925）「印度に於ける最近の考古学上の大発見」『歴史と地理』15(1): 1–7.

Ajithprasad, P., S. V. Rajesh and B. Sharma（2011）Archaeological explorations in the Saurashtra coast of Junagadh District, Gujarat, *Current Studies on the Indus Civilization* Vol. 7. Manohar, Delhi. pp. 27–70.

Besenval, R.（2011）Between east and west : Kech–Makra（Pakistan）during protohistory, T. Osada and M. Witzel（eds.）*Cultural Relations between the Indus and the Iranian Plateau during the Third Millennium BCE*, Harvard Oriental Series, Opera Minora Vol. 7. Department of South Asian Studies, Harvard University, Cambridge, MA. pp. 41–164.

Dangi, V.（2011a）Archaeology of the Ghaggar basin : settlement archaeology of Meham Block, Haryana, India, *Current Studies on the Indus Civilization* Vol. 5 Manohar, Delhi. pp. 1–111

Dangi, V.（2011b）Recent exploration in the Chautang basin（Jind District, Haryana）, *Current Studies on the Indus Civilization.* Vol. 6. Manohar, Delhi. pp. 73–163.

Kenoyer, J. M.（1998）*Ancient Cities of the Indus Valley Civilization.* Oxford University Press, Karachi.

Kenoyer, J. M.（2003）Review of *The Indus Civilization : A Contemporary Perspective*, by G. L. Possehl, WalnutCreek, Calif : Alta Mira Press 2002. *Journal of Asian Studies* 62(2): 1289–1291.

Kenoyer, J. M.（2010）Measuring the Harappan world : Insights into the Indus order and cosmology, Ian Morley and Colin Renfrew（eds.）*The Archaeology of Measurement : Comprehensing Heaven, Earth and Times in Ancient Society.* Cambridge University Press, Cambridge. pp. 106–121.

Kenoyer, J. M. (2011a) Changing perspectives of the Indus civilization : new discoveries and challenges, *Purātattva* Vol. 41 : 1–18.

Kenoyer, J. M. (2011b) Regional cultures of the greater Indus Valley : The Ravi and Kot Diji phase assemblages of Harappa, Pakistan, T. Osada and M. Witzel (eds.) *Cultural Relations between the Indus and the Iranian Plateau during the Third Millennium BCE*, Harvard Oriental Series, Opera Minora Vol. 7. Department of South Asian Studies, Harvard University, Cambridge, MA. pp. 165–217

Kenoyer, J. M. (2013a) Iconography of the Indus unicorn : origins and legacy. S. Abraham, P. Gullapalli, T. Raczek, U. Rizvi (eds.) *Connections and Complexity : New Approaches to the Archaeology of South Asia.* Left Coast Press, Walnut Creek. pp. 107–125.

Kenoyer, J. M. (2013b) The Indus civilisation, Colin Renfrew and Paul Bahn (eds.) *The Cambridge World Prehistory*, Cambridge University Press, Cambridge. pp. 407–432.

Kenoyer, J. M. and R. H. Meadow (2000) The Ravi phase : a new cultural manifestation at Harappa Pakistan, M. Taddei and G. De Marco (eds.) *South Asian Archaeology 1997*. Instituto Italiano per l'Africa e l'Oriente and Instituto Universitario Orientale, Roma. pp. 55–76.

Kenoyer, J. M. and R. H. Meadow (2010) Inscribed objects from Harappa Excavations 1986–2007, A. Parpola, B. M. Pande, P. Koskikallio (eds.) *Corpus of Indus Seals and Inscriptions.* Vol. 3. Suomalainen Tiedeakatemia, Helsinki. pp. xliv–lviii.

Lal, B. B., B. K. Thapar, J. P. Joshi, and M. Bala (2003) *Excavations at Kalibangan : The Early Harappan (1960–69)*.

Archaeological Survey of India, Delhi.

Mackay, E. J. H. (1938) *Further Excavations at Mohenjo–daro.* Government of India, Delhi.

Mahadevan, I. (1977) *The Indus Script : Texts, Concordance and Tables.* Archaeological Survey of India, Delhi.

Mallah, Q. H. (2010a) Recent archaeological discoveries in Sindh, Pakistan, *Current Studies on the Indus Civilization.* Vol. 1. Manohar, Delhi. pp. 27–75.

Mallah, Q. H. (2010b) Research report on surface and subsurface analysis of archaeological sites around the lakes of the Dubi Mirwah Desert in Sindh, Pakistan, *Current Studies on the Indus Civilization.* Vol. 2. Manohar, Delhi. pp. 1–81.

Manmohan, K. (2011) Harappan settlement in the Ghaggar–Yamuna divide, *Current Studies on the Indus Civilization* Vol. 4. Manohar, Delhi. pp. 1–75.

Manuel, J. (2010) The enigmatic mushtikas and the associated triangular terracotta cakes : some observations, *Ancient Asia* 2 : 41–46.

Marshall, John (1924) First light on a long–forgotten civilisation, *Illustrated London News* 20 September 1924 : 528–532,

Marshall, John (1931) *Mohenjo-daro and the Indus Civilisation.* 3 Volumes. Arthur Probsthain, London.

McAlpin, David W. (1981) *Proto-Elamo-Dravidian : The Evidence and Its Implications.* Transactions of the American Philological Society, Philadelphia.

McIntosh, J. R. (2007) *The Ancient Indus Valley : New Perspectives.* ABC–Clio,

Miller, H. M.-L. (2013) Weight matters : evidence for unity and regional diversity from the Indus civilization weights. S. A. Abraham, P. Gullapalli, T. P. Racsek, U. Z. Rizvi (eds.) *Connections and Complexity : New Approaches to the Archaeology of South Asia*. Left coast Press, Walnut Creek. pp. 161–176.

Parpola, Asko (1994) *Deciphering the Indus Script*. Cambridge University Press, Cambridge.

Possehl, G. L. (1980) *Indus Civilization in Saurashtra*. BR Publishing Corporation, New Delhi.

Possehl, G. L. (1999) *Indus Age : The Beginnings*. Oxford & IBH, Delhi.

Possehl, G. L. (2002) *The Indus Civilization : A Contemporary Perspective*. Alta Mira, Walnut Creek.

Salque, M., P. I. Bogucki, J. Pyzel, I. Sobkowik-Tabaka, R. Grysiel, M. Szmyt and R. P. Evershed (2013) Earliest evidence for cheese making in the sixth millennium BC in northern Europe, *Nature* 493 : 522–525.

Vats, M. S. (1940) *Excavations at Harappa*. 2 Vols. Government of India, Delhi.

Wells, B. (1999) *An Introduction to Indus Writing*. Early Sites Research Society, Missouri.

Wright, Rita P. (2010) *The Ancient Indus : Urbanism, Economy, and Society*. Cambridge University Press, Cambridge.

第2章

ウィーラー、モーティマー．曽野寿彦訳．（1966）『インダス文明』みすず書房．

ウィーラー、モーティマー．小谷仲男訳．（1971）『インダス文明の流れ』創元社．

辛島昇・桑山正進・小西正捷・山崎元一（1980）『インダス文明－インド文化の源流をなすもの』日本放送出版協会．

ケノイヤー，J. M. 小磯学監訳．（2003）「商人が築いたインダスの古代都市文明」『日経サイエンス』384：72–82頁．

近藤英夫編（2000）『四大文明［インダス文明］』ＮＨＫ出版．

山崎元一（1997）『世界の歴史3古代インドの文明と社会』中央公論社．（2009）文庫版．

Cunningham A.（1875）Harappa. *Annual Report of the Archaeological Survey of India* 5 : 105–108.

Fentress, M. A.（1984）The Indus ‘granaries’ : illusion, imagination and archaeological reconstruction, K. A. R. Kennedy and G. L. Possehl（eds.）*Studies in the Archaeology and Palaeoanthropology of South Asia*. Oxford & IBH, New Delhi. pp. 89–98.

Fleet, J. F.（1912）Seals from Harappa. *Journal of the Royal Asiatic Society of Great Britain and Ireland*, New Series Vol. 49, pp. 698–701.

Kenoyer, J. M.（1998）*Ancient Cities of the Indus Valley Civilization*. Oxford University Press, Karachi.

Kenoyer, J. M.（2003）Review of *A Peaceful Realm : The Rise and Fall of the Indus Civilization* by Jane R. MacIntosh, Westview Press, Boulder, 2002. *Asian Perspectives* 42(2): 376–380.

Kenoyer, J. M.（2011）Regional cultures of the greater Indus Valley : The Ravi and Kot Diji phase assemblages of Harappa, Pakistan. T. Osada and M. Witzel（eds.）*Cultural Relations between the Indus and the Iranian Plateau during the Third Millennium BCE*, Harvard Oriental Series, Opera Minora Vol. 7. Department of South Asian Studies, Harvard University, Cambridge,

MA. pp. 165–217

Mackay, E. J. H. (1938) *Further Excavations at Mohenjo-daro*. 2 Vols. Government of India, Delhi.

Marshall, J. (1924) First light on a long-forgotten civilisation. *Illustrated London News* September 20, pp. 528–532, 548.

Marshall, J. (1931) *Mohenjo-Daro and the Indus Civilisation*. 3 Vols. Arthur Probsthain, London.

McIntosh, J. R. (2002) *A Peaceful Realm : The Rise and Fall of the Indus Civilization*. Westview Press, Boulder.

Lawler, A. (2008) Buddhist stupa ? or Indus temple. *Science* 320 : 1280.

Parpola, A., B. M. Pande, P. Koskikallio (2010) *Corpus of Indus Seals and Inscriptions, Vol. 3. New Material, Untraced Objects, and Collections outside India and Pakistan*. Suomalainen Tiedeakatemia, Helsinki.

Piggott, S. (1950) *Prehistoric India*. Penguin Books, Baltimore.

Possehl, G. L. (2002) *The Indus Civilization : A Contemporary Perspective*. Alta Mira, Walnut Creek.

Schug, G. R, K. Grey, V. M.–Tripathy, A. R. Sankyan (2012) A peaceful realm ? trauma and social differentiation at Harappa. *International Journal of Paleopathology* 2(2–3): 136–147.

Shah, S. G. M. and Asko Parpola (1991) *Corpus of Indus Seals and Inscription*, Vol. 2. Collections in Pakistan. Suomalainen Tiedeakatemia, Annales Academiae Scientiayum Fennicae, Helsinki.

Verardi, G. (1987) Preliminary report on the stupa and the monastery of Mohenjo–Daro. M. Jansen and G. Urban (eds.) *Interim Reports*. IsMEO–Aachen University Mission, Aachen. pp. 45–58.

Verardi, G. and F. Barba (2013) The so-called stupa at Mohenjo Daro and its relationship with ancient citadel. Dennys Ftenez and Maurizio Tosi (eds.) *South Asian Archaeology 2007*. BAR International Series 2454. Oxford. pp. 269–279.

Wheeler, M (1968) *The Indus Civilization.* (3rd Edition) Cambridge University Press, Cambridge.

Wright, R. P. (2010) *The Ancient Indus : Urbanism, Economy, and Society*. Cambridge University Press, Cambridge.

第3章

ウィーラー、モーティマー．曽野寿彦訳．(1966)『インダス文明』みすず書房．

ウィーラー、モーティマー．小谷仲男訳．(1971)『インダス文明の流れ』創元社．

ミルスキー、ジャネット．杉山二郎・伊吹寛子・瀧梢訳 (1984)『考古学探検家スタイン伝 (上下)』六興出版．

ムガール、M. ラフィーク．三笠宮崇仁訳．(1973)「インダス文明研究の現状」『オリエント』16(1): 161–189頁．

ムガル、M. R. 小西正捷編・訳．(1989)「インダス文明の興亡をめぐる考古学的新知見：チョーリスターン砂漠の遺跡分布調査から」『考古学雑誌』75(3): 34–57頁．

Cunningham, A. (1875) Harappa, *Annual Reports of the Archaeological Survey of India* 5 : 105–108.

Fairservis, W. A. (1986) Cattle and the Harappan chiefdoms of the Indus Valley. *Expedition* 28(2): 43–50.

Khan, F. A. (1965) Excavations at Kot Diji. *Pakistan Archaeology* 2 : 11–85.

Kenoyer, Jonathan Mark (2011) Regional cultures of the greater Indus Valley : The Ravi and Kot Diji phase assemblages of Harappa, Pakistan, T. Osada and M. Witzel (eds.) *Cultural Relations between the Indus and the Iranian Plateau during the Third Millennium BCE*, Harvard Oriental Series, Opera Minora Vol. 7. Department of South Asian Studies, Harvard University, Cambridge, MA. pp. 165–217

Mallah, Q. H. (2010a) Recent archaeological discoveries in Sindh, Pakistan, *Current Studies on the Indus Civilization*. Vol. 1. Manohar, Delhi. pp. 27–75.

Mallah, Q. H. (2010b) Research report on surface and subsurface analysis of archaeological sites around the lakes of the Dubi Mirwah Desert in Sindh, Pakistan, *Current Studies on the Indus Civilization*. Vol. 2. Manohar, Delhi. pp. 1–81.

Mughal, M. R. (1982) Recent archaeological research in the Cholistan desert, G. L. Possehl (ed.) *Harappan Civilization : A Contemporary Perspective*. Oxford & IBH, New Delhi. pp. 85–95.

Mughal, M. R. (1997) *Ancient Cholistan : Archaeology and Architecture*. Ferozsons, Lahore.

Oldham, C. F. (1874) Notes on the lost river of the Indian desert, *Calcutta Review* 59(1): 1–27.

Oldham, R. D. (1893) The Saraswati and the lost river of the Indian desert, *Journal of the Royal Asiatic Society* 34 : 49–76.

Possehl, G. L. (1999) *Indus Age : The Beginnings*. Oxford & IBH, Delhi.

Possehl, G. L. (2002) *The Indus Civilization : A Contemporary Perspective*. Alta Mira, Walnut Creek.

Sharma, K. K. and S. P, Mehra (2009) The Thar of Rajasthan (India): ecology and conservation of a desert ecosystem, C.

Sivaperuman, Q. H. Baqri, G. Ramaswamy and M. Naseema (eds.) *Faunal Ecology and Conservation of the Great Indian Desert*. Springer, Berlin. pp. 1–11.

Stein, A. (1942) A survey of ancient sites along the “lost” Sarasvati River, *Geographical Journal* 99 : 173–182.

第4章

上杉彰紀（2013）「ガッガル平原におけるインダス文明期の諸相－文明社会の成立と衰退－」『西アジア考古学』14 : 1–24頁.

宇野隆夫・寺村裕史（2013）「発掘とＧＩＳ分析でインダス文明都市を探る」長田俊樹編『インダス　南アジア基層世界を探る』京都大学学術出版会．139–175頁.

長田俊樹編（2013）『インダス　南アジア基層世界を探る』京都大学学術出版会

前杢英明・長友恒人（2013）「消えた大河とインダス文明の謎」長田俊樹編『インダス　南アジア基層世界を探る』京都大学学術出版会．45–61頁.

山田智輝（2013）「文献から見たサラスヴァティー川」長田俊樹編『インダス　南アジア基層世界を探る』京都大学学術出版会．62–65頁.

Ameri, M. (2013) Regional diversity in the Harappa world : The evidence of the seals. S. A. Abraham, P. Gullapalli, T. P. Racsek, U. Z. Rizvi (eds.) *Connections and Complexity : New Approaches to the Archaeology of South Asia*. Left coast Press, Walnut

Creek. pp. 355–374.

Bala, M. (2004) Kalibangan : its periods and antiquities, Dilip K. Chakrabarti (ed.) *Indus Civilization Sites in India : New Discoveries*. Marg Publications, Mumbai. pp. 34–43.

Berkelhammer, M., A. Sinha, L. Scott, H. Cheng, F. S. R. Pausata, and K. Yoshimura (2012) An abrupt shift in the Indian monsoon 4000 years ago. L. Giosan, D. Q. Fuller, K. Nicoll, R. K. Flad, and P. D. Cliff (eds.) *Climates, Landscapes, and Civilizations*. American Geophysical Union, Washington D. C. pp. 75–88.

Chakrabarti, D. K. (ed.) *Indus Civilization Sites in India : New Discoveries*. Marg Publications, Mumbai.

Giosan, L., P. D. Cliff, M. G. Macklin, D. Q. Fuller, S. Constantinescu, J. A. Durcan, T. Stemers, G. A. Duller, A. R. Tabrez, K. Gangol, A. Alizai, F. Filip, S. VanLaningham, J. P. M. Syvitski (2012) Fluvial landscaps of the Harappan civilization. *Proceedings of the National Academy of Sciences of the United States of America* 109(26): E1688–E1694.

Giosan, L., D. Q. Fuller, K. Nicoll, R. K. Flad, and P. D. Cliff (eds.) (2012) *Climates, Landscapes, and Civilizations*. American Geophysical Union, Washington D. C.

Joshi, J. P. and A. Parpola (1987) *Corpus of Indus Seals and Inscriptions*, Vol. 1. Suomalainen Tiedeakatemia, Annales Academiae Scientiarum Fennicae, Helsinki.

Kashyap, A and S. Weber (2010) Harappan plant use revealed by starch grains from Farmana, India. *Antiquity* 84(326).

Kashyap, A and S. Weber (2013) Starch grain analysis and experiments provide insights into Harappan cooking practice. S. A.

Abraham, P. Gullapalli, T. P. Racsek, U. Z. Rizvi (eds.) *Connections and Complexity : New Approaches to the Archaeology of South Asia.* Left coast Press, Walnut Creek. pp. 177–194.

Kenoyer, J. M. (2010) Masters of beasts or beastly masters in the iconography of the Indus civilization. D. Counts and B. Arnold (eds.) *Master of Animals in Old World Iconography*, Archaeolingua, Budapest. pp. 37–58.

Kenoyer, J. M. (2013) The Indus civilisation, Colin Renfrew and Paul Bahn (eds.) *The Cambridge World Prehistory*, Cambridge University Press, Cambridge. pp. 407–432.

Lal, B. B., B. K. Thapar, J. P. Joshi, and M. Bala (2003) *Excavations at Kalibangan : The Early Harappan (1960–69)*. Archaeological Survey of India, Delhi.

Lawler, A. (2011) In Indus times, the river didn't run through it. *Science* 332 : 23.

Lawler, A. (2012) Ingredients for a 4000–year–old proto–curry. *Science* 337 : 288.

Lemmen, C. and A. Khan (2012) A simulation of the Neolithic transions in the Indus Vally. L. Giosan, D. Q. Fuller, K. Nicoll, R. K. Flad, and P. D. Cliff (eds.) *Climates, Landscapes, and Civilizations.* American Geophysical Union, Washington D. C. pp. 107–114.

Maemoku, H., Y. Shitaoka, T. Nagatomo, and H. Yagi (2012) Geomorphological constrains on the Ghaggar River regime during the mature Harappan period. Giosan, L., D. Q. Fuller, K. Nicoll, R. K. Flad, and P. D. Cliff (eds.) *Climates, Landscapes, and Civilizations.* American Geophysical Union, Washington D. C. pp. 97–106.

Marshall, John (1931) *Mohenjo-daro and the Indus Civilisation*. 3 Volumes. Arthur Probsthain, London.

Possehl, Gregory L. (2002) *The Indus Civilization : A Contemporary Perspective*. Alta Mira, Walnut Creek.

Shah, S. G. M. and Asko Parpola (1991) *Corpus of Indus Seals and Inscription*, Vol. 2. Collections in Pakistan. Suomalainen Tiedeakatemia, Annales Academiae Scientiayum Fennicae, Helsinki.

Shinde, V., T. Osada, and M. Kumar (eds.) *Excavations at Farmana, District Rohtak, Haryana, India : 2006–2008*. Research Institute for Humanity and Nature, Kyoto.

Weber, S., A. Kashyap, D. Harriman (2010) Does size matter : the role and significance of cereal grains in the Indus civilization. *Archaeological and Anthropological Science* 2 : 35–43.

Wright, Rita P. (2010) *The Ancient Indus : Urbanism, Economy, and Society*. Cambridge University Press, Cambridge.

第5章

近藤英夫編（2000）『四大文明［インダス文明］』ＮＨＫ出版.

Bisht, R. S. (1991) Dholavira : a new horizon of the Indus civilization, *Purātattva* 20 : 71–82.

Bisht, R. S. (1999) Dholavira and Banawali : Two different paradigms of the Harappan urbis forma, *Purātattva* 29 : 14–37.

Bisht, R. S. (2000) Urban planning at Dholavira : a Harappan city. J. M. Malville and L. M. Gujral (eds) *Ancient Cities, Sacred Skies : Cosmic Geometries and City Planning in Ancient India*. Arya International, Delhi. pp. 11–23.

第6章

宇野隆夫・寺村裕史（2013）「発掘とＧＩＳ分析でインダス文明都市を探る」長田俊樹編『インダス　南アジア基層世界を探る』京都大学学術出版会．139–175頁．

木村李花子（2013）「カッチ湿原が生んだ幻のロバ―古代における野の育種」長田俊樹編『インダス　南アジア基層世界を探る』京都大学学術出版会．236–248頁．

小西正捷（1977a）「インダス文明第５の都市・スルコターダの発掘」『考古学ジャーナル』131 : 5–8頁．

宮内崇裕・奥野淳一（2013）「海岸線環境の変化と海岸都市の盛衰」長田俊樹編『インダス　南アジア基層世界を探る』京都大学学術出版会．67–99頁．

Ajithprasad, P.（2011）Bagasra and the Harappan craft production. MS.

Bökönyi, Sandor（1997）Horse remains from the prehistoric site of Surkotada, Kutch, Late 3rd Millennium B. C, *South Asian Study* 13 : 297–307.

Chase, B.（2010）Social change at the Harappan settlement of Golo Dhoro : a reading from animal bones. *Antiquity* 84 : 528–543.

Frenez, D.（2006）The Lothal sealings : records from the Indus civilization town at the eastern end of the maritime trade network across the Arbian sea. 研究発表パワーポイントファイル．

Kenoyer, Jonathan Mark（1998）*Ancient Cities of the Indus Valley Civilization*. Oxford University Press, Karachi.

Kenoyer, Jonathan Mark (2010) Measuring the Harappan world : insights into the Indus order and cosmology, Ian Morley and Colin Renfrew (eds.) *The Archaeology of Measurement : Comprehensing Heaven, Earth and Times in Ancient Society*. Cambridge University Press, Cambridge. pp. 106–121.

Kharakwal, J. S., Y. S. Rawat, T. Osada (eds.) *Excavations at Kanmer 2005–06 — 2008–09*. Researd Institute for Humanity and Nature, Kyoto.

Lawler, A. (2010) The coastal Indus looks west. *Science* 328 : 1100–1101

Meadow, R. H. and A. K. Patel (1997) A comment on 'horse remains from Surkotada' by Sandor Bökönyi, *South Asian Studies* 13 : 308–315.

Possehl, G. L. (2002) *The Indus Civilization : A Contemporary Perspective*. Alta Mira, Walnut Creek.

Rao, S. R. (1979 • 1985) *Lothal, A Harappan Port Town (1955–62)*. 2 Vols. Archaeological Survey of India, New Delhi.

Sharma, A. K. (1974) Evidence of horse from the Harappan settlement at Surkotada, *Purātattva* 7 : 75–76.

Shinde, V. S. (2004) Saurashtra and the Harappan sites of Padri and Kuntasi, D. K. Chakrabarti (ed.) *Indus Civilization Sites in India : New Discoveries*. Marg Publications, Mumbai. pp. 64–70.

Wright, Rita P. (2010) *The Ancient Indus : Urbanism, Economy, and Society*. Cambridge University Press, Cambridge.

第7章

ウィーラー．曽野寿彦訳．（1966）『インダス文明』みすず書房．

遠藤仁（2013）「工芸品からみたインダス文明期の流通」長田俊樹編『インダス　南アジア基層世界を探る』京都大学学術出版会．179–203頁．

ヘロドトス．松平千秋訳．（2007）『歴史』岩波文庫．

森直樹（2013）「それなら知っているよ．グンドゥゴーディだよ．―インド矮性コムギ再発見の日―」長田俊樹編『インダス　南アジア基層世界を探る』京都大学学術出版会．340–342頁．

森若葉（2013）「メソポタミアとの交流」長田俊樹編『インダス　南アジア基層世界を探る』京都大学学術出版会．100–107頁．

Besenval, R.（2011）Between east and west : Kech–Makra（Pakistan）during protohistory, T. Osada and M. Witzel（eds.）*Cultural Relations between the Indus and the Iranian Plateau during the Third Millennium BCE*, Harvard Oriental Series, Opera Minora Vol. 7. Department of South Asian Studies, Harvard University, Cambridge, MA. pp. 41–164.

Coningham, R. A. E. and M. J. Manuel（2009）Priest–king or puritans ? Childe and willing subordination within the Indus. *European Journal of Archaeology* 12(1–3) 167–180.

Cork, E.（2005）Peaceful Harappan ? review the evidence for the absence of warfare in the Indus civilization of North–west India and Pakistan（c. 2500–1900 BC）. *Antiquity* 79 : 411–423.

Elstov, P. (2013) Rejecting the state : reflections on ancient India thought and the organization of Harappan society. D. Frenez and M. Tosi (eds.) *South Asian Archaeology 2007*. BAR International, Oxford. pp77–87.

Gadd, C. J. (1932) Seals of ancient Indian style found at Ur. *Proceedings of the British Academy* 18 : 191–210.

Kennedy, K. A. R. and G. L. Possehl (2012) Were there commercial communications between prehistoric Harappans and African populations ?. *Advances in Anthropology* 2(4) 169–180.

Kenoyer, J. M. (2008) Indus and Mesopotamian trade networks : new insights from shell and carnelian artifacts, E. Olijdam and R. H. Spoor (eds.) *Intercultural Relations between South and Southwest Asia. Studies in Commemoration of E. C. L. During-Caspers (1934–1996), BAR International Series 1826*, Oxford. pp. 19–28.

Kenoyer, J. M. (2013) The Indus civilisation, Colin Renfrew and Paul Bahn (eds.) *The Cambridge World Prehistory*, Cambridge University Press, Cambridge. pp. 407–432.

Kanoyer, J. M., T. D. Price, J. H. Burton (2013) A new approach to tracking connections between the Indus valley and Mesopotamia : initial results of strontium isotope analysis from Harappa and Ur. *Journal of Archaeological Science* 40 : 2286–2297.

Law, R. (2011) *Inter-Regional Interaction and Urbanism in the Ancient Indus Valley*. Manohar, Delhi.

Maekawa K. and W. Mori (2011) Dilmun, Magan, and Meluhha in Early Mesopotamian History : 2500–1600. T. Osada, and M. Witzel (eds.) *Cultural Relations between the Indus and the Iranian Plateau during the Third Millennium BCE*. Harvard University

Press. Harvard Oriental Series. Opera Minora Vols.7. Pp. 237–262

Miller, D. (1985) Ideology and the Harappan civilization. *Journal of Anthropogical Archaeology* 4 : 34–71.

Nichols, J. (1992) *Linguistic Diversity in Space and Time.* The University of Chicago Press, Chicago.

Pertersen, M. C. (2012) *Aggressive Architectures : Fortification of the Indus valley in the Mature Harappan phase.* Leiden.

Possehl, G. L. (1998) Socio–cultural complexity without the state : The Indus civilization. G. M. Feinman and J. Marcus (eds.) *The Archaic State.* School of American Research, Santa Fe. pp. 261–291.

Possehl, G. L. (2002) *The Indus Civilization : A Contemporary Perspective.* Alta Mira, Walnut Creek.

Possehl, G. L. (2007) The Middle Asian interaction sphere. *Expedition* 50(2): 33–36.

Rissman, P. (1988) Public displays and private values : a guide to burial wealth in Harappan archaeology. *World Archaeology* 20 (2): 209–228.

Shaffer, J. G. (1982) Harappan culture : a reconsideration. G. L. Possehl (ed.) *Harappan Civilization : Contemporary Perspectives.* Oxford & IBH, Delhi. pp. 41–50.

Weber, S and A. Kashyap (2013) Vanishing millets of the Indus civilization. *Archaeological and Anthropological Science*

Wright, Rita P. (2010) *The Ancient Indus : Urbanism, Economy, and Society.* Cambridge University Press, Cambridge.

人名索引

書名，雑誌，新聞索引

遺跡索引

事項索引

長田　俊樹（おさだ　としき）

総合地球環境学研究所名誉教授及び客員教授。

神戸市生まれ。北海道大学文学部卒。インド・ラーンチー大学博士課程修了（Ph.D.）。国際日本文化研究センター助手、京都造形芸術大学教授を経て、2003年10月から2012年9月まで総合地球環境学研究所教授。専門は、言語学。

著書は、*A Reference Grammar of Mundari*（東京外国語大学アジアアフリカ言語文化研究所）、『新インド学』（角川叢書）、『ムンダ人の農耕文化と食事文化：民族言語学的考察』（国際日本文化研究センター）、『インダス　南アジア基層世界を探る』（京都大学学術出版会、編著）など多数。翻訳・監訳書にベルウッド著『農耕起源の人類史』（京都大学学術出版会）、『危機言語：言語の消失でわれわれは何を失うのか』（京都大学学術出版会）。

学術選書

インダス文明の謎

—古代文明神話を見直す

学術選書 064

2013年10月10日　初版第1刷発行
2013年11月20日　初版第2刷発行

著　　者…………長田　俊樹
発 行 人…………檜山 爲次郎
発 行 所…………京都大学学術出版会

京都市左京区吉田近衛町 69
京都大学吉田南構内（〒 606-8315）
電話（075）761-6182
FAX（075）761-6190
振替 01000-8-64677
URL http://www.kyoto-up.or.jp

印刷・製本…………㈱太洋社
装　　幀…………鷺草デザイン事務所

ISBN 978-4-87698-864-8
定価はカバーに表示してあります

学術選書［既刊一覧］

＊サブシリーズ「心の宇宙」↓[心]　「宇宙と物質の神秘に迫る」↓[宇]　「諸文明の起源」↓[諸]

037 新・動物の「食」に学ぶ　西田利貞
038 イネの歴史　佐藤洋一郎
039 新編 素粒子の世界を拓く　湯川・朝永から南部・小林・益川へ　佐藤文隆 監修
040 文化の誕生　ヒトが人になる前　杉山幸丸
041 アインシュタインの反乱と量子コンピュータ　佐藤文隆
042 災害社会　川崎一朗
043 ビザンツ　文明の継承と変容　井上浩一　諸8
044 江戸の庭園　将軍から庶民まで　飛田範夫
045 カメムシはなぜ群れる？　離合集散の生態学　藤崎憲治
046 異教徒ローマ人に語る聖書　創世記を読む　秦 剛平
047 古代朝鮮　墳墓にみる国家形成　吉井秀夫　諸13
048 王国の鉄路　タイ鉄道の歴史　柿崎一郎
049 世界単位論　高谷好一
050 書き替えられた聖書　新しいモーセ像を求めて　秦 剛平
051 オアシス農業起源論　古川久雄
052 イスラーム革命の精神　嶋本隆光
053 心理療法論　伊藤良子　心7
054 イスラーム　文明と国家の形成　小杉 泰　諸4
055 聖書と殺戮の歴史　ヨシュアと士師の時代　秦 剛平
056 大坂の庭園　太閤の城と町人文化　飛田範夫
057 歴史と事実　ポストモダンの歴史学批判をこえて　大戸千之
058 神の支配から王の支配へ　ダビデとソロモンの時代　秦 剛平
059 古代マヤ　石器の都市文明［増補版］　青山和夫　諸11
060 天然ゴムの歴史　ヘベア樹の世界一周オデッセイから「交通化社会」へ　こうじや信三
061 わかっているようでわからない数と図形と論理の話　西田吾郎
062 近代社会とは何か　ケンブリッジ学派とスコットランド啓蒙　田中秀夫
063 宇宙と素粒子のなりたち　糸山浩司・横山順一・川合 光・南部陽一郎
064 インダス文明の謎　古代文明神話を見直す　長田俊樹
065 南北分裂王国の誕生　イスラエルとユダ　秦 剛平